5백 년 명문가의
독서교육

5백 년 명문가의
독서교육

초판 1쇄 펴낸날 2014년 7월 1일 | 초판 3쇄 펴낸날 2017년 4월 3일

글 최효찬

펴낸이 최만영 | **편집장** 한해숙 | **디자인** 정계수, 이미연

마케팅 박영준, 신희용 | **영업관리** 김효순 | **제작** 김용학, 강명주

펴낸곳 (주)한솔수북 | **출판 등록** 제2013-000276호 | **주소** 03996 서울시 마포구 월드컵로 96 영훈빌딩 5층

전화 02-2001-5820(편집), 02-2001-5828(영업) | **전송** 02-2060-0108

전자우편 isoobook@eduhansol.co.kr | **북카페** cafe.naver.com/soobook

페이스북 www.facebook.com/soobook2 | **ISBN** 979-11-85494-50-0 03370

한솔수북의 모든 책은 아이의 눈, 엄마의 마음으로 만듭니다.

최효찬 지음

5백 년 명문가의
독서교육

한솔수북

차례

<5백 년 명문가의 독서 10계명>

이황 가 - 좋은 책을 매일 꾸준히 읽고 터득하라.

이순신 가 - 열정적인 독서로 10년 법칙을 실현하라.

최치원 가 - 개방적인 집안 분위기로 통섭형 독서를 시켜라.

김굉필 가 - 기초가 튼튼해지는 독서의 길로 이끌어라.

허균 가 - 자신만의 색깔 있는 독서와 글쓰기를 추구하라.

장흥효 가 - 한계를 뛰어넘는 법을 책 속에서 배우게 하라.

김만중 가 - 부모가 책 읽는 모습을 보여 자녀의 모범이 돼라.

이익 가 - 새로운 세계를 만나도록 항상 새로운 책을 사주어라.

김득신 가 - 자신과 기가 통하는 책을 찾아 읽어라.

이덕무 가 - 독서내공을 쌓으려면 계산하지 말고 읽어라.

사람의 근본부터 가르치는
'기초 중시'의 독서교육을 하라!
– 5백 년을 이어온 우리나라 명문가의 독서교육 비법

책을 읽고 생각하지 않으면 얻음이 없고, 생각하기만 하고 책을 읽지 않으면 위태하다. -공자

요즘 '수포대포, 영포직포, 독포인포'라는 신조어가 열성 엄마들 사이에 회자되고 있다고 한다. 사자성어 같기도 하고 암호 같기도 한 이 말은 무슨 뜻일까?

"아이 잘 키운다고 소문난 배우 채시라가 그제 점심 먹는 자리에서 '수포대포, 영포직포, 독포인포'를 아느냐 물었다. 웬 해괴한 고사성어인가 했더니 '수학을 포기하면 대학을 포기해야 하고, 영어를 포기하면 직장을 포기해야 하며, 독서를 포기하면 인생을 포기해야 한다.'는 뜻이란다."

이것은 한 일간지 기자가 탤런트 채시라를 만나서 들었다는 이야기를 칼

럼(조선일보 김윤덕 기자가 2014년 5월 29일 〈만물상〉 코너에 쓴 '어느 불량 엄마의 고백')에 쓴 내용이다. 책벌레인 채시라는 "역시 독서가 중요하죠?"라고 했으나 수학 못하는 자식을 둔 소심한 기자는 대학 못 갈까 봐 가슴이 쿵 내려앉았다고 한다. 이 말에는 절묘하게도 현재 우리 사회에서 좋은 대학에 가기 위해서는 수학 실력이 중요하고, 좋은 직장에 취업하기 위해서는 영어 능력이 중요하다는 사실을 여실히 보여 주고 있다.

그런데 이 말의 하이라이트는 '독포인포'일 것이다. 독서가 취미인 시대는 지났다. 이제는 생존경쟁에서 살아남기 위해 누구나 평생독서를 해야 하는 시대이기 때문이다. 이것은 나만의 생각이 아니라 사회생활을 하는 사람이면 누구나 공감하는 말일 것이다. 그만큼 독서가 인생에서 차지하는 비중이 커졌다는 뜻이다. 채시라의 말처럼 독서는 학창 시절뿐만 아니라 한 사람의 일생 동안 밥을 먹듯이 일상의 습관처럼 해야 한다. 그러니 '독서를 포기하면 인생을 포기하는 것'이라는 농담은 결코 농담이 아니라 진실이라고 해도 지나치지 않다.

흔히 "사람 노릇을 하려면 배워야 한다."고들 말한다. 달리 말하면 "배워야 사람 노릇을 제대로 할 수 있다."는 것이다. 이는 왕도 마찬가지여서 지위고하를 막론하고 누구든 배우지 않으면 사람 노릇을 제대로 할 수 없다는 말이다. 배우지 않으면 다른 사람의 말이 타당하든 타당하지 않든 분별 없이 따르게 된다. 그러므로 자신의 줏대를 가지고 살아갈 수 없고, 남의 말에 쉽게 현혹되기 일쑤일 것이다. 그토록 중요한 배움은 바로 동서고금의 책에 담겨 있으니, 이것이 바로 독서를 해야 하는 이유다. 더구나 시시각각 지식이 변하는 요즘 시대에는 평생 동안 책을 읽어야 부족함이 없다.

　독서는 비단 우리 시대에만 중요했던 것이 아니다. 조선 시대에도 양반들의 필수적인 일과가 독서였다. 과거 시험을 준비하는 이들은 더 말할 나위가 없었다. 꼭 출세만을 위해서가 아니라 자기 수양과 성찰을 위해서도 늘독서를 했다. 그뿐만 아니라 절대 권력을 휘둘렀던 조선의 왕들이나 장차왕이 될 왕세자들도 독서를 게을리할 수 없었다. 책을 멀리하는 왕과 왕세자는 왕 노릇을 제대로 할 수 없었고, 심지어 연산군처럼 쫓겨나는 경우까지 있었다.

　조선 시대 왕세자들은 단계별로 정해놓은 독서 리스트를 토대로 교육을받았다. 먼저 왕세자들은 공부하는 자세와 사람됨에 대한 책을 읽었다. 그것이 바로 《소학》, 《효경》, 《동몽선습》이라는 초급자용 책이다. 왕세자로 선정되면 스승을 뽑고, 그의 지도로 본격적인 공부를 시작한다. 그때 처음 공부하는 책이 바로 《소학》이나 《효경》이었다. 이 책들을 먼저 공부하는 이유는 인간의 근본은 '효'를 아는 데서 시작하기 때문인데, 특히 《소학》은 아동의 수신서로서 왕세자뿐 아니라 누구나 가장 먼저 공부해야 할 기본서였다. 똑똑한 사람이 되기에 앞서 '먼저 인간이 돼라'라는 의도였던 것이다. 이처럼 장차 왕이 될 왕세자들도 먼저 사람의 근본을 배운 다음에 본격적인 글공부에 들어갔던 것이다.

　또 왕세자의 어린 시절에는 《천자문》을 배우며 글자를 익혔는데, 글자를배우기에 앞서 생활 예절을 더 중요시하였다. 스승 앞에서는 늘 옷을 갖추고 자세를 바로 할 것, 부모님에게 문안 인사를 잘할 것, 부모님의 병환 중에는 약을 먼저 맛본 후에 올릴 것 등 삼강오륜에 관한 내용을 이야기로 들려주고 그림을 보여 주었다. 물론 오늘날에 이런 교육을 할 필요는 없지만 부모를 공경하고 다른 사람에게 인사를 잘하는 예절 교육은 예나 지금이나 기본 중의 기본이라 하겠다.

왕세자가 이런 기본을 공부한 다음에는 경서와 역사서로 본격적인 학문 연마에 들어갔다. 경서는 다름 아닌 사서삼경(오경)이다. 경서와 역사서를 어느 정도 익히면 성리학 분야의 책 읽기로 넘어갔다. 조선은 성리학을 국가 이념으로 한 나라였기에 성리학 지식은 국왕에게 필수였기 때문이다. 독서 리스트를 정해 단계별로 읽으면서 인간의 도리를 배우고 풍부한 지식을 쌓은 왕과 왕세자들은 근본을 거스르지 않는 정치를 하는 성군이 될 수 있었다.

왕세자들의 독서교육법과 5백 년 명문가들의 자녀 독서교육법은 몇 가지 공통점이 있다. 그 공통점을 바탕으로 다음과 같은 지침을 발견할 수 있다.

첫째, 집안에서 반드시 읽어야 할 '가문의 필독서'를 정해 놓아라. 어느 집이든 크고 작은 가훈이 있듯이, 그 집안의 가족이라면 반드시 읽어야 할 필독서를 정해 놓고, 아이들에게 읽혀 보라. 우리나라 최고의 명문가이자 조선 최고의 학자인 퇴계 이황 가에는 5백 년 동안 대대로 이어져온 《심경》이라는 필독서가 있었다. 퇴계는 "이 책을 평생에 신명처럼 믿었고, 엄한 아버지처럼 공경했다."라고 말할 정도였다. 한편 책을 좋아해 '호학군주'로 불린 정조는 《서경》을 애독했다. 정조는 평소 "세상에 책을 읽고 이치를 연구하는 것만큼 아름답게 여길 만하고 귀하게 여길 만한 일이 어디 있겠는가."라고 독서의 즐거움에 대해 말했다.

이처럼 곁에 두고 즐겨 읽는 책이 있다면 한 사람의 정신적 지주가 되어줄뿐더러, 그 집안의 공통된 사상을 형성하는 데도 큰 힘이 된다. 이는 어떤 멋진 '가훈' 이상으로 온 가족의 생각을 이어주는 든든한 다리 역할을 할 것이다.

둘째, 아버지와 어머니가 '책의 바다'로 아이를 이끌어라. 많은 부모들이 자신은 책 한 권 읽지 않으면서, 아이에게는 전집을 사주고 독서기록장을 쓰라며 잔소리를 한다. 이렇게 자신은 독서를 실천하지 않고, 아이에게 강요만 한다면 어떤 아이가 책을 집어들겠는가? 김만중의 어머니 윤씨 부인은 혼인 전에 이미 수많은 책을 독파했는데, 어린 김만중 형제에게 책을 읽어 주는 '구송'을 통해 독서의 길을 열어 주었다. 또한 이익의 아버지는 아들을 위해 사랑방 겸 서재를 한가득 책으로 채워놓았다. 이 책들은 훗날 이익이 대학자가 되는 든든한 자양분이 된다. 당시 도서관이 없었던 시절에 집안에 수천 권의 책이 있다는 것은 그 어떤 보물보다 값진 보물이라고 할 수 있었다.

평소에 책을 읽는 아버지와 어머니라면 새로운 호기심을 신간에서 찾는 것을 소홀히 하지 않을 것이다. 정기적으로 서점에 들러 신간을 사오는 부모라면, 그래서 어느덧 부모가 사온 책들로 거실의 벽을 장식한다면, 그것만으로도 자녀의 독서교육이 될 것이다. 아이들이 지금 당장은 책을 보지 않더라도 언젠가 그 책들에 눈길이 갈 것이고, 그러면 펼쳐보게 될 것이기 때문이다. 그보다 더 중요하게는 아버지나 어머니가 항상 책을 가까이 한다는 사실을 마음속으로 은근히 새겨두고 자극이 될 것이다. 이처럼 자연스럽고 값진 교육이 있을까.

셋째, 자신만의 책갈 있는 독서를 하게 하라. 아이들 각자의 생각과 취향이 다르듯이, 거기에 따라 읽고 싶은 책들도 다르다. 영국의 윈스턴 처칠이나 미국의 존 F. 케네디 등과 같이 정치가를 지망하는 아이는 역사책과 모험담을 좋아하겠지만, 이런 책을 싫어하는 아이들도 있다.

김만중이나 허균처럼 소설을 좋아하고 또 직접 소설을 쓴 위인들도 있지만, 이덕무처럼 소설을 극도로 혐오한 이들도 있다. 이는 각자의 생각과 성향이 다른 데서 오는 독서 취향이다. 이덕무가 살던 시대에 유행한 《삼국지연의》는 당시에는 혹평을 받았지만, 시대가 바뀐 지금은 반드시 읽어야 할 고전 중의 고전이다. 사람마다 개성이 있듯이 책을 바라보는 관점도 차이 나게 마련이다.

자녀들에게 부모의 취향과 필요에 따라 책 읽기를 강요하지 말고, 아이가 좋아하는 책을 읽게 하는 것이 질리지 않고 오래도록 개성적인 독서를 하게 이끄는 길이다.

넷째, 여러 책을 읽히는 개방적인 집안 분위기로 '통섭형 인재'를 키워라.

뛰어난 문장가이자 조기유학의 원조라고 할 수 있는 최치원은 유학과 불교뿐만 아니라 도교에도 정통했다고 한다. 그는 당나라에서 유학과 불교, 도교 등 당시 유행하는 학문들을 폭넓게 공부하면서 자기 것으로 만들었다. 요즘은 이런 인재를 통섭형 인재, 융합형 인재라고 하는데 이 시대에 가장 각광받는 인재상이다. 최치원이야말로 오늘날 가장 요구되는 핵심 인재상인 융합형 인재의 원조라고 할 수 있다. 이런 융합형 인재의 면모는 아버지가 이끈 당나라로의 조기유학에서 시작되었다. 당시 여유 있는 경제력이 아님에도 불구하고 형제를 당나라에 유학 보내 형은 불교를, 동생은 유교를 공부하게 한 아버지의 공이 컸다. 자식을 큰 인물로 키워낸 데는 아버지의 모진 결단과 노력이 있었기에 가능했다.

다섯째, 독서를 통해 '좋은 습관'을 익히게 하라. 예전에는 학문을 하기에 앞서 기본, 즉 좋은 습관을 만들고 부모에게 예를 다하고 다른 사람들을 존중하며 배려하는 덕목을 함양하는 공부가 있었다. 그것이 바로 《소학》이라는 책이었다.

김굉필은 《소학》은 근본 내지 초석이고 《대학》은 누각이라고 비유한다. 말하자면 집을 지을 때 주춧돌을 세워야 집을 짓듯이 가장 기본이 되는 공부를 《소학》 공부라고 했다. 《소학》은 전통 사회에서 최고의 수신서이자 자기계발서라고 할 수 있다. 《소학》은 거창한 학문이나 이론을 공부하는 것이 아니라 일상생활에서 실천해야 하는 윤리와 행동에 대해 일러준다. 이 책을 가장 먼저 배우는 이유는 자기 방 청소도 제대로 안 하고 책상 정리도 제대로 안 한다면 공부도 잘할 수 없다는 것이다. 아이가 방을 어질러 놓고 있다면 독서나 공부를 시키기 이전에 정리부터 시키는 것이 공부의 순서라는 뜻이다. 김굉필은 "글공부를 하여도 천기를 알지 못하였더니 《소학》에서 어제까지의 잘못을 깨달았구나. 이로부터 정성껏 자식 도리를 다 하련다."라고 시를 쓰기도 했다.

독서는 단지 책 한 권을 읽는 것에서 끝나지 않는다. 때론 이처럼 좋은 책과의 만남을 통해서 좋은 습관이 생기고, 삶을 바꾼다는 점에서 너무나 중요한 행위이다.

셋째, 좋은 책은 반복해서 읽고, 메모하게 하라. 주자는 "반복해 익숙해질 때까지 읽어라."라고 강조한다. 그는 "책을 읽을 때에는 먼저 익숙하게 읽어서 책 속의 말이 모두 나의 입에서 나오는 것처럼 만들어야 한다. 그리고 정밀하게 생각해서 그 뜻이 모두 나의 마음에서 나오는 것처럼 만든 다음에야 깨달을 수 있다."라고 했다. 독서를 할 때 무엇보다 중요한 것이 반복해서 읽기라는 것이다. 어릴 때부터 독서를 좋아했던 세종 대왕의 경우, 경서는 모두 100번씩 읽었고, 역사서와 다른 책들은 꼭 30번씩 읽었다고 한다. 세종은 독서로 '준비된 왕'이었으므로 양녕대군을 대신해 세자에 오른 지 2달 만에 왕위를 물려받을 수 있었던 것이다.

《홍길동전》을 쓴 허균은 "만 권 책 속의 한 마리 좀벌레가 되고 싶다."라고 말할 정도로 독서광이었다. 노둔한 탓에 59세에 과거에 합격한 김득신은 1만 번 이상 읽은 책이 36권에 달한다. 또한 조선 최고의 책벌레 이덕무는 여행을 하는 도중에 보고 들은 내용을 빠짐없이 붓으로 기록해 두었다가 책을 썼다. 기록해두면 그것이 자신만의 콘텐츠가 되어 언젠가 한 권의 책으로 탄생할 수 있게 된다. 이게 메모, 즉 기록의 보이지 않는 힘이다. 평생 반드시 습관으로 가져야 할 게 바로 책 읽기와 더불어 메모이다.

 읽을 때, 새삼하지 말고 부드럽게 하라. 주자는 책을 읽을 때 열린 마음으로 읽기를 강조한다. 열린 마음이란 글을 읽기 전에 그 내용을 미리 단정하거나 추측하지 않는 텅 빈 마음을 의미한다. 책을 읽기 전에 선입견을 갖는다면 그 책이 전하려는 온전한 내용을 받아들일 수 없다. 만약 편견을 가지고 책을 읽으면 자신의 편견을 강화하는 근거만 쌓게 된다는 것이다. "오늘날 사람들은 대부분 마음속에 먼저 어떤 생각을 가지고, 다른 사람이 말한 것을 가져다가 자기의 생각을 설명한다. 만일 책 속에 자신의 생각과 일치하지 않는 것이 있으면 억지로 끼워 맞춰 일치하게 만든다." 즉, 열린 마음으로 독서하라는 것은 다른 사람의 관점뿐만 아니라 자신의 관점까지 의심해보는 태도이다. 이런 자세로 책을 읽을 때 더 많은 생각, 창의적인 관점이 나올 수 있다.

 이덕무는 경전과 역사, 제자백가 사상, 문집 등은 물론이고 기문이서, 즉 기이하고 이단적인 책들까지 두루 통하지 않는 바가 없을 정도로 방대한 독서로 다방면에 박식했다. 말하자면 백과사전처럼 박학다식했던 것이다. 그가 16종에 이르는 다양한 책을 펴낼 수 있었던 힘은 여기에 있었다.

이처럼 위인들을 키운 명문가의 독서교육에서 무엇보다 '기초 중시'의 독서교육을 엿볼 수 있었다. 여기서 기초란 학문의 기초뿐만 아니라 먼저 인간이 되는 소양교육을 뜻한다. 예전에 《소학》이 있었다면, 오늘날에는 윤리나 도덕 수업일 텐데 이런 공부는 입시교육에 밀려 소홀히 여겨지고 있다. 그러니 기본교육, 소양교육이 이루어지지 않는다고 해도 지나치지 않을 것이다. 인간관계의 기본을 가르치지 않으면 아무리 지식이 높고 학력이 높다 해도 사회적으로 존경받는 인물이 될 수 없기 때문이다. 오늘날 사회적으로 망신을 당하는 인물들을 보면 '먼저 인간이 되어야 한다.'는 옛말이 다시금 떠오른다.

이 책은 무엇보다 자녀교육에 임하는 부모들에게 독서교육의 지침과 조언을 줄 수 있는 등대와 같은 역할을 할 수 있기를 기대한다. 또한 부모들이 먼저 이런 책(책 속에 소개된 고전들)을 읽혀야겠다는 생각을 하게 하는 길잡이가 되었으면 좋겠다. 그리고 부모 자신 또한 이런 책을 읽어 보고 싶은 생각이 들게 한다면, 그것으로 저자의 역할은 다한 거라고 생각한다.

다만, 나는 서포 김만중을 키운 윤씨 부인 등 명문가의 사례를 통해 다음과 같이 조언하고 싶다. 만약 자녀가 초등학교 1학년보다 어리다면 반드시 부모나 조부모가 책을 읽어 주기를 바란다. 대문호를 만든 괴테의 어머니 카타리나가 그랬는데, 그녀는 겨우 독일어를 읽는 수준이었지만 어린 괴테에게 책을 읽어 주는 데는 아무런 문제가 없었다. 그러니 진정 자녀를 위한다면 지금 당장 책을 들고 읽어 줄 일이다.

마지막으로 《고문진보》에 실려 있는 왕완석의 〈권학문〉을 인용하며, 많은 부모와 자녀들이 독서의 세계로 나아가길 빌어 본다.

책을 읽으면 만 배의 이득이 생기네. 가난한 자는 책 때문에 부유해지고 부유한 사람은 책 때문에 귀해지며, 어리석은 자는 책으로 인해 어질어지고, 어진 사람은 책으로 인해 부귀를 얻네. 책을 읽어 영화 누리는 것은 보았지만 책을 읽어 실패하는 것은 보지 못했네. 황금을 팔아 책을 사 독서하라. 책을 읽으면 황금은 쉽게 살 수 있네. 받들어 권하노니 책 읽는 사람들이여. 좋은 책은 꼭 마음에 기억해 둘지어다.

2014년 5월 신록의 날에
저자 최효찬 쓰다

*이 책이 나오기까지 여러분의 도움을 받았다. 한훤당 김굉필의 후손인 김효영 한의사를 비롯해 퇴계의 후손인 이치억 박사, 고운 최치원의 후손인 경주 최부잣집의 최염 경주최씨중앙종친회장, 교산 허균의 후손인 양천허씨대종회의 허봉무 씨, 경당 장흥효의 후손인 장윤수 대구대 교수 등의 자문으로 내용에 충실을 기할 수 있었다.

1장

조선 최고의 학자, 이황 가

– 5백 년을 내려오는 필독서의 저력

좋은 책을 매일
꾸준히 읽고 터득하라

퇴계 이황(1501~1570) 퇴계는 우리나라에서 학자를 연상하면 가장 먼저 떠오를 정도로 '공부의 아이콘'인 인물이다. 퇴계는 대학자이지만 자녀교육의 대가로서도 인정받을 만큼 열정적이었다. 그는 생전에 일가친척의 자녀 100명에게 멘토링을 했고, 제자들만 700명에 이르렀다. 퇴계가 자녀교육에 얼마나 심혈을 기울였는지는 그가 쓴 편지에서 확인할 수 있다. 그는 아들 이준에게 613통, 손자 이안도에게 125통 등 아들과 손자, 후손에게 모두 1300여 통의 편지를 썼다. 이는 세계적으로도 전무후무한 일이다. 퇴계의 이 편지들은 후손들에게 이어져 내려오면서 500년 동안 수많은 인재를 낸 원동력으로 작용했다. 퇴계는 자신에게도 엄청난 열정을 쏟았는데, 매일 독서를 쉬지 않았고 독서로 터득한 바를 기록한 《무술일과》를 저술했다. 또한 그의 《퇴계언행록》은 다산 정약용이 매일 한 편씩 아침마다 읽고 쓴 책으로도 유명하다.

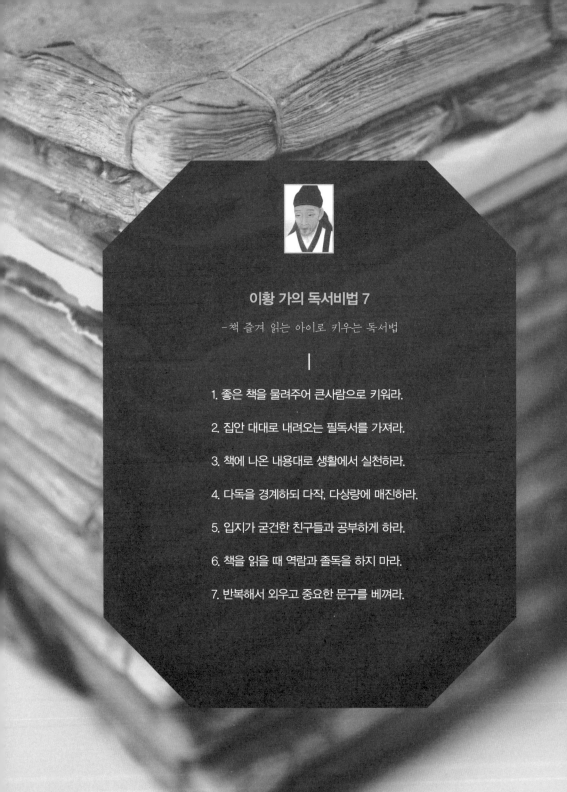

이황 가의 독서비법 7

-책 즐겨 읽는 아이로 키우는 독서법

1. 좋은 책을 물려주어 큰사람으로 키워라.

2. 집안 대대로 내려오는 필독서를 가져라.

3. 책에 나온 내용대로 생활에서 실천하라.

4. 다독을 경계하되 다작, 다상량에 매진하라.

5. 입지가 굳건한 친구들과 공부하게 하라.

6. 책을 읽을 때 역람과 졸독을 하지 마라.

7. 반복해서 외우고 중요한 문구를 베껴라.

좋은 책을 물려주어 큰사람으로 키워라

"내가 혼자 완락재에서 잘 때인데, 한밤중에 일어나 창을 열고 앉았더니, 달은 밝고 별은 깨끗하며 강산은 텅 비어 조용하고 쓸쓸해서, 천지가 열리기 이전의 세계인 듯한 생각이 들었다."

이는 조선 시대 최고의 학자로 꼽히는 퇴계 이황의 제자들이 스승의 가르침을 회상하며 펴낸《퇴계언행록》에 나오는 말이다. 퇴계가 한밤중에 일어나 그윽한 달빛을 바라보고 있을 장면이 마치 한 폭의 그림처럼 눈에 선하게 그려진다. 도산서당을 짓기 전 퇴계는 계상서당에서 학문을 연마하며 제자들을 가르쳤다. 집이 허술해 무너지자 도산 남쪽에 터를 잡고 자신이 직접 설계하여 서당을 짓기 시작하였다. 터를 잡은 지 5년 만인 퇴계가 61세(1561년) 되던 해에 암서헌과 완락재를 모두 지어 비로소 도산서당이 완성되었다.

조선 시대가 배출한 대학자를 꼽으라면 가장 먼저 퇴계 이황이 떠오를 것이다. 그는 70번이나 관직을 받았지만 사양했다. 지금의 서울대 총장에 해당하는 대사성을 지낸 그는 관직에 있을 때는 늘 고향으로 돌아가 학문을 하며 조용히 지내고자 했다. 그가 〈귀거래사〉를 지은 도연명의 시를 좋아한 것도 이런 연유에서였다. 그는 또한 '청백리'로 선정될 정도로 청렴한 관리였다. 이황은 나이 오십이 되도록 집이 없었다고 《퇴계언행록》에 나와 있다. 그가 오직 관심을 두는 것은 학문이었고, 책을 읽을 공간이나 제자를 가르칠 서당 한 켠 이상을 바라지 않았다. 오십이 되어 마침내 한서암을 지어 거처로 삼았고, 51세 때인 1551년에는 계상서당을 지어 후학을 양성하였다.

퇴계는 부친이 물려준 수많은 책들에 쌓여 어린 시절을 보냈다. 아버지 이식은 장인으로부터 만 권의 책을 물려받았다고 한다. 퇴계의 아버지 이식은 예조정랑 김한철의 딸을 부인으로 맞았다. 김한철은 서적이 매우 많았는데 일찍 세상을 떠났다. 장모 남씨는 남편이 죽자 "어린 자식들이 서책을 가지기에는 부족하다."라고 하면서 사위인 이식에게 모두 넘겨주었다.

이식은 아우 이우와 더불어 경전과 역사, 그리고 제자백가를 연구하고 탐색하는 데 밤낮을 쉬지 않고 힘썼다. 그러나 이식은 번번이 과거 시험에는 낙방했고, 퇴계가 태어나던 해인 1501년인 39세에 뒤늦게 소과에 합격해 진사가 되었다. 하지만 벼슬에 나아가기에는 이미 때가 늦어 후학을 가르칠 뜻을 세웠으나, 이듬해 병으로 세상을 떠나고 말았다. 부친의 첫부인인 김씨(의성 김씨) 부인은 아들 둘과 딸 하나를 낳고 세상을 떠났다. 후취로 박씨(춘천 박씨) 부인이 들어와 아들 다섯을 두었고, 퇴계는 박씨 부인이 낳은 막내아들이다.

형인 이식과 함께 공부에 힘썼던 이우는 연산군 때 과거 시험에 합격해 이조좌랑과 승정원 동부승지를 지냈고, 노모를 봉양하기 위해 고향에 돌아왔다. 3년 후인 1515년에 안동 부사로 나갔으나 2년 후 1517년 49세로 세상을 떠났다. 이우가 바로 퇴계에게《논어》를 가르친 스승이었다.

퇴계의 선대는 큰 벼슬을 한 인물이 없다. 5대조와 증조가 벼슬을 했지만 무공을 세워 조금 드러났을 뿐이다. 조부와 부친은 진사에 머물렀으나 학문을 좋아하여 가학의 기반을 닦음으로써 대학자 퇴계가 출현할 수 있는 토대를 마련했다. 그리고 숙부 이우가 높은 관직에 올랐고, 그에게 공부를 배운 퇴계가 마침내 대학자로 성장했다. 퇴계는 한국철학사에서 성리학과 수양론을 두 축으로 삼아 도학(공자의 유학을 당시에는 도학이라고 함)의 철학적 수준을 높였다. 퇴계는 도학자들에게 진정한 군자요, 스승으로 자리매김하면서 유교적 인격의 전형을 제시했던 인물이다.

퇴계 이황을 배출하기까지의 과정을 보면, 케네디 가문이 떠오른다. 4대 110년 만에 아일랜드의 가난한 농사꾼의 아들에서 미국 대통령을 배출하기까지의 단계적 성취가 유사하다. 자녀를 키우는 부모 입장에서 미국의 케네디 가만큼 교훈이 되는 가문도 없다.

케네디 가의 역사는 아일랜드의 가난한 농부의 아들로 태어난 패트릭 케네디, 즉 케네디 대통령의 증조부(1대)가 미국으로 이민을 오면서 시작된다. 증조부는 이민의 고단함 때문인지 폐결핵으로 요절했다. 아버지가 일찍 세상을 떠나자 그 아들(케네디의 할아버지, 2대)은 초등학교를 중퇴하고, 술통 장사를 하면서 생계 전선에 나섰다. 점차 주위에서 신망을 얻자 급기야 주의원에 당선되었고 정치가로 첫발을 내딛게 되었다. 이어 3대인 케네디의 아버지는 하버드 대학교를 졸업한 후 은행장, 사업가, 외교관을 거쳐 루스벨트 대통령의 후원회장을 맡으면서 본격적인 정치 가문으로서의 기반을 닦는다. 이어 그의 4형제 중에서 차남인 존 F. 케네디는 최연소 미국 대통령이 되었고, 그의 동생들 역시 미국을 대표하는 정치가가 되었다. 현재 주일 미국 대사인 캐롤라인 케네디는 바로 케네디 전 대통령의 장녀이다. 오늘날까지 정치 명문가의 명맥을 이어가고 있는 것이다. 이처럼 케네디가는 대를 이어가며 세대 간의 공동 작업으로 단계적으로 성취를 이루면서 최고의 가문이 될 수 있었다.

집안 대대로 내려오는 필독서를 가져라

퇴계 이황 가에는 5백 년 동안 대대로 이어져온 필독서가 있다. 그것은 바로 《심경》이다. 이황은 20세 때 소백산 어느 절에서 《주역》을 읽고 의미를 강구하느라 먹고 자는 일도 잊었다. 공자가 자신을 소개하면서 "분발하여 먹는 것도 잊었고 즐거워하여 근심을 잊었다."고 했는데, 퇴계도 《주역》을 읽으면서 먹고 자는 것조차 잊고 몰두했던 것이다. 몸을 돌보지 않고 너무 열중하여 이때부터 몸이 파리하고 초췌해지는 병이 깊어졌다고 하는데, 일종의 신경쇠약이었다. 이때 퇴계가 스스로 터득한 《주역》의 이론은 후일 퇴계의 수학, 과학, 철학, 정치학, 문학의 기초가 되었다.

　퇴계는 23세와 33세에 고향인 안동을 떠나 한양의 성균관에 유학했다.

처음 유학할 때 황모라는 학생에게 남송의 진덕수가 편찬한 《심경》을 빌려 읽었다. 이때 그는 많은 깨달음을 얻었다고 한다. 뒷날 퇴계는 "내가 《심경》을 얻어 보고 나서 비로소 심학의 근원과 심법의 정밀함을 알게 되었다. 그러므로 나는 평생에 이 책을 신명처럼 믿었고 이 책을 엄한 아버지처럼 공경했다."라고 말했다. 퇴계는 태어난 지 7개월 만에 아버지를 여의고 홀어머니 밑에서 엄하게 자랐다. 그래서 아버지의 가르침을 받지 못해서인지 《심경부주》를 아버지처럼 공경했다. 진덕수가 편찬한 《심경》에 명나라의 정민정이 주석을 붙여 저술한 책이 《심경부주》이다. 이 책에는 아버지가 들려줄 수 있는 삶의 지혜들이 가득했기 때문일 것이다. 퇴계는 《심경부주》에서 논란이 되는 부분을 연구해 〈심경후론〉이라는 글을 남기기도 했다.

또 "초학자가 공부해야 할 것으로는 이 책보다 절실한 것이 없다."라는 말이 제자들이 편찬한 《퇴계언행록》에 나온다. 퇴계는 《심경》을 마음의 수양을 위한 학문(심학)과 마음의 수양을 위한 방법(심법)의 체계로서 중요하다고 했다. 특히 처음 학문에 들어가는 사람에게 매우 절실한 것임을 강조했다. 그는 23세 때 《심경》을 통해 크게 학문적 성장을 했던 것이다.

"일찍이 황씨 성을 가진 진사의 집에 방문하였다가 처음으로 《심경부주》를 보았다. 그런데 그 주(註)가 모두 정자와 주자의 어록이어서 사람들이 보고 구두조차 떼지 못했다. 이에 선생이 문을 닫고 들어앉아 몇 달 동안 침잠해서 반복 독서한 결과 저절로 이해하게 되었다." - 《퇴계언행록》

퇴계는 자신이 《심경부주》를 얼마나 숭상하는지를 문집에 이렇게 남겼던 것이다. "내가 젊어서 한양에서 공부할 적에 묵었던 곳에서 처음 이 책을 구해 읽었다." 비록 도중에 병으로 중단했기에 '늦게 깨달아 이루기가 어렵다'는 탄식을 하고 있지만, 애초에 학문에 뜻을 두고 정진할 수 있었던 것은 이 책의 힘이었다고 한다.

퇴계의 애독서였던 《심경부주》에 대한 내용을 퇴계의 직계 후손인 이치억 씨(성균관대 박사)가 강의해 화제를 모으기도 했다. 이렇게 보면 우리나라 최고의 명문가이자 조선 최고의 학자인 퇴계 이황 가에서 5백 년 동안 대대로 이어져온 필독서가 바로 《심경》이다.

이치억은 '동인문화원'에서 〈퇴계 선생의 마음공부 비결〉이라는 제목으로 2013년부터 강좌를 진행해오고 있다. 그는 "남에게 《심경부주》를 가르친다기보다는 나부터 수강생들과 함께 《심경부주》를 깊이 공부해야겠다는 생각에서 강좌 교재로 택했다."고 말했다. 440여 년 전 퇴계가 마음공부의 기초로 삼았던 동양고전을 대중들에게 연결시켜 주는 일을 하고 있는 셈이다. 그는 "마음공부라고 하면 왠지 거창해 보이지만 실은 스스로 마음을 편하게 하는 훈련을 하는 것"이라며 "《심경부주》를 공부함으로써 마음을 고요하게 하기 위한 답을 얻었으면 한다."고 말했다.

공부를 잘한다고 '공신'으로 소문이 났던 퇴계지만 과거 시험에는 세 번이나 떨어졌다. 마침내 그가 과거 시험에 합격한 것은 34세 때였다.

퇴계는 '위기지학(爲己之學)'을 아주 중요하게 생각했다. 위기지학은 자기완성이나 자신의 인격 수양을 목적으로 공부를 한다는 뜻이다. 시험 과목만 달달 외우는 공부보다 자기완성을 위해 고전이나 명작을 읽는 것을 중요하게 생각한다. 그렇게 공부하다 보면 절로 세상을 밝히는 큰사람이 된다는 것이다. 그 반대로 시험 과목만 달달 외우는 공부를 '위인지학(爲人之學)'이라고 한다. 쉽게 말하면 좋은 대학에 가거나 출세를 위해 시험공부만 열심히 한다는 것이다.

어떤 공부가 더 바람직할까? 위기지학인가, 위인지학인가? 흔히 '공부해서 출세할 거야.'라고 말하는 사람은 위인지학에 해당한다. 이런 사람은 이기적인 성향이 강하다. 자신만 아는 사람은 이기적인 욕심 때문에 나중에 친구를 다치게 할 수 있고 이용할 수 있다. 그래서 '이기적인 사람이 성공하는 시대는 지났다.'는 말이 있다. 이기적인 사람보다 다른 사람이나 친구를 배려할 줄 아는 사람이 더 성공할 수 있다는 것이다.

퇴계는 책에서 읽은 내용대로 생활 속에서 실천하는 것을 아주 중요하게 생각했다. "친구 사이에 우정을 중시하고 함부로 말을 하지 말아야 한다."라는 대목이 나오면 이를 그대로 실천했다. 친구끼리도 말을 함부로 하거나 욕을 하면 감정이 상하게 되고, 결국 관계가 깨질 수 있기 때문이다.

퇴계는 또한 '공부를 잘한다.'고 칭찬받는 것은 별로 좋지 않다고 한다. 이 말을 듣고 우쭐해져서 공부를 소홀히 할 수도 있기 때문이다. '노력하는 사람을 이기는 사람이 없다.'는 말처럼 무서운 말도 없다. 그래서 '공부 잘하는 사람'이라는 칭찬보다 '노력하는 사람'이라는 칭찬을 받는 사람이 결국 마지막에 웃는 사람이 되는 것이다.

한번은 제자가 스승 퇴계에게 물었다.

"잠언이나 경계되는 문구를 자리 옆에 붙여 두고 항상 보고 스스로를 반성하는 것이 어떻겠습니까?"

그러자 퇴계는 이렇게 대답했다.

"좌우명을 벽에 가득히 붙여 둔들 무슨 소용이 있겠는가. 학문을 하려면 장횡거의 '낮에는 하는 일이 있고, 밤에는 얻는 바가 있으며, 말에는 가르침이 있고 행동에는 법도가 있으며, 눈 깜짝이는 사이에도 가지는 바가 있고, 숨 쉬는 사이에도 기르는 바가 있어야 한다.'는 말과 같이 한다면, 이 항상심이 있어서 제멋대로 하지 않을 것이니 어찌 자리 옆에 써 붙이기를 기다리겠는가."(김성일) ─《퇴계언행록》중에서

퇴계는 배운 것은 실천하고, 겉과 속이 다르지 않게 하는 것이 학문하는 사람의 자세라고 했다. 그래서 퇴계는 집안사람의 교육에서도 생활교육을 특히 중시했다. 34세에 벼슬길로 들어서는 아들에게 학문이 부족하다며 다시《소학》읽기를 권한 것도 그런 측면에서였다.

퇴계는 학문을 하는 사람은 먼저《소학》을 공부하고 나서, 중국 남송의

철학자인 주희(朱熹)의 《주자대전》을 읽어야 한다고 강조했다. 《소학》은 생활법도와 지침을 담고 있는 '공부 이전의 공부를 위한 자세를 가다듬는 입문서'라 할 수 있고, 주희의 《주자대전》은 주자학의 사상을 집대성한 책이다. 그러니 쉽게 말하자면 먼저 인간이 된 다음에 학문을 해야 한다는 말이다.

퇴계가 43세 때 중종이 왕명을 내려 《주자전서》를 출간하여 반포하게 했는데, 이때 이 책을 처음 접하게 되었다고 한다. 퇴계는 이 《주자전서》를 교정하는 일을 주관했다. 그는 나중에 고향에 돌아올 때 이 책을 가져와 여름 동안 문을 닫고 들어앉아서 읽었다. 훗날 제자들이 퇴계의 집에 남아 있던 《주자전서》 한 질을 확인했더니 너무 낡아 글자의 획이 거의 희미해져 있었다고 한다. 그가 《주자전서》를 얼마나 정성들여 반복해서 읽었는지 알 수 있는 대목이다. 퇴계의 학문은 마침내 《주자전서》를 통해 성취되었다고 할 수 있다.

"마치 깊은 산 무성한 수풀 속에 한 떨기 난초가 있어, 종일토록 향을 피워내지만 정작 자신은 그것이 향기가 되는 줄 알지 못하는 것과 같다. 이것이 정확히 위기지학의 뜻에 맞는 것이니 군자는 마땅히 깊이 체득해야 할 것이다." 퇴계의 이 말처럼 남들이 알아주지 않아도 홀로 묵묵히 공부에 정진하다 보면 어느새 학문의 경지가 드높아지기 마련이다. 후손 이치억 박사는 "사회에서 무엇이 되고 어떤 권력이나 재물, 명예를 얻는 것은 진정한 '사람됨'과는 아무런 관계가 없다."고 말한다. "재물이 많다고 해서, 권력이 있다고 해서, 명예가 높다고 해서 더 '사람다운' 사람도 아니고, 그러한 외면적인 것을 적게 가졌다고 해서 더 '사람답지 못한' 사람도 아닙니다. 그러니 사람이 첫 번째 힘써야 할 것은 사람다운 사람이 되기 위한 진짜 공부에 매진해야 한다는 것이 퇴계의 진정한 가르침이라고 생각합니다." 퇴계 가에서 진짜 공부를 위한 공부를 얼마나 중시하는지를 알 수 있다.

이치억 박사에게 퇴계 가에서 대대로 강조해온 《심경부주》의 구절이 있다면 이를 소개해 달라고 하자, 배운 바대로 실천하라는 퇴계의 가르침이 담긴 다음 구절을 들려주었다.

유충정공이 사마온공(사마광)을 만나서, 마음을 다하고 행실을 바로 하는 요점 중에 종신토록 행할 만한 것이 무엇인지 물었더니, 온공이 "진실됨이다." 라고 했다. "이것을 행하려면 무엇부터 시작해야 합니까?" 하고 묻자, 온공이 "말을 함부로 하지 않는 것부터 시작해야 한다."라고 했다. 충정공이 처음에는 이것을 매우 쉽게 생각했는데, 물러 나와서 스스로 날마다 행하는 바와 말하는 바를 법도에 맞춰 보니, 서로 모순되는 것이 많았다. 그리하여 7년 동안 힘써 행한 뒤에 완성되었으니, 이로부터 말과 행실이 일치되고 안과 밖이 서로 응해서, 일을 처리할 때 평탄하여 항상 여유가 있었다.

퇴계가 평생 힘쓴 것도 배운 바대로 실천하는 것, 말과 행동이 일치하는 언행일치였다. 그게 바로 그가 평생 힘써 공부한 《심경부주》의 가르침이었다.

6세에서 12세까지 퇴계의 글공부는 스승 없이 거의 자율학습이었다. 조선 시대에는 집안 형편에 따라 스승을 모셔서 아이들에게 공부를 하게 했다. 이때 주변에 존경받는 학자가 있으면 배움을 청할 수 있었지만 대부분 그렇지 못했다. 가끔은 산간벽지에 유배를 오는 사람이 있을 경우, 그에게 글공부를 배우기도 했다. 퇴계는 집안이 가난하고 아버지조차 세상을 떠나 혼자서 공부할 수밖에 없는 형편이었다. 퇴계는 12세 때 강원도 관찰사를 하던 작은아버지 이우가 고향에 오게 되면서 그에게 《논어》를 배운다. 퇴계에게 마침내 스승이 생긴 것이다. 퇴계의 제자 이덕홍은 스승의 말을 다음과 같이 전한다.

"내가 12세에 《논어》를 숙부 송재 선생에게서 배웠는데 13세에 마쳤다. 숙부께서는 엄하게 가르쳐 세월을 허송하지 못하도록 했다. 나는 이 말씀을 좇아 조금도 게을리하지 않고 조심하였다. 《논어》를 배우면서 이미 안 것은 반드시 복습했고, 한 권을 마치면 한 권을 내리 외웠다. 두 권을 마치면 두 권을 내리 외웠다. 이러기를 오래 하니 점점 초학 때와는 다르게 되고, 3~4권에 이르니 스스로 통하는 곳이 간혹 있었다."

퇴계는 이렇게 숙부에게 《논어》를 배우고, 그해 10월에는 넷째 형 이해와 함께 용수사라는 절에 가서 독서를 했다. 작은아버지가 앞으로 과거 시험도 준비할 겸 용수사에 가서 독서에 매진하라고 조언한 데 따른 것이다. 이때 작은아버지는 시를 한 수 지어 주며 용기를 북돋워 준다.

푸른 산봉우리가 병풍처럼 둘렸는데 / 눈이 내려 누각을 때리리라. / 절간 깊은 곳은 밤공부하기 좋은 곳, / 삼다(三多)로 이 삼동을 가멸게 할 것이니 / 한 가지 이치를 마땅히 끝까지 추구하여라.

여기서 삼다란 다독(多讀), 다작(多作), 다상량(多商量)이다. 글을 잘 쓰기 위해서는 많이 읽고 많이 쓰고 많이 생각해야 한다는 뜻인데, 당송팔대가 중 한 사람인 송나라의 구양수가 글을 잘 쓰는 비법이라고 꼽은 것이다.

구양수는 중국 송나라 때 시와 글씨로 유명했던 인물이다. 그가 4세 때 아버지를 여의자, 어머니는 아들을 공부시키고 싶었지만 가난하여 지필묵을 살 돈조차 없었다. 그래서 집 앞 늪가에서 자라는 갈대를 붓으로 삼고 모래를 종이로 삼아 아들에게 글을 가르쳤다. 이러한 어머니의 가르침 덕에 구양수는 어렸을 때부터 글읽기를 즐겼다. 그는 이미 10세 때 당나라 한유의 문집을 읽은 것을 계기로 문학의 길로 들어섰다. 특히 서예에 조예가 깊어 '구양수체'라는 서체가 있을 만큼 뛰어났다. 그가 좋은 글을 쓰기 위해서는 많이 써야 한다고 말한 이유가 여기에 있다.

구양수는 당대의 걸출한 시인인 소동파와 수많은 편지를 주고받았는데, 이 편지 모음집이 《구소수간(歐蘇手簡)》이라는 책으로 나왔다. 세종은 이 책을 무려 1,100번이나 읽었다. 세종은 세자 때 하도 글을 많이 읽어 몸이 쇠약해져서 아버지 태종이 책을 모두 거둬 읽지 못하게 한 적도 있다. 이때 병풍 뒤에 남은 책 한 권이 있어 그것만 읽었는데, 그것이 《구소수간》이라고 한다.

세종처럼 자신이 좋아하는 애독서를 두고두고 읽는 것도 독서의 한 방법이다. 나폴레옹은 《플루타르코스 영웅전》과 마키아벨리의 《군주론》, 괴테의 《파우스트》를 즐겨 읽었다. 노예를 해방시킨 링컨은 《성경》과 존 번연의 《천로역정》, 스토 부인의 《톰 아저씨의 오두막》이 애독서였다고 한다. 정약용은 그의 정신적 스승이자 역할 모델이 된 이익의 《성호사설》을 애독했다. 《성호사설》에서는 책을 읽을 때 문장을 베끼는 초서 쓰기와 생각을 곁들여 쓰는 습관이 독서만큼 중요하다고 강조한다. 정약용은 이를 실천했고, 수많은 책을 낼 수 있었던 원동력이 되었다.

퇴계는 12세 때 스승인 작은아버지에게 구양수의 독서 습관인 '삼다'에 대해 듣고, 이를 곧바로 실천했다. 다만 다독도 중요하게 여겼지만, 책의 내용을 꼼꼼하게 읽고 그 내용을 음미하는 정독과 숙독을 더 선호했다.

퇴계 이황은 훗날 고봉 기대승(1527~1572)과의 편지를 통해 '사단칠정론'에 대해 토론한 것으로 유명하다. 1559년부터 1566년까지 편지 왕래를 통하여 7년간 계속된 이황과 기대승의 사단칠정 논쟁은 국내 학술 사상 유례없는 본격적인 학술 토론이었다.

처음 편지를 주고받을 때 퇴계의 나이는 59세로 성균관 대사성이었고, 고봉은 갓 과거 시험에 합격한 33세의 청년이었다. 그러나 두 사람은 나이와 세대, 직위와 경륜, 그리고 지역을 모두 뛰어넘어 13년 동안 편지를 주고받으며 학문을 토론했다. 극진한 예의를 갖추면서도 권위에 주눅 들지 않았던 고봉의 패기와 학문과 경륜이 원숙한 경지에 이른 퇴계의 개방적이고 포용적인 자세가 돋보이는 논쟁이었다. 퇴계와 고봉은 학문적인 논쟁 외에도 일상사에 관한 편지를 13년간 한 해도 거르지 않고 주고받았다.

　퇴계는 매일 독서를 쉬지 않았고, 독서로 터득한 바를 기록한 독서록으로 《무술일과》를 저술했다. 41세 때 김인후와 함께 독서당에 선발되어 사가독서를 했으며, 동료들이 술 마시고 놀 때에도 독서에 전념했다. 이때 매일 과제로 짓는 글과 더불어 《독서만록》을 지었다. 김인후와 이황은 성균관에서뿐만 아니라 과거 시험에 합격하고 난 후에도 '여택(麗澤)'의 관계였다. 좋은 친구를 만나 서로 돕고 충고하여 학문을 닦고 품성을 단련할 수 있는데 이를 여택이라고 한다.

　이황과 기대승, 구양수와 소식은 비록 나이 차이가 많이 나서 친구 사이는 아니라고 할지라도 서로 조언하며 학문을 닦아 여택 관계였다고 할 수 있다. 요즘 지나친 성적 경쟁과 입시 경쟁으로 친구를 적으로 간주하고 서로 미워하기까지 하는 우리나라 청소년들이 다시 생각해봄 직한 대목이다. 여택의 도움을 서로 주고받을 수 없고 삭막한 인간관계로 인해 서로 상처만 입을 뿐인 친구 관계가 아쉬울 따름이다.

"하버드 비스니스 스쿨에서 공부하면서 좋았던 점을 꼽는다면 첫 번째는 친구 관계, 두 번째는 시야의 확대, 그리고 마지막은 바로 자신감의 획득입니다."

도쓰카 다카마사가 쓴《세계 최고의 인재들은 왜 기본에 집중할까》라는 책에 나오는 내용이다. 하버드 대학교의 MBA 과정인 비즈니스 스쿨에는 전 세계의 고급 두뇌들이 모여든다. 이들이 글로벌 친구들과 함께 공부하면서 서로 이야기를 나눌 수 있는 관계는 그 어떤 것으로도 대신할 수 없는 자산이다. 이들이 공통적으로 가장 중요하게 꼽는 첫 번째 가치가 바로 친구 관계라고 한다. 따라서 하버드 비즈니스 스쿨의 학생이라면 누구나 인맥 만들기에 소요되는 시간과 돈은 절대 아까워하지 않는다. 핵심 인재가 되기 위해서는 이른바 글로벌 인재가 모이는 곳에서 공부해야 하는 이유가 여기에 있다.

퇴계는 어린 시절 혼자 공부하면서 글을 깨우치다 보니 공부하다 의문이 나도 물어볼 사람이 없어 여간 힘들지 않았다. 그래서인지 23세 때 성균관에 유학해 해서 김인후를 만난 것이 큰 기쁨이라고 했다. 김인후는 훗날 대학자가 되고 퇴계와 함께 '동국 18현'에 오른 인물이다.

"선생이 일찍 성균관에 유학했는데 그때는 기묘사화를 겪고 난 때라 사람들은 모두 학문을 꺼리고 실없는 농담이나 하는 일상을 보냈다. 그러나 선생만이 홀로 몸가짐을 조심스럽게 하며 동정과 언행이 한결같이 예법을 따랐으므로 보는 사람들이 모두 손가락질하며 비웃었다. 더불어 사귀는 이는 오직 인후 김하서 한 사람뿐이었다."-《퇴계언행록》중에서

퇴계는 학문하는 기본 자세는 서로 도와 공부하고 의문이 나면 함께 토론하는 것이라고 한다. 학문하면서 편견과 고루함에 빠지지 않기 위해서는 학우들과 책상을 맞대고 공부해야 하고, 독단을 피하기 위해서는 자신이나

타인의 주장에 잘못이 있을 수 있음을 깨달아야 한다는 것이다.

퇴계는 10대 시절에 친구들과 함께 청량산에 들어가 10년 동안 공부를 했다. 허사림과 김사문, 금축이라는 친구들인데, 그들에게 많은 도움을 받았다고 한다. 퇴계가 '공부 친구'와 함께 공부할 것을 권하는 이유가 바로 여기에 있다.

퇴계는 공부 친구와 함께 공부하는 방법으로 집을 떠나 기숙사가 있는 학교를 권했다. 기숙사가 있는 학교를 미국이나 영국 등에서는 '보딩스쿨(Boarding school)'이라고 하는데, 우리나라의 경우 민족사관고등학교를 비롯해 외국어고와 과학고 등이 보딩스쿨로 운영되고 있다. 퇴계는 당시 최고의 학교인 성균관에서 23세와 33세 때 두 번에 걸쳐 공부를 했다. 이때 김인후 등 여러 친구들을 사귈 수 있었고, 넓은 세상을 직접 볼 수 있었다. 세계 최고의 부자인 빌 게이츠도 하버드 대학교 재학 시절, 기숙사에서 스티브 발머를 친구로 사귀게 되어 회사를 창업할 수 있었다.

퇴계 이황은 지금 생각해도 과하다 싶을 정도로 자신의 아들과 손자와 조카들이 제자들과 함께 공부할 수 있도록 배려하고 권유했다. 그가 생전에 편지를 보내면서 공부에 힘쓰기를 조언하며 멘토링을 한 후손들만 무려 100명에 이른다. 퇴계는 과거 시험에 대해서는 부정적인 입장이었지만, 자신의 아들과 손자들이 과거 시험에 합격하도록 조언과 뒷바라지를 아끼지 않았다.

"무사히 공부를 하고 있음을 알고 마음이 놓인다. 답안지가 등수 안에 들지 못한 것은 네게 당연하다. 안타깝구나. 하지만 이는 네가 평일에 게을리

논 결과이니 다시 누구를 허물하겠느냐. 다만 더욱 노력해서 진보할 것을 도모해야지, 스스로 풀이 죽어 의기가 꺾여서는 안 된다."

이 글은 퇴계가 55세 때인 1551년에 서른이 다 되어 과거 시험을 준비하는 아들 준에게 쓴 편지 중 일부다. 이처럼 퇴계의 자녀교육 열정은 그가 쓴 편지에서 확인할 수 있다. 그는 아들 이준에게 613통, 손자 이안도에게 125통 등 아들과 손자, 후손에게 모두 1300여 통의 편지를 썼다. 이는 아마도 세계적으로도 전무후무한 일일 것이다. 그러나 멀리 보면 퇴계의 자녀교육열은 그 후손과 후손들로 이어지면서 500년 동안 수많은 인재를 낼 수 있었던 원동력으로 작용했다. 편지의 내용은 《퇴계 이황, 아들에게 편지를 쓰다》와 《안도에게 보낸다》라는 책에서 생생하게 만나볼 수 있다.

아이들에게 꿈이 있다면 공부를 절로 하게 된다. 그런데 대부분 부모들은 이를 기다리지 않고 공부하라고만 닦달한다. 이황은 자녀와 손자, 조카 등에게 목표와 계획을 세워 독서를 하라고 당부한다. 이것이 바로 입지(立志)교육이다. 퇴계가 40세 때 맏아들 준에게 보낸 편지를 보면 "모름지기 공부하려는 계획을 충분히 세워서 날마다 부지런히 공부할 뿐이다. 헛되이 세월을 그냥 허송해 버려서는 안 된다."라고 당부하고 있다. 그러나 요즘 아이들처럼 퇴계의 아들도 공부에 필이 꽂히지 않았던 모양이다. 퇴계는 입지가 되어 있지 않다며, 아들에게 여러 번 권학문을 써 보냈다.

"네게 비록 일이 많기로소니 독서를 게을리할 수 있나. 공부하는 데 가장 요긴한 것은 부지런함이다. 늘 쓰고 외우고 짓는 일에 공을 들여야 한다."

이어 퇴계는 그의 제자 중에서 입지가 돈독한 친구들과 함께 공부하라고 당부한다. "금군과 김군들은 모두 입지가 돈독하므로 그들과 서로 돕고 본받아가면서 열심히 공부하여라." 여기서 퇴계는 친구와 여택의 관계여야 서로 공부를 권하고 발전할 수 있다고 강조한다. 특히 학문에 뜻을 둔 입지가 돈독한 친구와 함께 공부해야 한다고 아들에게 주문하고 있는 것이다. 퇴계의 제자 중에 월천 조목이 있다. 28세의 조목이 퇴계가 기거하는 계상 서당을 방문했다. 이때 퇴계는 제자에게 하루 종일 입지의 중요성에 대해 설명했다고 한다. 그만큼 공부에서 입지가 중요하다는 말이다.

입지는 율곡 이이를 키운 신사임당이 자녀들에게 강조한 말이기도 하다. 당시의 아이들도 입시 전쟁에 내몰리는 요즘 아이들과 별반 다르지 않았다. 어린 시절부터 과거 시험 기출 문제지를 보며 답안을 달달 외웠던 것이다. 그러나 공부에 대한 계획과 목표, 꿈, 즉 입지가 서있지 않으면 이내 힘들다며 그만두고 만다. 요즘 아이들처럼 말이다. 퇴계가 제자나 자녀, 후손들에게 입지의 중요성을 강조한 이유도 쉽게 공부를 그만둘까, 책 읽기를 게을리할까 하는 노파심에서였을 것이다.

퇴계의 노심초사에도 불구하고, 아들과 손자들은 소과인 초시에는 합격했으나 마지막 관문인 대과에는 낙방했다. 자식 농사란 대학자도 어찌지 못하는 어려운 일이다. 그러나 이러한 퇴계의 자녀교육 열정은 지금까지 후손들에게 이어져 수많은 인재를 키워 내는 정신적인 힘이 되고 있다.

퇴계는 책을 거쳐 가듯 훑어보는 '역람(歷覽)'은 잘못된 독서법이라고 한다. 말하자면 역람은 말을 타고 달리면서 산천을 구경하는 것과 마찬가지이다. 나는 아들이 방학을 하면 함께 도보 여행을 하는데 6년째 해오고 있다. 산천을 걸으면서 구경을 하다 보면 모든 게 새롭게 다가오는데 한 걸음 한 걸음이 땀으로 이루어지기 때문이다. 천천히 걷다 보면 절로 세상이 눈에 들어온다. 독서도 마찬가지라고 퇴계는 강조한다. 그래서 퇴계는 책을 숙독하고 암송하라고 주문한다. 특히 일체의 모든 것을 끊고 독서에 집중하는 '근고(勤苦)' 독서를 권한다. 근고란 뼈가 부러질 정도로 힘쓰는 것으로《예기》에 나오는 말이다. 독서에 온 정신을 집중해야 한다는 말이다. 설렁설렁해서는 아무것도 얻을 수 없다는 말이다.

또 퇴계는 '졸독(卒讀)'을 경계하라고 조언한다. 졸독이란 매우 급작스럽게 급히 읽어버리는 독서법이다. 이는 시간만 낭비할 뿐이라는 것이다. 그는 요약된 책 읽기 또한 경계했다. 중국 각 시대의 정사로 꼽히는 18가지 역사서를 일목요연하게 집대성한 증선지의《십팔사략》, 또 고시와 고문을 간단하게 뽑아 엮은《고문진보》와 같은 요약본을 읽지 말라고 손자에게 조언하기도 했다.

퇴계가《십팔사략》이나《고문진보》를 '잡문'이라며 읽기를 경계한 것은 무조건 읽지 말라는 말이 아닐 것이다. 마치 요약본처럼 급하게 읽는 것을 경계하라는 속뜻을 담고 있는 말이다. 요즘에도 이런 류의 책들이 시중에

넘치고 있다. 이를 테면 고전 중에서 마음을 사로잡는 명문장을 담은 책들인데, 정작 읽고 나면 별로 남는 게 없고 감흥을 주지 못한다. 책을 통해 깊은 느낌을 받고 영감을 얻으려면 시간이 걸리고 귀찮더라도 다이제스트 된 책을 수십 권 읽는 것보다 제대로 된 한 권을 읽는 게 낫다는 말을 퇴계는 하고 싶었던 것일 게다.

또한 퇴계는 《소학》을 먼저 공부하고 《대학》을 읽어야 한다고 가르쳤다. 집에 비유하자면 《소학》이 집터를 닦는 공사이고, 《대학》은 집터에 집을 짓는 공사에 해당한다. 퇴계는 자녀와 후손에게 먼저 소학을 읽은 다음에 반드시 《주자대전》을 읽게 했다. 아들 준이 34세나 되었는데도 《소학》을 읽지 않았다고 하자 그것부터 읽기를 권했다.

퇴계는 특히 경서 공부가 필수적이라고 강조한다. 과거 시험을 위해 당시 성균관에서는 요즘처럼 수능 대비식 수업을 했다. 즉, 과거 시험에 대비하기 위해 사서나 경서를 읽지 않고도, 기출문제를 풀고 시험 공부만 잘하면 되는 것이다. 하지만 입시 준비와 같은 공부로 성적은 잘 얻을 수 있어도 학문적으로는 성공할 수 없다. 퇴계는 자녀와 후손, 제자들에게 과거 시험을 위한 공부법과 진정한 학문을 위한 공부법의 차이를 설명해 준 것이다.

물론 퇴계는 학문을 위한 공부를 하기를 원했다. 그래서 손자 이안도가 사서삼경 등을 제대로 공부하지 않고 성균관에 유학부터 하는 것을 반대했다.

퇴계는 또 사녀늘에게 《주자대전》을 깊이 이해시키기 위해 문장을 그대로 베끼라고 했다. 나는 오래전부터 퇴계가 강조한 베끼기를 해오고 있다. 나의 노트북에는 '세계적 인용문'이라는 파일이 있는데 여기에는 독서한 책들에서 베낀 수많은 문장이 담겨 있다.

이처럼 책에 있는 문장을 베끼는 것을 '초서'라고 한다. 초서 습관은 왕이나 학자나 선비들이 즐겨 활용한 공부법이다. 정조도 그렇고 이익, 안정복, 그리고 정약용에 이르기까지 조선 시대의 학자들은 너나없이 '초서 마니아'였다. 그들은 방대한 책을 다 읽고 그 가운데서 정수만을 뽑아 책을 만들었다. 나는 퇴계의 습관을 본받아 10년 전부터 초서를 생활해 오고 있는데 그동안 기록해 놓은 초서만 해도 이루 헤아릴 수 없을 정도의 분량이다. 초서는 글쓰기의 원천이자 창작의 샘이 되어 주고 있다.

독서와 초서는 세상을 뒤흔든 위대한 인재들의 중요한 독서 습관이었다. 《성호사설》을 지은 이익, 《동사강목》을 지은 안정복, 《목민심서》를 쓴 다산 정약용과 인도의 초대 총리를 지내고 《세계사 편력》을 쓴 네루 등 동서고금에 걸쳐 이루 헤아릴 수 없다. 퇴계의 말처럼 초서를 하다 보면 이해하기 힘든 문장이나 어려운 문장도 어느새 이해가 되고 마음에 되새겨진다.

퇴계는 시도 즐겨 읽었는데 도연명의 시를 매우 좋아해 늘 애송했고, 그의 사람됨을 사모했다. 훗날 퇴계가 전원으로 돌아가기를 그토록 갈망했던 것은 소년 시절 도연명에게 받은 강렬한 인상이 작용했기 때문인지도 모른다. 퇴계는 도연명의 시를 유난히 좋아했다. 드높은 운치를 간직하면서도 소박한 마음으로 자연을 즐기며, 전원으로 돌아가 은둔하기를 바란 것은 바로 도연명의 자취를 찾고자 했기 때문이리라. 그러면서도 한편으로는 당나라 두보의 시풍을 배워 그 정심한 시정에 깊이 공감했으며, 소식(소동파)에 매료되기도 했다.

퇴계는 12세 때 《논어》를 작은아버지에게 배웠는데, 그날 배운 것은 반드시 모두 암기했다. 또 그다음 날에는 그 전날과 그저께 배운 것까지 모두 암기했다. 《논어》를 끝낼 때에는 전부를 다 외울 수 있었다. 외우고 또 외우다 보면 절로 뜻을 알 수 있었다고 한다. 그래서 독서를 통한 공부 습관 중에 가장 좋은 습관이 암기라고 할 수 있다. 퇴계는 공부 습관을 이렇게 말했다.

"글을 읽는 방법은 익숙하도록 읽는 것이다. 글을 읽는 사람이 비록 글의 뜻을 이해하더라도 익숙하지 못하다면, 읽으면 곧 잊어버려서 마음에 간직할 수 없다. 배우면 반드시 다시 복습하는 습관을 들여야 마음속에 지닐 수 있다."

책을 읽은 후에 마음속에 아무것도 남아 있지 않다면 책을 읽지 않는 것과 다를 바 없다. 외우고 또 외워서 문장이 입에서 절로 나올 수 있어야 한다.

퇴계는 책을 많이 읽는 것을 중요하게 생각하지 않았다. 다만 책 한 권이라도 제대로 읽고 이해하는 것이 중요하다고 했다. 그래서 퇴계는 글을 읽으면서 중요한 문구를 필사했고, 이것이 축적되자 책으로 펴내기도 했다. 대표적인 것이 주희의 《주자대전》을 읽으면서 펴낸 《주자서절요》이다. 《주자대전》은 121권에 이르는 방대한 분량인데 현재 한글로 번역된 것은 13권에 이른다. 우리나라에서는 중종 때인 1543년에 간행되었는데, 이때 퇴계는 《주자대전》을 처음 접하고 평생 자신의 학문을 이끌어줄 등대로 삼았다. 그는 벼슬에서 물러나 고향에 은거한 1549년 이후, 본격적으로 이 책을 읽기 시작했다. 그가 가장 주목한 부분은 48권에 달하는 서간문들이었다. 여기에는 주희가 친구나 제자들과 나눈 학문에 대한 의견들, 국가와 시대에 대한 고민 등이 폭넓게 담겨 있다. 퇴계는 이를 통하여 주자학의 큰 줄기를 파악했다. 그리하여 퇴계는 48권의 서간문 중에서 긴요한 부분만을 뽑아 14권으로 재편집했는데, 이것이 《주자서절요》이다. 말하자면 《주자대전》을 읽으면서 자신이 생각한 핵심적인 내용을 가려 뽑아 엮은 책이다.

책을 좋아해 '호학군주'로 불리고 독서를 할 때마다 책을 펴낼 정도였던 정조가 바로 이 책의 애독자였다. 그는 《주자서절요》를 읽으면서 한 편을 반드시 수십 번씩 읽었고, 한 권이 끝날 때마다 반드시 중요한 문장을 뽑아 필사를 했다. 그런 정조는 이황의 《주자서절요》 14권을 다시 3권의 《자양자회영(紫陽子會英)》이라는 책으로 만들기도 했다. 송강 정철은 56세 때 평북 강계로 유배를 가 《주자서절요》를 읽었다. 정철이 책을 읽을 때마다 그 횟수를 동그랗게 표시한 페이지들이 있어 눈길을 끈다. 말하자면 이황의 《주자서절요》는 방대한 《주자대전》에 입문하거나 그 책이 너무 방대해 읽기 어려운 이들의 필독서였던 것이다.

퇴계의 독서법에서 볼 수 있듯이 어떤 일이든 노력 없이 순간적인 도약을 할 수 없다. 독서 또한 마치 한 땀 한 땀 옷을 짜듯이 한 문장 한 문장 읽고, 또 적다 보면 마음에 젖어드는 것이다. 퇴계의 학문은 이런 과정을 한 단계 한 단계 거치면서 비로소 무르익은 것이다.

이황 가의 독서비법 7

– 책 즐겨 읽는 아이로 키우는 독서법

1. 좋은 책을 물려주어 큰사람으로 키워라.

퇴계는 부친이 물려준 수많은 책들에 쌓여 어린 시절을 보냈다. 아버지 이식은 장인으로부터 만 권의 책을 물려받았다고 한다. 조부와 부친은 진사에 머물렀으나 학문을 좋아하여 가학의 기반을 닦음으로써 대학자 퇴계가 출현할 수 있는 토대를 마련했다.

2. 집안 대대로 내려오는 필독서를 가져라.

퇴계는 자신이 《심경부주》를 얼마나 숭상하는지를 문집에 이렇게 남겼던 것이다. "내가 젊어서 한양에서 공부할 적에 묵었던 곳에서 처음 이 책을 구해 읽었다." 비록 도중에 병으로 중단했기에 '늦게 깨달아 이루기가 어렵다'는 탄식을 하고 있지만, 애초에 학문에 뜻을 두고 정진할 수 있었던 것은 이 책의 힘이었다고 한다.

3. 책에 나온 내용대로 생활에서 실천하라.

퇴계는 배운 것은 실천하고, 겉과 속이 다르지 않게 하는 것이 학문하는 사람의 자세라고 했다. 그래서 퇴계는 집안사람의 교육에서도 생활교육을 특히 중시했다. 34세에 벼슬길로 들어서는 아들에게 학문이 부족하다며 다시 《소학》 읽기를 권한 것도 그런 측면에서였다.

4. 다독을 경계하되 다작, 다상량에 매진하라.

퇴계는 12세 때 스승인 작은아버지에게 구양수의 독서 습관인 '삼다'에 대해 듣고, 이를 곧바로 실천했다. 다만 다독도 중요하게 여겼지만, 책의 내용을 꼼꼼하게 읽고 그 내용을 음미하는 정독과 숙독을 더 선호했다.

5. 입지가 굳건한 친구들과 공부하게 하라.

퇴계는 학문하는 기본 자세는 서로 도와 공부하고 의문이 나면 함께 토론하는 것이라고 한다. 학문하면서 편견과 고루함에 빠지지 않기 위해서는 학우들과 책상을 맞대고 공부해야 하고, 독단을 피하기 위해서는 자신이나 타인의 주장에 잘못이 있을 수 있음을 깨달아야 한다는 것이다.

6. 책을 읽을 때 역람과 졸독을 하지 마라.

퇴계는 일체의 모든 것을 끊고 독서에 집중하는 '근고(勤苦)' 독서를 권한다. 근고란 뼈가 부러질 정도로 힘쓰는 것으로 《예기》에 나오는 말이다. 독서에 온 정신을 집중해야 한다는 말이다. 설렁설렁해서는 아무것도 얻을 수 없다는 말이다.

7. 반복해서 외우고 중요한 문구를 베껴라.

퇴계는 책을 많이 읽는 것을 중요하게 생각하지 않았다. 다만 책 한 권이라도 제대로 읽고 이해하는 것이 중요하다고 했다. 그래서 퇴계는 글을 읽으면서 중요한 문구를 필사했고, 이것이 축적되자 책으로 펴내기도 했다.

◉ 이황의 필독 리스트

공자의 《논어》

퇴계가 10세 때 공부해서 책 속 모든 문장을 외운 책이다. 요즘은 언제 읽을까? 자녀보다 부모가 먼저 읽어야 할 책이다.

도연명의 〈도화원기〉, 〈귀거래사〉

도연명은 유가와 도가의 가르침을 잘 조화시켜 삶을 영위한 전형적 예이다. 이렇게 조화된 인격에서 깊고도 감성이 풍부한 시가 나올 수 있었다.

〈도화원기〉는 동양적 이상향을 보여 주는 문장으로 유명하다. 서양의 이상향을 보여 주는 토머스 모어의 〈유토피아〉와 비교해 볼 때 서양의 이상향이 어느 곳에도 없는 곳이라면 동양의 이상향은 지금도 중국 어디에 있을 것만 같은 아주 소박한 곳으로 느껴진다. 여기서 '무릉도원'이 유래되었다.

〈귀거래사〉는 405년 그가 41세 때, 팽택현의 지사 자리를 버리고 고향인 시골로 돌아오는 심경을 읊은 시로서, 세속과의 결별을 진술한 선언문이기도 하다.

진덕수의 《심경》

공부는 마음공부가 어쩌면 더 중요하다. 퇴계가 입지 교육을 강조한 것도 뜻을 마음속에 명확하게 세우지 않으면 목표를 이룰 수 없고 흐지부지되기 때문이다. 독서는 바로 수신과 연결되어 있다. 그래서 책을 많이 읽으면 조숙해지고 세상을 보는 눈이 트이게 된다.

퇴계는 《심경》을 마음의 수양을 위한 학문(심학)과 마음의 수양을 위한 방법(심법)의 체계로서 처음 학문에 들어가는 사람에게 매우 절실한 것임을 강조했다. 진덕수가 편찬한 《심경》에 명나라 정민정이 주석을 붙여 《심경부주》를 저술했다.

주희의 《주자대전》, 《근사록》

퇴계의 학문을 완성하는 데 결정적인 역할을 한 방대한 분량의 책으로 조선 시대에는 《주자대전》을 빼고는 학문을 논할 수 없었다. 중국과 조선 시대 학자들의 필수 교과서였다. 《근사록》은 주희가 스승의 이야기를 쓴 것으로 주자학의 입문서이다. 오늘날에는 이런 책들이 교과서에 소개도 되지 않을 정도지만, 불과 100여 년 전만 해도 모든 학생들의 필독서였다. 이처럼 시대의 변화에 따라 학문도 달라진다.

◉ 이황 관련 교양 필독서

《퇴계언행록》

퇴계의 제자들이 퇴계의 생전 가르침을 엮은 책으로, 공자의 《논어》에 견줄 수 있는 책이다. 《논어》도 공자가 죽은 후 제자들이 공자의 가르침 중에서 교훈적인 내용을 뽑아 토론을 거쳐 엮은 책이다.

퇴계가 제자 등에게 쓴 편지 22통을 뽑아 엮은 《자성록》.
손자에게 보낸 《안도에게 보낸다》(들녘, 2005).
아들 이준에게 보낸 《퇴계 이황, 아들에게 편지를 쓰다》(연암서가, 2011)

2장

나라를 구한 영웅,
이순신 가

– 기록하는 자가 이긴다

열정적인 독서로
10년 법칙을 실현하라

여해 이순신(1545~1598) 이순신은 충무공이라는 이름으로 잘 알려져 있는데, 이는 그가 순국한 후에 왕이 내린 시호다. 이순신 가문은 무인 집안이었으나, 문인쪽 인재를 배출하다가 이순신에 이르러 다시 무인 집안으로 가풍을 이었다. 이순신은 10년 정도 과거 시험을 준비했는데, 무장으로는 드물게 뛰어난 문학적 표현들이 담긴 시편과 《난중일기》를 남겼다. 문과를 준비하면서 한 공부의 내공이 꽤 깊었음을 알 수 있다. 그러나 혼인 1년 뒤인 22세 때 인생의 방향을 크게 바꾸어 본격적으로 무예를 익히기 시작했다. 그리고 10년 뒤인 32세 때 무과에 합격했다. 이순신에게도 이른바 '10년 법칙'이 적용되었음을 알 수 있다. 10년 법칙이란 어느 한 분야에서 두각을 나타내기 위해서는 하루 3시간씩 모두 1만 시간, 즉 10년 동안의 집중적인 공부나 훈련 등 시간 투자를 해야 한다는 법칙이다. 그는 평소 독서는 물론 기록을 중요하게 생각했는데, 전쟁 중에 쓴 것이 그 유명한 《난중일기》다.

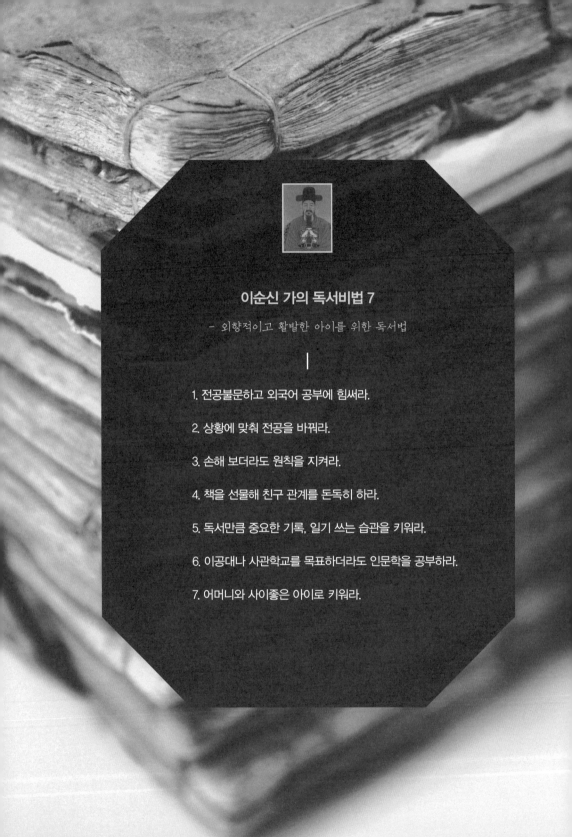

이순신 가의 독서비법 7

– 외향적이고 활발한 아이를 위한 독서법

1. 전공불문하고 외국어 공부에 힘써라.

2. 상황에 맞춰 전공을 바꿔라.

3. 손해 보더라도 원칙을 지켜라.

4. 책을 선물해 친구 관계를 돈독히 하라.

5. 독서만큼 중요한 기록, 일기 쓰는 습관을 키워라.

6. 이공대나 사관학교를 목표하더라도 인문학을 공부하라.

7. 어머니와 사이좋은 아이로 키워라.

진공불군하고 외국어 공부에 힘써라

이 책의 프롤로그에서 인용한 탤런트 채시라의 '영포직포'라는 말처럼 지금 우리 사회에서 좋은 학교에 진학하고 대기업에 취직하는 등 성공하기 위해서는 외국어 공부를 결코 무시할 수 없다. 조선 시대에도 다를 바 없었다. 지금은 영어와 중국어가 가장 활용 가치가 높은 외국어이지만 조선 시대에는 단연 중국어였다. 조선은 중국과 국경을 맞대고 있었고, 두 나라 사이를 수시로 사신이 오고 갔다.

이순신의 선조 중에서 5대조인 이변은 중국어에 능통해 외교관으로 승승장구했고, 이순신 집안을 일으키는 데 주도적 역할을 했다. 더욱이 이변은 역관이 아닌데도 한어(漢語), 즉 중국어 공부에 열을 올렸다. 그가 얼마나 중국어 공부에 심혈을 기울였는지는《세종실록》에서 이렇게 전하고 있다.

"이변은 그 사람됨이 둔했는데, 30세가 넘어서 문과에 합격해 승문원에 들어가 한어를 배웠다. 성공하고야 말리라 다짐하고 밤새워 공부하고 중국어를 잘한다는 사람이 있다는 말만 들으면 반드시 그를 찾아가 질문하고 도움을 받았다. 집안사람들과 말할 때에도 언제나 중국어를 썼다. 친구를 만나도 반드시 먼저 중국어로 말을 접한 후에야 우리말로 말하곤 했는데, 이로 말미암아 중국어에 능통하게 되었다."

여기서 잠시 프랑스의 어느 아버지가 행한 효과적인 외국어 공부에 대한 이야기를 해보겠다. 지금으로부터 약 480년 전인 1533년에 프랑스 남서 지방 보르도에 사는 피에르 에켐은 아들 미셸을 얻었다. 아버지는 많은 학자들과 권위자들에게 아동교육에 대해 문의했다. 그가 얻은 결론은 아이에게 최소한의 강제를 가하고 스스로 공부하고 싶어지도록 환경을 만들어 주는 것이었다. 이러한 조언에 따라 아버지 피에르는 당시 유럽 교양층의 언어였던 라틴어를 훌륭하게 구사하는 독일인 가정교사를 고용했다. 그리고 미셸이 있는 데서는 누구라도 라틴어만 말해야 한다고 명령했다. 미셸은 6세가 되기까지 모국어인 프랑스어를 전혀 배우지 못했지만 라틴어 실력은 최고 수준에 올랐다.

또한 아버지는 아들의 '말랑말랑한 두뇌'가 충격을 받지 않도록 악기 소리로 잠을 깨웠다. 그야말로 세심한 아버지가 아닐 수 없다. 현대의 가장 진보된 교육도 이보다 더할 수 없을 것이다. 이렇게 자란 어린아이는 훗날 보르도 시장에 선임되었고 문필가로 이름을 날렸다. 그가 바로 오늘날 산문 문학 형식의 전형이 된《수상록》의 저자인 미셸 에켐 드 몽테뉴(1533~1592)이다.

이순신의 5대조 할아버지 이변 또한 늘 중국어를 입으로 흥얼거리며 다녔고, 결국 중국어의 일인자가 될 수 있었다. 이변은 과거 시험에 합격한 후에 중국어 공부에 집중했다. 당시 문과 시험에는 중국어가 포함되어 있지 않았지만, 중국어 능통자는 역과 시험을 거쳐 역관으로 선발되었기 때문이다. 이변은 중국어를 독학으로 공부했고 그렇게 익힌 결과 중국어의 일인자로 알려지면서 외교관의 길을 걸을 수 있었다. 조선 시대에 외교 문서를 담당한 관서로 승문원이, 통역관을 교육하는 관서로 사역원이 있었다. 중국어에 능통한 그는 중국어 통역관을 교육하는 자리에 오를 수 있었다. 그는 중국에 가서 명나라 학자들을 만나 조선에서 만든 《소학직해언해》를 설명한 일도 있다. 당시 빼어난 중국어 실력으로 이들에게 상세하게 설명해 줄 수 있었다고 한다.

그 뒤 이변은 명나라 사신으로 자주 파견되었다. 또 세종에 이어 문종 임금 시절에도 차관급인 예조참판직에 있으면서 명나라 사절들 접대를 도맡았다. 세조 임금 시절에는 장관급인 형조판서(법무부 장관)에 올랐고, 외교관 업무도 계속 맡았다. 그는 30세가 넘어서야 과거 시험에 합격했지만, 그 후 무려 50년 동안 6명의 임금을 섬기며 외교관으로 화려한 관직 생활을 할 수 있었다. 만약 과거 시험에 합격한 기분에 도취해 중국어를 공부하지 않았다면 평범한 관리로 머물 수밖에 없었을 것이다. 하지만 그는 역관의 영역인 중국어 공부에 뛰어들어 외교관으로 크게 이름을 남길 수 있었다. 요즘에 비유하면 장관급 공무원 가운데 중국어를 최고로 능통하게 구사하는 공무원이었던 것이다. 그리고 다른 공무원보다 뛰어난 비장의 무기가 있었다.

아버지로부터 중국어에 능통했던 선조의 이야기를 듣고 자란 이순신은 외국어의 중요성을 누구보다 잘 알고 있었다. 그래서 부하들 중에 중국어와 일본어에 능숙한 사람을 적극 활용해 임진왜란에 임했다. 그중 손문욱은 거북선에 승선해 명군과의 연합 작전을 수행하는 데 주도적 역할을 담당했다.

이순신 집안은 원래 무인을 배출해 왔다. 고려 말까지 대대로 무장을 배출한 무반 가문이었다. 그러다 조선 시대에 이르러 무과에서 문과로 바꿔 과거 시험에 응시해 합격자가 나왔다. 요즘에는 육군, 해군, 공군 사관학교가 각각 지휘관들을 키워 내고 있지만 조선 시대에는 무인을 뽑는 무과 시험만 있었다.

이순신 집안에서 문과에 합격해 공무원이 된 사람은 앞서 말한 이변이 최초다. 이변은 지금으로부터 거의 600년 전인 1419년에 문과에 합격했다. 이변에 이어 이순신의 증조부인 이거도 문과에 합격했다. 이 두 사람 덕분에 이순신 집안은 무인 집안에서 문인 집안으로 변신할 수 있었다. 그런데 이순신에 이르러 다시 무인의 길로 나아갔고, 그 후에도 무인의 길을 걸은 후손이 더 많았다. 말하자면 이순신 이후에 무인의 가풍이 만들어진 것이다. 이순신은 조선 최초로 통제사가 되었는데, 그의 후손들 가운데 모두 12명이 통제사(조선 시대 통제사는 모두 208명이었다.)를 지냈다.

이순신도 처음에는 문과 응시를 준비했다. 10세 전후부터 공부를 시작했다고 보면, 10년 정도 문학을 공부한 것으로 보인다. 무장으로는 드물게 《난중일기》와 그가 남긴 시편에는 뛰어난 문학적 표현들이 곳곳에 있는데, 문과를 준비하면서 한 공부가 꽤 깊었음을 알 수 있다. 그러나 그는 혼인 1년 뒤인 22세 때 인생의 방향을 크게 바꾸어 본격적으로 무예를 배우기 시작했다.

이순신은 5년 뒤 28세 때인 1572년(선조 5)에 무과 시험인 훈련원 별과에 처음 응시했다. 그러나 시험을 치르던 중 타고 있던 말이 넘어지는 바람에 다리가 부러져 낙방했다. 다시 일어나 버드나무 껍질을 벗겨 다친 다리를 싸매고 끝까지 시험을 치른 것은 널리 알려진 일화다.

이순신은 32세 때인 1576년에 무과 시험에 합격했다. 이때가 임진왜란을 16년 앞둔 시점이었다. 그의 인생 전체가 그러했지만, 이때부터 부침이 심하고 순탄치 않은 관직 생활이 시작되었다. 이순신은 노량해전에서 순직하기까지 22년간 무인으로 살았다.

이순신 가는 이변이 자수성가로 고위직에 오름으로써 집안의 뼈대를 세웠다고 할 수 있다. 이변은 83세로 세상을 떠나기까지 관직 생활 기간만 무려 53년이었다. 이변은 성실한 공부로 집안을 일으켜 세운 것이다.

이변의 증손자인 이거는 원칙과 강직함으로 이름을 드높였다. 지금의 감사원에 해당하는 사헌부에서 장령으로 근무하기도 한 이거는 '호랑이 장령'이라는 별명을 얻을 정도로 강직했다고 한다. 그는 언제 어느 곳에서도 불의와 타협하지 않고 공무원들의 잘못을 조사하여 엄정하게 처리했다. 성종 임금은 이거가 강직한 원칙론자라는 사실을 알고 과천에 암행어사로 파견했다. 이때 과천현감이 탐관오리로 적발되어 의금부로 압송되기도 했다. 그는 지위고하를 막론하고 비리에 연루된 관리들을 잡아들였다. 또한 임금 앞에서도 할 말은 하는 대쪽 같은 모습을 보였다. 이거는 병조참의(정3품)까지 역임했다.

이순신의 할아버지 이백록은 이변과 이거가 순탄한 관직 생활을 한 것과는 달리 소신을 굽히지 않다 사화에 연루되었다. 그는 생원 시험에 합격해 성균관에서 공부하던 전도유망한 청년으로, 학생 대표로 활동하기도 했다. 그러나 조광조의 새로운 정치 세력에 합류했다 결국 기묘사화에 연루되어 과거 시험에 더 이상 응시하지 못하는 처벌을 받았다. 말하자면 기득권 세력에게 낙인 찍혔던 것이다. 이순신 또한 증조할아버지의 이런 성품을 빼닮았다. 1579년(선조 12) 2월, 훈련원 봉사(종8품)로 근무할 때 일이다. 병조정랑(정5품) 서익이 자신과 가까운 사람을 특진시키려고 했다. 이에 원칙을 중시한 이순신이 반대했고, 이 일로 8개월 만에 충청도 병마절도사 휘하의 군관으로 좌천됐다.

이순신을 상징하는 가장 대표적인 면모는 원칙을 엄수하는 강직한 행동이었다. 원칙을 중시하는 자세는 일생 내내 그를 크고 작은 곤경에 빠뜨렸다. 그러나 그를 훗날 장수로 발탁한 서애 유성룡(1542~1607)은《징비록》

에서 "이 사건 때문에 사람들이 이순신을 알게 되었다."고 썼다. '모난 돌이 정에 맞는다.'는 말이 있지만 이순신의 강직하고 원칙을 중시하는 성품은 결국 그를 큰 인물로 만들었던 것이다. 달리 말하면 원칙을 중시한 이순신의 성품은 현실적으로 불이익을 주기도 했지만 그의 명성을 조금씩 높여 주기도 했다. 이 사건으로 비로소 이름이 알려지기 시작한 이순신은 얼마 뒤 파격에 가까운 승진을 하게 되었다.

이순신은 불의에 타협하지 않고 언제나 원칙에 충실했다. 이러한 성품은 이순신 집안의 가풍이 되어 그 후로도 이어졌다. 율곡 이이가 이조판서로 있을 때 서애 유성룡을 통해 이순신을 만나 보기를 청했다. 이때 이순신은 율곡을 만나려고 하지 않았다. "같은 문중 사람이니 만나 보아도 괜찮겠지만, 인사권을 가진 자리에 있으니 만나서는 안 된다."라고 했다는 것이다. 이는 누구나 할 수 있는 일이 아니다. 이런 이순신의 원칙 중시는 연암 박지원에게서도 엿볼 수 있다.

"날이 저물어 갈 길이 멀면 누군들 마음이 급하지 않겠는가. 그렇건만 평소 자기 삶의 원칙을 이토록 지키다니!"

이는 연암 박지원을 두고 다른 관리들이 한 말이다. 연암은 당대의 베스트셀러 작가이자 실학파의 거두였지만 지독한 가난을 면하지 못했다. 35세부터 과거 시험도 포기하고 실학 연구에 매진했다. 부인과 자녀들이 하도 굶주리자 결국 50세에 선공감 감역이라는 종9품의 미관말직을 수락하고야 말았는데 부인은 얼마 후 세상을 떠났다.

50세에 9종 공무원이 되었으니 연암도 '고속 승진'을 하고 싶었을 것이다. 한번은 정7품에서 종6품 승진을 눈앞에 두고 있었는데 근속 기간이 며칠 모자랐다. 이번에 승진하지 않으면 다시 1년을 기다려야 했다. 연암의 처지를 딱하게 여긴 상급자는 날짜가 약간 모자라지만 관례상 융통성이 있다면서 그를 승진시켜 주려고 했다. 이때 연암은 "나는 평소에 한 번도 구차한 짓을 한 적이 없다."라며 단호하게 거절한다. 결국 연암은 그로부터 1년 후인 54세에 종6품으로 승진하게 된다.

연암 박지원이 죽은 지 200여 년이 되었지만 오늘날까지 그의 정신은 생생하게 살아 있다. 다른 학자와 달리 그가 당대보다 후대에 더 높은 평가를 받는 것은 치열한 삶의 태도 때문일 것이다. 연암은 사람들이 눈앞의 편안함만 좇으면서 적당히 임시변통으로 땜질하는 태도를 늘 비판했다. 연암과 이순신의 강직함은 오늘날까지 시사하는 바가 크다.

이순신의 아버지 이정은 변씨 부인과 결혼해 슬하에 희신, 요신, 순신, 우신 등을 두었다. 이순신과 형제들의 이름은 중국 고대의 '삼황오제' 중에서 복희씨와 요순우 임금에서 따온 것이다. 아버지는 아들들이 그런 성군을 섬긴 훌륭한 신하가 되라는 바람을 그 이름에 담았던 것이다.

이순신은 서울에서 어린 시절을 보냈다. 그 시절 이순신은 일생에 중요한 영향을 끼칠 인물을 만났다. 그는 나중에 영의정이 되는 서애 유성룡이었다. 유성룡은 이순신보다 세 살 많았다. 두 사람은 훗날 임진왜란 때 각각 문인과 무인으로서 결정적인 공로를 세웠다. 유성룡의 많은 업적 중에서 가장 중요한 것은 이순신을 적극 천거하고 옹호한 행동이었는지도 모른다. 이순신이 백의종군할 때에도 그를 옹호했던 유성룡의 혜안은 나라를 멸망에서 건졌다.

유성룡이 "신의 집은 이순신과 같은 동네였기 때문에 그의 사람됨을 깊이 알고 있다."라고 한 말이 《선조실록》에 기록되어 있다. 그런 기억에 따라 유성룡은 임진왜란이 끝나고 쓴 《징비록》에서 어린 시절의 이순신을 인상 깊게 회고했다.

"이순신은 어린 시절 영특하고 활달했다. 다른 아이들과 모여 놀 때면 나무를 깎아 화살을 만들어 동리에서 전쟁놀이를 했다. 마음에 거슬리는 사람이 있으면 그 눈을 쏘려고 했다. 자라면서 활을 잘 쏘았으며 무과에 급제해 관직에 나아가려고 했다. 말 타고 활쏘기를 잘했으며 글씨를 잘 썼다."

《열자(列子)》에는 '지음(知音)'이라는 오래된 성어가 나온다. 지음이란 마음이 서로 통하는 친한 벗을 말한다. 친구가 타는 거문고 소리를 듣기만 해도, 그 마음속을 척하니 알아맞힐 정도로 상대방을 다 아는 사이를 말한다. 거문고의 명인 백아가 자기의 거문고 소리를 잘 이해해 준 벗 종자기가 죽자, 자신의 거문고 소리를 아는 자가 이 세상에는 더 이상 없다고 하여 거문고 줄을 끊어버린 데서 유래한 말이다.

즉, 지음은 어떤 사람이 성공하는 데는 그 사람을 알아주고 후원하는 다른 사람의 존재가 필요하다는 말이다. 그래서 대부분의 사람들은 그런 관계를 만들고 발전시키는 데 매우 적극적인데, 그 사람이 영향력 있는 위치에 있다면 더욱 그러하다. 이순신과 유성룡의 관계는 지음에 해당하지만 결코 사리사욕을 채우는 관계가 아니었다.

이순신에게는 벼슬 기간 동안 강등이 되풀이 됐다. 훈련원에서 2년 넘게 근무한 뒤 이순신은 어떤 까닭에서인지 다시 강등되어 변방으로 배치되었다. 여기서 여진족 우두머리를 생포하는 전공을 세워 한 달만에 다시 훈련원 참군(정7품)으로 한양에 돌아왔다. 이런 이순신에게 유성룡은 지음과 같은 소중한 존재였다. 이순신은 유성룡의 천거로 특진해 다시 변방으로 나갔다. 그러다 여진족의 침입으로 160명의 백성이 납치되자 여기에 연루되어 백의종군에 처해졌다. 이순신의 생애에서 첫 번째 백의종군이었다. 다시 여진족을 급습해 전공을 세운 이순신은 백의종군에서 벗어났다. 이때부터 임진왜란이 일어나기 전까지 그는, 일부 대신들과 대간의 반대를 받기도 했지만, 상당히 빠르고 순조롭게 승진했다.

45세에 정읍현감이 되었고 46세에 전라좌도 수군절도사(정3품)에 제수되었다. 임진왜란을 14개월 앞둔 시점이었다. 그러니까 그는 무과에 급제한 지 15년 동안 한 번의 백의종군을 포함해 여러 곤경과 부침을 겪은 끝에 수군의 주요 지휘관에 오른 것이었다. 이순신의 천거 배경에는 언제나 유성룡이 있었다.

유성룡은 전라좌도 수군절도사로 천거한 후에 그에게 중요한 책을 보내주기도 했다.《난중일기》에는 이런 내용이 나온다.

"3월 초5일(을축) 맑음. 동헌에 나가 공무를 보았다. 군관들은 활을 쏘았다. 저물녘에 서울 갔던 진무가 돌아왔다. 좌의정(유성룡)이 편지와《증손전수방략》이란 책을 보내왔다. 그것은 본, 즉 해전, 육전과 화공 전략 등에 관한 것을 낱낱이 말했는데, 참으로 만고에 특이한 전술이었다."

이 책이 특이한 것은 해전과 화공전에 관한 내용들이 많이 수록되어 있다는 점이다. 이것은 후일 이순신이 해전에서 화공법을 자주 사용하는 사례를 볼 때 그에게 큰 영향을 끼친 것을 알 수 있다. 유성룡은 단지 인물을 천거하는 데 그치지 않고, 그 인물이 능력을 발휘할 수 있게 귀중한 책까지 보내 주었다. 어린 시절 한 동네에서 살았던 인연으로 맺어진 이순신과 유성룡의 교우관계가 조선을 구하는 데 기여했다 해도 지나친 말이 아니다.

독서만큼 중요한 기술, 일기 쓰는 습관을 키워라

카이사르와 이순신의 공통점은 전쟁터에서 전황을 기록한 것이다. 그들은 삶과 죽음이 교차하는 순간에도 글쓰기를 놓지 않았다. 덕분에 카이사르는 8년간의 갈리아 전쟁을 온전히 기록한《갈리아 전쟁기》와《내전기》를 후세에 남겼고, 이순신은 임진왜란 전쟁기인《난중일기》를 7년 동안 써 후세에 전했다. 카이사르나 이순신의 기록이 없었다면 갈리아 전쟁이나 임진왜란의 상세한 전황은 알 수도 없었을 것이다.

《내전기》에는 카이사르가 50세의 나이로 루비콘 강을 건너면서 남겼던 그 유명한 "주사위는 던져졌다."라는 말이 나온다. 또《갈리아 전쟁기》에서는 "왔노라, 보았노라, 이겼노라."라는 유명한 말로 승리를 자축했다. 카이사르의 글쓰기 특징은 '간결함, 고상함, 명료함'으로 요약된다. 글 속에서 어휘들을 다양하게 구사하지만, 결코 화려한 수식이 없다. 어떠한 경우에도 흔들리지 않는 냉철한 관찰력과 생사의 고비에서도 잃지 않는 객관성이 그의 글이 가진 특징이다. 간결하고 감정 없는 객관적인 표현은 읽는 이를 글 속으로 빠져들게 한다. 카이사르는 8년간의 전쟁을 한 해마다 한 권씩 기록해 모두 8권을 남겼다. 반면 이순신은 임진왜란이 발발한 1592년 1월 1일부터 1598년 11월 전사하기 전까지 7년 동안의 일들을 기록했다.

이순신이 쓴 일기에는 실제로《난중일기》라는 제목이 붙지 않았다. 이순신은 별다른 제목 없이 연도별로 7년간 썼는데, 정조 때 유득공과 윤행임이 이순신의 문집을 간행하면서 편의상 붙인 이름이 '난중일기'이다. 그런데 왕명에 의해 간행된 문집에 붙여진 이름이기 때문에 후대에는 이것을 그대로 사용하게 되었다고 한다.

메모는 그 자체가 사소할지라도 일상적인 역사의 한 부분이 된다. 이순신은 임진왜란 중에 흔들리는 거북선 위에서, 또는 초소에서 무거운 육신을 잠시 추스르고 촛불을 밝히며 붓을 들고《난중일기》를 썼다. 특히 날씨에 대해서는 빈드시 직었으며, 또 여송과 동침한 것과 누구와 술을 마셨는지까지 거짓 없이 기록하고 있다.

생사를 넘나드는 치열한 전쟁터에서 짬을 내 메모를 한다는 것은 결코 쉬운 일이 아니다. 지금처럼 볼펜이나 연필, 만년필로 쉽게 기록을 할 수 있는 시절도 아니었다. 기록을 하자면 먹을 갈고 정좌해서 붓글씨를 써야 한다. 더욱이 긴박한 전선의 상황에서 부하들을 통솔하느라 심신은 얼마나 피로했을까! 그러나 이순신은 토사곽란에 시달리면서도 일기를 썼다. 전쟁에 관한 기록뿐만 아니라 사회상과 어떻게 전쟁에 대비하고 이겼는지를 담고 있다. 거북선의 건조 과정에 대한 기록도 상세하게 기록하고 있다.

《난중일기》를 보면 날씨에 대해서 꼭 기록하고 있다. 덥다거나 춥다거나 비가 내린다거나 하는 등등 그날의 날씨를 빠뜨리지 않았다. 병신년 1월 25일 일기에는 '맑음'이라는 단 한 글자뿐이다. 전쟁터에서 날씨는 그 무엇보다 중요하다. 그날의 날씨가 아무런 정보가 되지 않는다고 생각할 수 있지만 결코 그렇지 않은 것이다. 날씨가 전쟁의 승패를 좌우하기도 한다. 또 《난중일기》에는 꿈 이야기도 많이 나온다. 이순신은 꿈을 풀이해 보고 그날의 운세를 점치고 일어날 일들을 예상하기도 했다. 이순신처럼 일기를 쓴다면 그보다 더 중요한 기록이 없을 것이다. 훗날 자신을 되돌아볼 때 일기보다 더 귀중한 자료가 있을까.

이곳대나 사관학교를 못효 하더라도 일본하을 공박하리

한산섬 달 밝은 밤에 / 수루에 홀로 앉아 / 큰 칼 옆에 차고 / 깊은 시름하는

차에 / 어디서 일성호가는 / 나의 애를 끊나니

이 시는 이순신이 쓴 〈한산도의 노래〉이다. 시에서 말하는 '일성호가'는 한 곡조의 피리 소리라는 뜻이다. 언제 쓴 시인지는 명확하지 않으나 《난중일기》에 "이야기할 적에 피리 소리가 처량하게 들려 왔다."(갑오년 6월 11일)라고 적고 있고, "희미한 달빛이 다락에 비치었는데 잠을 이루지 못하고 시를 읊어 긴 밤을 새웠다."(을미년 8월 15일)라는 심정이 적혀 있다. 이 시는 동서고금 많은 영웅들이 지은 시 가운데서도 가장 훌륭한 작품의 하나인 동시에, 나라를 근심하던 그의 안타까운 심정을 가장 잘 표현한 작품으로 평가되고 있다.

이순신은 20세까지 과거 시험 준비로 문과 공부를 하며 대부분 수험생들이 보는 서책을 섭렵했다. 10세 때에는 《중용》과 《대학》을 공부할 정도로 학구적이었다. 그가 주옥같은 시들을 쓸 수 있었던 것도 바로 10대 시절에 여러 방면으로 공부한 덕분이었을 것이다. 말하자면 이순신은 당시 학문을 공부하는 선비가 읽어야 하는 필독서들을 순서대로 읽었을 것이다.

예전에는 책의 내용에 따라 읽는 순서가 정해져 있었다. 율곡 이이는 《격몽요결》에서 《소학》, 《대학》, 《논어》, 《맹자》, 《중용》, 《시경》, 《예경》, 《서경》, 《주역》, 《춘추》 등의 순서로 책을 읽으라고 했다. 율곡은 공부하는 사람이라면 기본적으로 《소학》과 사서오경을 반드시 읽어야 할 필독서라고 했다. 사서는 《대학》, 《논어》, 《맹자》, 《중용》이다. 오경은 《시경》, 《예경》, 《서경》, 《주역》, 《춘추》이다. 《소학》은 부모와 형제, 임금과 신하, 어른과 스승, 벗과의 관계를 다루므로 공부의 기본 중의 기본을 익히는 책이다.

이순신은 특히 우리나라를 지킨 역사적 인물 이야기와 역사책을 좋아했다. 수나라를 살수대첩으로 이긴 고구려의 을지문덕을 비롯해 거란족의 침입을 막아낸 귀주대첩의 영웅 강감찬, 그리고 고려 시대 왜구 등 소탕에 앞장선 최영에 관한 이야기를 읽고 깊은 감명을 받았다. 이순신은 또 중국의 역사책인 사마천의《사기》와 사마광의《자치통감》을 읽으면서 국방의 중요성에 대해 새삼 깨달았다. 이것이 계기가 되어 문과 대신 무과 시험을 준비하게 되었다고 한다. 역사책을 읽으면서 백성도 역사도 그 이전에 나라가 존재하지 않으면 소용없다는 것을 깨닫게 되었기 때문이다. 다른 나라가 침입해 올 때 이를 물리칠 힘이 없으면 굴욕을 당한다는 사실도 새삼 가슴에 새겼다.

이순신은《손자병법》과《오자병법》을 읽으면서, 승리하기 위해서는 무엇이 중요한지 하나하나 알게 되었고 이를 가슴에 새겼다. 이순신은《손자병법》을 읽을 때엔 단순히 전쟁에서 이기는 기술만 보지 않고 그보다 더 중요한 것이 있음을 깨달았다. 전쟁에서 병법도 중요하지만 그에 앞서 마음을 다스리는 것이 가장 중요함을 알았다. 전쟁에서 겁부터 먹으면 아무리 많은 군사가 있어도 이길 수 없기 때문이다. 여기서 '필사즉생 필생즉사'(必死則生 必生則死), 즉 '반드시 죽고자 하면 살 것이요, 반드시 살고자 하면 죽을 것이다.'라는 말이 나왔다. 훗날 명량대첩에서 12척의 배로 133척의 왜군과 맞서 싸워 이길 수 있었던 힘은 여기서 나왔던 것이다.

이순신은 특히《주역》에 심취했다.《난중일기》에서도《주역》으로 점괘를 보기도 했을 정도로《주역》에 통달했다. 그는 '삼국지 마니아'이기도 했는데 실제《난중일기》를 보면《삼국연의》내용을 일부 적은 것이 있다. 유비가 조조를 물리치기 위해 원서를 찾아가 지원 출동해 달라고 할 때 협조를 공모했던 내용들의 일부를 옮겨 적었다. 어려운 상황에서 인재를 잘 등용해야 한다, 또 성급한 전쟁보다 침착하게 내실을 다지는 충실한 대비책을 세우는 것이 무엇보다 중요하다는 것을 유비의 사례를 들며 강조하고 있다.

이순신은 함께 싸우다 전사한 전우들을 추모하는 시를 쓰기도 했다. 부하를 사랑하는 장군의 정성을 오롯이 읽을 수 있다.

윗사람을 따르고 상관을 섬겨/너희들은 직책을 다하였건만/부하를 위로하고 사랑하는 일/나는 그런 덕이 모자랐도다./그대 혼들을 한 자리에 부르노니/여기에 차린 제물 받으오시라.

무장인 그가 시인보다 더 가슴을 파고드는 시를 남긴 것이다. 이순신은 세계 어느 누구와도 비교할 수 없는 명장이면서 당대의 뛰어난 문인이며 시인이기도 했다. 그가 10대 시절부터 갈고닦아 온 공부가 아니었다면 이런 시를 지을 수 없었을 것이다.

《난중일기》에는 어머니에 대한 이야기가 모두 75회 등장한다. 급박한 전쟁 상황에 쓴 일기 속에 어머니를 생각하는 마음이 고스란히 담겨 있다. 어머니의 생신을 챙기고 정성껏 선물을 싸 보냈다는 글을 대할 때 이순신이 얼마나 어머니를 생각했는가를 짐작하고도 남는다. 옛말에 "충신을 구하려거든 반드시 효자가문에서 구하라."라고 했다. 이 말을 고리타분하다고 생각해서는 안 된다.

부모가 자식을 낳아 키우면서 가장 큰 보람은 자식이 부모를 존중할 때라고 할 수 있다. 부모를 냉대하는 사람이 사회에 나가 다른 사람들의 모범이 되거나 리더가 될 수 없다. 그런 점에서 이순신의 나라 사랑은 바로 부모에 대한 사랑과 존중에서 비롯된 것임을 알 수 있다. 이순신은 효성이 지극했다. 전쟁 중에 자칫 장군으로서 직무를 소홀히 한다고 오해받을 만큼 어머니를 늘 그리워했다. 그는 집안일에 신경을 쓰지 않으려고 스스로 노력하면서도, 어머니에 대해서는 일기에 적으며 마음을 달래고 있었다.

"신미 5. 26(1597. 4. 11) 맑다. 새벽꿈이 매우 번거로워 마음이 불안하다. 병드신 어머니를 생각하니 눈물이 흐르는 줄도 몰랐다. 종을 보내어 소식을 듣고 오게 했다."

다음 날에도 어머니의 이야기가 나온다. 종 태문이 편지를 전하는데, "초아흐레에 어머니와 위아래 모든 사람이 모두 무사히 안흥량에 도착하였다."라고 한다. 그러나 그다음 날 이순신은 어머니가 세상을 떠났다는 소식을 접한다.

"계해 5. 28(1597. 4. 13) 맑다. 일찍 아침을 먹은 뒤에 어머니를 마중 가려고 바닷가로 가는 길에 홍찰방 집에 잠깐 들러 이야기하는 동안 아들 울이 종 애수를 보내어 놓고 하는 말이, '아직 배 오는 소식이 없다.'고 했다. …… 조금 있으니 종 순화가 배에서 와서 어머니의 부고를 전했다. 뛰쳐나가 가슴 치며 발을 동동 굴렀다. 하늘이 캄캄했다. 곧 갯바위(아산 인주면 해암리)로 달려가니 배는 벌써 와 있었다. 애통함을 다 적을 수가 없다."

이순신의 어머니는 통제사인 아들이 하직을 고할 때면 슬픈 표정을 보이지 않고 이렇게 말했다고 한다. "잘 가거라. 나라에 욕됨을 크게 씻어라." 이때 이순신도 슬픈 표정을 전혀 내색하지 않았다고 한다. 이순신이 임진왜란이 일어난 이듬해, 어머니를 만나는 장면을 그린 그림이 해군사관학교에 걸려 있다. 부모를 존경하지 않는 사람이 나라를 위해 큰일을 할 수 없기 때문이다.

이순신은 어머니를 만나러 갈 때에도 공과 사의 구분을 분명히 했다. 왜군들의 정황을 판단한 후 출장 또는 휴가를 얻어서 한산도를 떠나곤 했다. 상관인 체찰사 이원익에게 올린 휴가 신청서에 담긴 글에 그의 마음자세가 잘 드러나 있다.

"자식 걱정하시는 그 마음을 위로해 드리지 못하는 바 아침에 나가 미처 돌아오지만 않아도 어버이는 문밖에 서서 바라본다 하거늘 하물며 못 뵈온 지 3년째나 되옵니다. 이 애틋한 정곡을 살피시어 며칠간의 휴가를 주시면 한 번 가게 됨으로써 늙으신 어머님 마음이 적이 위로될 수 있을 것입니다."

부모를 홀대하는 사람이 세상에 나가 다른 사람들로부터 대접받을 수는 없을 것이다. 사회에서 존중받는 사람이 되려면 먼저 부모를 존중하는 자녀가 되어야 하지 않겠는가.

이순신의 경우, 특히 어머니와 아들의 관계에서 하나의 귀중한 단서를 얻을 수 있다. 바로 자녀, 특히 아들이 어머니와 친밀할 경우 큰 인물이 될 가능성이 높다는 사실이다. 위대한 인물에게는 위대함을 키워 준 어머니가 있었다.

미국 코넬대 의대 심리학과 페기 드렉슬러 교수는 "마마보이일수록 리더로 성공한다."고 주장한다. 드렉슬러는 2014년 5월 CNN에 '당신 아들을 마마보이로 키워라'라는 칼럼을 기고했다. 엄마와 관계가 친밀한 아들일수록 사회에 잘 적응하고, 공격성이 적으며, 인내심이 강해 좋은 리더가 된다는 주장이다. 그는 싱글맘 자녀가 성공할 가능성이 높다는 저서를 냈을 만큼 엄마의 힘을 믿는 저자로 알려져 있다.

어머니의 적극적인 독서교육이 세계적인 작가를 만든 사례는 드물지 않지만, 그중 한 사람이 《어린왕자》의 작가 생텍쥐페리이다. 생텍쥐페리 가문은 그 이름을 베르사유 궁의 십자군 실에서 찾을 수 있을 정도로 1000년이 넘는 역사를 자랑하는 명문가 출신이다. 생텍쥐페리는 4세 때 부친을 여의었는데, 어머니와 함께 귀족인 외할아버지와 할아버지, 그리고 친척의 저택에서 번갈아 더부살이를 하면서 유년 시절을 보냈다.

예술적인 재능이 풍부한 어머니는 2남 3녀의 자녀들을 지극한 사랑으로 키웠다. 어머니는 밤이면 아이들에게 《안데르센 동화》를 읽어 주었는데 아이들은 즉흥 연출을 하며 놀기도 했다. 기숙사 생활을 하는 앙투안에게 어머니는 발자크와 도스토옙스키, 보들레르, 말라르메 등의 작품을 보내 주었다. 시를 좋아한 생텍쥐페리는 어머니가 준 보들레르의 시집을 읽고 그 느낌을 편지로 보내기도 했다.

다음은 어머니 마리 드 퐁소콜롱브가 생텍쥐페리가 실종된 후에 펴낸 《생텍쥐페리, 내 어머니에게 보내는 편지》에 실린 글이다.

"1919년, 파리. 엄마가 주신 작은 보들레르의 책이 저의 오랜 친구가 되었습니다. 보들레르는 재치 있고 세련된 발상에 걸맞은 보석상자에 담겨 있는, 엄마가 주신 그 작은 보석에 마음을 빼앗겨 차츰 제 책을 잊어가고 있습니다. 멋진 문장이란 바로 이런 것이죠!"

생텍쥐페리의 어머니는 아들의 지적 성장을 이끈 멘토와도 같은 존재였다. 생텍쥐페리의 지적 성장을 이끈 어머니의 역할은 독창성에 관한 전문가인 J.C. 고완의 말로 설명이 가능하다. 그는 "사람은 가장 사랑하는 사람에 대한 영감의 부산물로서 독창적이 된다."라고 하면서 "4세에서 7세까지의 기간에 어머니에게 애정적으로 밀접한 소년들과 아버지에게 유난히 가까운 소녀들은 비슷한 능력을 가진 다른 소년소녀들보다 더 창조적이 된다."고 주장했다. 여기에 해당하는 사람이 바로 생텍쥐페리였다.

생텍쥐페리의 어머니는 과도한 자식사랑으로 아들을 성공시켰지만, 훗날 불행한 결혼생활을 하는 데 보이지 않는 요인을 제공하기도 했다. 생텍쥐페리를 뛰어난 작가로 키운 이도 어머니였고, 이순신을 훌륭한 장군으로 키운 이도 어머니였다. 하지만 이순신과 생텍쥐페리의 교육방법은 분명히 달랐다. "잘 가거라. 나라에 욕됨을 크게 씻어라."라고 말한 데서 알 수 있듯이 '절제된 사랑' 그리고 '냉정한 모성'을 보여 준 어머니 덕택에 이순신은 생텍쥐페리와는 다른 길을 걸을 수 있었던 것이다.

이순신 가의 독서비법 7
– 외향적이고 활발한 아이를 위한 독서법

1. 전공불물하고 외국어 공부에 힘써라.

이순신의 5대조 할아버지 이변 또한 늘 중국어를 입으로 흥얼거리며 다녔고, 결국 중국어의 일인자가 될 수 있었다. 아버지로부터 중국어에 능통했던 선조의 이야기를 듣고 자란 이순신은 외국어의 중요성을 누구보다 잘 알고 있었다.

2. 상황에 맞춰 전공을 바꿔라.

이순신은 10년 정도 문학을 공부한 것으로 보인다. 무장으로는 드물게 《난중일기》와 그가 남긴 시편에는 뛰어난 문학적 표현들이 곳곳에 있는데, 문과를 준비하면서 한 공부가 꽤 깊었음을 알 수 있다.

3. 손해 보더라도 원칙을 지켜라.

'모난 돌이 정에 맞는다.'는 말이 있지만 이순신의 강직하고 원칙을 중시하는 성품은 결국 그를 큰 인물로 만들었던 것이다. 달리 말하면 원칙을 중시한 이순신의 성품은 현실적으로 불이익을 주기도 했지만 그의 명성을 조금씩 높여 주기도 했다.

4. 책을 선물해 친구 관계를 돈독히 하라.

유성룡은 전라좌도 수군절도사로 천거한 후에 이순신에게 중요한 책을 보내 주기도 했다. 유성룡은 단지 인물을 천거하는 데 그치지 않고, 그 인물이 능력을 발휘할 수 있게 귀중한 책까지 보내 주었다.

5. 독서만큼 중요한 기록, 일기 쓰는 습관을 키워라.

메모는 그 자체가 사소할지라도 일상적인 역사의 한 부분이 된다. 이순신처럼 일기를 쓴다면 그보다 더 중요한 기록이 없을 것이다. 훗날 자신을 되돌아볼 때 일기보다 더 귀중한 자료가 있을까.

6. 이공대나 사관학교를 목표하더라도 인문학을 공부하라.

무장인 이순신은 시인보다 더 가슴을 파고드는 시를 남겼다. 이순신은 세계 어느 누구와도 비교할 수 없는 명장이면서 당대의 뛰어난 문인이며 시인이기도 했다. 그가 10대 시절부터 갈고닦아 온 공부가 아니었다면 이런 시를 지을 수 없었을 것이다.

7. 어머니와 사이좋은 아이로 키워라.

이순신의 경우, 특히 어머니와 아들의 관계에서 하나의 귀중한 단서를 얻을 수 있다. 바로 자녀, 특히 아들이 어머니와 친밀할 경우 큰 인물이 될 가능성이 높다는 사실이다. 위대한 인물에게는 위대함을 키워준 어머니가 있었다.

⊙ 이순신을 만든 독서 리스트

영웅전 : 《을지문덕전》, 《강감찬전》, 《최영전》

역사서 : 사마광의 《자치통감》, 주희의 《통감강목》

사마광이 지은 《자치통감》을 줄여 '통감'이라고 한다. 주희가 제자 조사연과 함께 《통감강목》으로 다시 썼다. '사면초가(四面楚歌)'라는 말이 이 역사책에 들어 있다. 사방에서 초나라의 노래를 부른다는 말인데 아무에게도 도움을 받지 못하는 외롭고 곤란한 상황을 비유한다.

한나라 유방은 초나라 군대를 포위하고 군사들의 사기를 떨어뜨리기 위해 사로잡은 초나라 포로들에게 초나라 노래를 부르게 했다. 사방에서 초나라 노랫소리가 들려오자 군사들은 고향생각에 하나둘 도망을 가고 초나라 군사들의 사기는 땅에 떨어졌다. 항우는 결국 오강에서 최후를 마친다. 유방은 이로써 4년간에 걸친 항우와의 쟁패전에서, 항우를 대파하고 천하통일을 이루어 한(漢)나라의 초대 황제(재위 BC 202~BC 195)에 오른다. 장기의 '한(漢)'과 '초(楚)'는 바로 초나라 항우와 한나라 유방의 쟁패에서 따온 것이다.

병법서 : 《손자병법》과 《오자병법》

손무의 《손자병법》－손무가 기원전 512년경 완성한 최고의 병법서. 제나라 출신인 손무(손자)가 병법의 대가로 알려지자 오나라의 왕 합려의 초청을 받았다. 오왕이 그의 병법을 시험하려고 궁중의 미녀 180명을 불러 전투 훈련을 시키게 했다. 이들을 2개 부대로 나누어 왕이 아끼는 미인 두 명을 대장으로 삼았다. 손무가 지휘하자 미인들이 큰 소리로 웃었고 훈련은 엉망이 되었다. 이에 두 대장의 목을 베었는데 그러자 모든 미인들이 절제되고 규율 있는 자세를 갖추게 되었다.《손자병법》은 최고의 군사 지침서이지만 단순한 전투의 작전서가 아니라 국가경영의 요지, 승패의 기미와 인사의 성패 등에 이르는 내용을 다루고 있다. 그는 "싸우지 않고도 남의 군사를 굴복시키는 것이 최고의 장군"이라고 가르치고 있지만 "일단 싸우면 반드시 이기는 방법"도 알려주고 있다.

오자의《오자병법》–중국의 전국시대 때 오기(오자)라는 사람이 저술한 병서다. 안목이 높으며 인간 통찰의 면에서는 손자보다 오히려 뛰어나다는 평가를 받았다. 인간의 공명심과 자아실현의 욕구를 자극해 정예부대로 활용하라고 강조한다. 또한 "전사자의 집에는 해마다 사람을 보내 그 부모를 위로하고 상급을 내림으로써 국가가 항상 잊지 않고 있다는 뜻을 표하라."고 한 것은 오늘날에도 강조되는 것이다.

◉ 이순신 관련 교양 필독서

《난중일기》

자녀를 사관학교나 경찰대학교에 보내고 싶다면 이 책은 필독서로 읽혀야 한다.《난중일기》는 지극한 어머니의 사랑을 담고 있는 책이기도 하다.

김훈의 《칼의 노래》

이순신이 일인칭 서술자로 등장해 죽기를 각오하고 전장으로 나아간 자신의 이야기를 들려주는 형식으로 구성되었다. 임금의 명을 거부했다는 죄로 옥고를 치르다가 풀려나 삼도수군통제사를 맡게 된 정유년부터 노량해전에서 적탄을 맞아 전사한 이듬해 11월까지의 사건들을 이야기한다. 노무현 전 대통령은 TV 독서 프로그램에서《칼의 노래》를 권했고 탄핵으로 직무 정지 상태에 있을 때 다시 이 소설을 읽었다고 한다.

3장

최고의 문장가, 최치원 가

– 역사서를 읽어야 명문장이 나온다

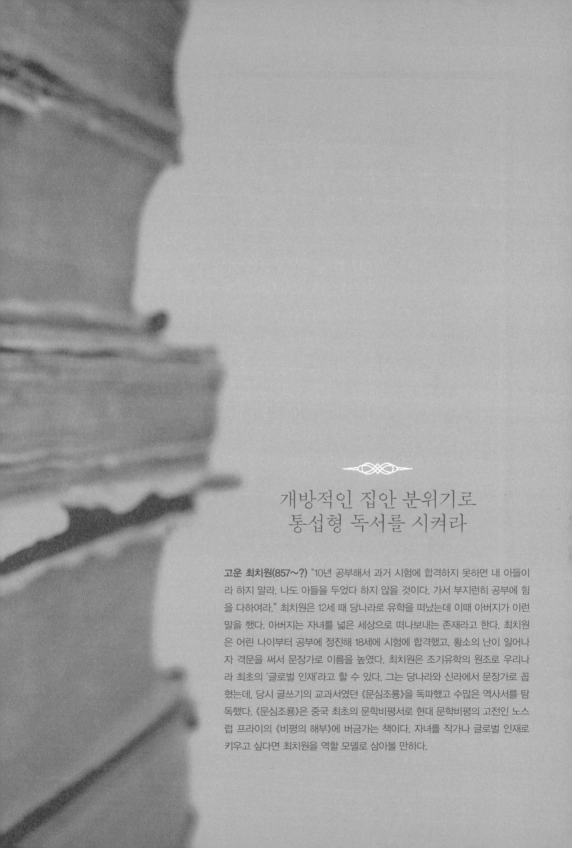

개방적인 집안 분위기로
통섭형 독서를 시켜라

고운 최치원(857~?) "10년 공부해서 과거 시험에 합격하지 못하면 내 아들이라 하지 말라. 나도 아들을 두었다 하지 않을 것이다. 가서 부지런히 공부에 힘을 다하여라." 최치원은 12세 때 당나라로 유학을 떠났는데 이때 아버지가 이런 말을 했다. 아버지는 자녀를 넓은 세상으로 떠나보내는 존재라고 한다. 최치원은 어린 나이부터 공부에 정진해 18세에 시험에 합격했고, 황소의 난이 일어나자 격문을 써서 문장가로 이름을 높였다. 최치원은 조기유학의 원조로 우리나라 최초의 '글로벌 인재'라고 할 수 있다. 그는 당나라와 신라에서 문장가로 꼽혔는데, 당시 글쓰기의 교과서였던 《문심조룡》을 독파했고 수많은 역사서를 탐독했다. 《문심조룡》은 중국 최초의 문학비평서로 현대 문학비평의 고전인 노스럽 프라이의 《비평의 해부》에 버금가는 책이다. 자녀를 작가나 글로벌 인재로 키우고 싶다면 최치원을 역할 모델로 삼아볼 만하다.

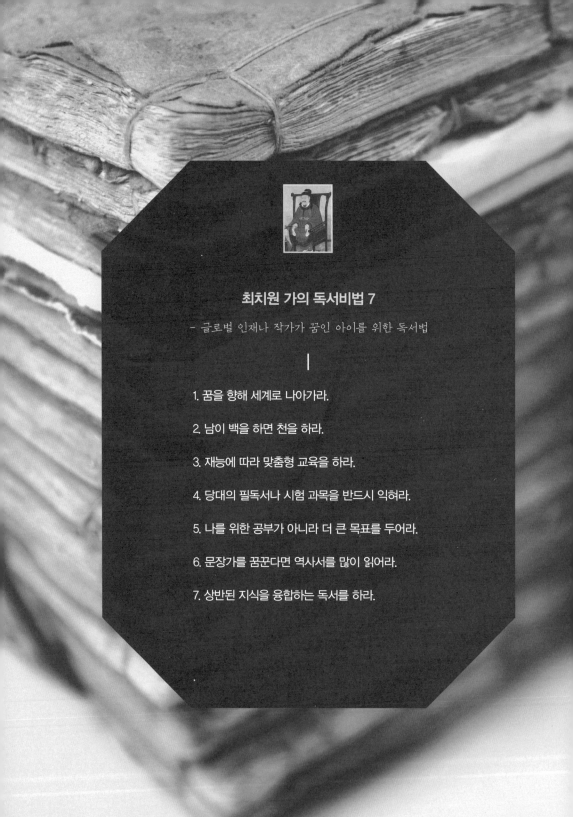

최치원 가의 독서비법 7

– 글로벌 인재나 작가가 꿈인 아이를 위한 독서법

|

1. 꿈을 향해 세계로 나아가라.

2. 남이 백을 하면 천을 하라.

3. 재능에 따라 맞춤형 교육을 하라.

4. 당대의 필독서나 시험 과목을 반드시 익혀라.

5. 나를 위한 공부가 아니라 더 큰 목표를 두어라.

6. 문장가를 꿈꾼다면 역사서를 많이 읽어라.

7. 상반된 지식을 융합하는 독서를 하라.

"최치원이 돌아왔다."

　김부식이 쓴《삼국사기》에는 885년 헌강왕 11년 봄 3월에 있었던 일을 다음과 같이 기록해 놓았다. "11년 봄 2월, 호랑이가 대궐 안에 들어왔다. 3월, 최치원이 돌아왔다. 겨울 10월 임자일, 태백성이 낮에 보였다. 사신을 당에 보내 반적 황소를 쳐부순 것을 치하하였다." 그 해의 기록 네 가지 가운데 하나가 최치원의 귀국이었다. 이것만 봐도 당시 그의 금의환향이 얼마나 화제였는가를 알 수 있다. 12세에 당나라에 유학해 18세에 당나라의 외국인을 위한 과거 시험인 빈공과를 단번에 합격한 최치원(857~?)이 당나라에서 관리로 지내다 28세에 경주의 집으로 돌아온 것이 현존하는 우리나라 최초의 역사책인《삼국사기》에 기록될 정도로 그는 화제의 인물이었던 것이다. 요즘으로 말하자면 최치원은 조기유학에 성공해 금의환향한 '성공한 조기유학생'이었다.

　예나 지금이나 해외유학은 신분 상승이나 사회적 성공을 위한 주요한 루트였다. 신라 시대에는 당나라에 한해 200여 명이 유학할 정도로 조기유학

붐이 일었다. 최치원이 유학을 떠난 것은 868년이지만, 그전에도 수많은 신라의 인재들이 당나라로 유학을 떠났다. 신라 시대에는 우리나라 사람들이 유학을 갈 수 있는 최고의 선진국이 중국이었고, 신라의 유학생들이 유학을 갈 수 있는 곳은 당나라가 유일했다. 최치원 또한 매년 수백 명씩 떠나는 당나라 유학길에 올랐던 것이다. 837년에는 신라에서 당나라로 유학한 학생이 무려 217명에 달했다는 기록도 있다.

최치원이 살던 신라에서는 '3최'라 일컫는 영재들을 배출했다. 바로 최치원을 비롯해 최승우와 최언위를 말한다. 최치원은 이들 '3최' 중에서도 가장 먼저 당나라로 조기유학을 떠났다. 12세면 지금 초등학교 5학년의 나이에 해당한다. 조기유학생 중에서도 가장 나이가 어린 조기유학생이었다.

요즘도 미국이나 외국에서 유학하는 학생들은 향수병에 걸리곤 하는데 최치원도 문득문득 고향에 대한 그리움에 목이 메었다. 다음은 그런 그리움을 표현한 〈봄바람〉이라는 시인데 원래 제목은 '동풍'이다.

너는 바다 밖에서 새로 불어와 / 새벽 창가 시 읊는 나를 뒤숭숭하게 하지. / 고마워라, 시절 되면 돌아와 서재 휘장 스치며 / 내 고향 꽃피는 소식을 전하려는 듯하니.

한창 사춘기에 접어든 소년 최치원은 고향에 계신 부모님과 고향 산천에 대한 그리움이 몰려오면 창밖을 바라보며 마음을 달래야 했다. 최치원은 아버지의 지원으로 조기유학을 했지만 집안 형편을 늘 걱정할 정도로 좋지 않았다. 그래서 그는 시에서 "돌아감이 좋은 줄 모르지 않네만 / 돌아간들 내 집은 가난하거늘"이라고 말할 정도였다. 때로는 가난한 집에서 인재가 나오곤 한다. 가난하면 그 가난을 탈출하기 위해 공부에 매진하게 된다. 더불어 철도 일찍 든다. 가난이 꼭 자녀교육에 부정적인 것만은 아니고 부유함이 꼭 자녀교육에 유리한 것만은 아니다. 다만 무엇보다 중요한 것은 자식에게 새로운 것을 많이 접하게 해주려는 부모의 노력과 열정이다. 그 방법은 조기유학일 수도 있고, 여러 종류의 책일 수도 있으며, 다양한 문화 체험일 수도 있다. 그런 부모의 노력과 열정만큼 자식은 성장할 것이다.

유명한 수필가 피천득 또한 유학의 필요성을 절감한 아버지이다. 그는 딸 서영이를 퀴리 부인 같은 여성 과학자로 키우기 위해서는 미국 유학이 필요하다고 생각했다. 딸을 평생 옆에 두고 살고 싶었지만 딸의 미래를 위해 결정한 것이다. 늘 인자하게 딸을 사랑한 '딸바보'였지만 결정적인 순간에는 딸을 단호하게 이끌었던 것이다.

"대학 졸업 후 딸아이는 미국으로 유학을 가게 되었지요. 학비도 면제되는 조건인데 떠나기 전날 울면서 가지 않겠다는 거예요. 간신히 달래놓았는데 공항에서 또 어떻게나 울어대던지요." 그런데 며칠 후 미국에서 공부하고 있어야 할 딸은 돌연 귀국해 집으로 왔다. "혼자서는 미국에서 도저히 못 살겠다는 딸아이를 달래 다시 미국으로 보냈는데 한 달 만에 또 왔어요. 그 짓을 세 번이나 했지요." –피천득 외, 《대화》 중에서

최치원의 아버지도 12세의 어린 아들을 당나라로 유학 보내며 '모진 아빠'가 되었던 것이다. 그 모진 부성애가 최치원을 '당나라와 송나라 100대

시인'에 이름을 올리는 인재로 만들었던 것이다.

  최치원은 우리나라에서 처음으로 격조 높은 한시를 지은 시인이자 문장가, 대학자로 '동국 18현'에 올랐고 '국학의 시조'로 자리매김하고 있다. 말하자면 우리나라에서 처음으로 문장다운 문장을 쓴 학자로 평가받고 있는 것이다. 그 시작은 12세 때 떠난 당나라로의 유학이었다.

남이 매우 하면 천을 하라

김부식이 쓴《삼국사기》에는 삼국 시대의 유명한 인물들을 기록해 놓은 글 가운데 〈최치원 전〉이 있다.《삼국사기》에 따르면 최치원의 아버지는 '견일'인데 최치원이 지은 〈숭복사 비문〉에 그 이름이 나온다. 최치원의 아버지는 육두품이어서 골품 제도에 따라 관리를 등용했던 신라에서 벼슬을 하는 데 한계가 있었다. 아버지는 아들만큼은 당나라로 유학을 가서 신분에 제약 없이 과거 시험에 합격해 재능과 실력을 발휘하기를 바랐다. 신라 골품 제도가 신라의 인재들을 당나라로 조기유학을 떠나게 하는 원인이 되었던 것이다. 육두품 출신으로 이름을 날린 유학자로는 원효와 의상 대사를 비롯해 강수와 설총, 최치원이 꼽힌다.

  최치원은 너무 어린 나이에 낭나라로 유학을 갔기에 국비 유학생으로 뽑힐 수 없었다. 지금도 그렇듯이 국비 유학생으로 가면 등록금이나 생활비 등이 들지 않지만, 개인적으로 가면 막대한 비용을 들여야 한다. 아버지는 그럼에도 불구하고 아들을 당나라의 수도인 장안(오늘날의 시안)으로 떠나 보냈다.

어린 최치원을 보내는 아버지는 아들이 행여 마음이 약해질까 봐 모진 말로 마음을 다잡게 했다. 당나라로 떠나기 전날 밤 아버지는 아들을 불러 앉혀 놓고선 다음과 같이 말했다. "십 년 공부해서 과거 시험에 합격하지 못하면 내 아들이라 하지 마라. 나도 아들을 두었다 하지 않을 것이다. 가서 부지런히 공부에 힘을 다하여라." 최치원은 아버지의 당부를 가슴에 새기고 잠이 오면 송곳으로 정강이를 찌르면서 공부했다. 특히 그는 '남이 백 번 하면 천 번 한다.'는 각오로 공부를 했다고 자신의 문집인 《계원필경》에 적고 있다. 다른 사람보다 열 배 이상 공부했다는 말이다. 마치 세계 최고의 부자가 된 워렌 버핏이 어린 시절부터 성공하기 위해 남들보다 5배 더 책을 읽고 독서를 했다는 말을 연상시킨다.

《계원필경》은 최치원이 당나라에서 귀국 후 30세(886년)가 되던 해에 유학 시절 쓴 작품을 간추려 정강왕에게 바친 문집이다. 조선 초기 학자인 서거정은 "《계원필경》은 우리나라 최초의 개인이 만든 문집으로 우뚝 서 있다."라고 했다. 말하자면 요즘 소설가나 시인 등이 내는 작품집의 원조가 《계원필경》이라는 말이다. 《계원필경》에 대한 기사는 당나라의 역사서인 《신당서》에 실려 있다. 요즘에 비유하면 세계적인 권위의 학술지에 소개된 것으로 문학적인 권위를 인정받은 셈이다.

《계원필경》은 최치원의 발분저서이다. '발분저서(發憤著書)'란 곤경과 가난의 한이 사람을 분발하게 하여 만들어지는 걸작을 말한다. 어려운 일을 당하고 가난한 시절에 마음을 굳세게 하면 역작이 나오는 법이다. 자신의 성기가 잘리는 치욕스러운 형벌을 당했던 사마천의 발분저서는 《사기》이다. 사마천은 이런 치욕을 당해 마음의 응어리가 있었기에 분노를 삭이면서 《사기》라는 역작을 써낸 것이다.

유학길에 오른 최치원은 12세였으므로, 14세 이상으로 입학이 제한되어 있는 국립 교육기관인 국자감에 바로 입학할 수 없어 장안의 명사인 위(偉) 승상댁에서 공부했다고 한다. 어느 날 최치원의 글솜씨를 눈여겨본 승상이 시를 써 보라고 했다. 그때 쓴 시가 〈추야우중(秋夜雨中)〉이다.

"가을바람에 이렇게 힘들게 읊고 있건만 / 세상 어디에도 날 알아주는 이 없네. / 창밖엔 밤 깊도록 비만 내리는데, / 등불 앞의 마음은 만리를 달리네."

최치원이 단번에 〈추야우중〉을 써보이자 승상이 "앞으로 다른 일 말고 글 공부만 하라."고 당부하였다. 이 시에서 최치원은 자신을 알아주는 사람 없는 세상살이의 뼈저린 고독과 만리 밖 먼 곳을 향하는 애절한 그리움을 선명하게 묘사하고 있다. 최치원은 고향 생각이 날 때마다 이를 악물며 "과거 시험에 합격하지 못하면 너는 내 아들이 아니다."라는 아버지의 말을 떠올렸다. 아버지의 모진 마음이 어쩌면 과거 시험 합격을 앞당길 수 있었던 셈이다. 그 마음은 자식이 더 넓은 세상에서 마음껏 실력을 발휘하며 훌륭한 인재로 살아가기 위해서는 공부밖에 없다는 절박함에서 나온 것이다. 아버지는 어머니와 달리 자녀의 공부를 이끄는 방식도 때로는 모질다. 때로는 부모가 자녀를 모질게 이끌지 않으면 안 된다.

재능에 따라 맞춤형 교육을 하다

신라는 삼국 중에서 가장 신분제가 강력하게 시행되었다. 골품제가 위력을 발휘하던 나라가 바로 신라였다. 이런 엄격한 신분사회였지만 최치원 가의 가풍은 개방적이었다. 형 현준은 신라 말기에 당나라에 유학을 했던 유명한 화엄승이었고, 최치원은 당대의 이름난 학자이자 문장가였다. 한 집안에서 형은 불제자로 이름이 높았고, 동생은 유학자로 이름이 높았다. 아버지는 두 형제를 키우면서 자율성을 중시한 교육을 한 것이다. 더욱이 형제를 일찍이 당나라에 유학 보내 형은 불교를 공부하게 하고, 동생은 과거 시험 공부를 하게 이끌었다.

당시 신분제로 인해 벼슬살이가 제약을 받았던 육두품 집안들은 대체로 가풍이 개방적이었고, 공부도 자녀의 의사를 존중했던 것으로 보인다. 이것은 설총이나 최치원, 원효의 경우도 마찬가지다. 최치원 가문의 경우 한 집안에서 당대의 대표적인 화엄승과 유학의 거장을 배출한 것은 육두품의 한계를 극복하기 위해 선택할 수밖에 없는 길이었다. 당시 지식인 계층 혹은 엘리트 계층 가운데 육두품 출신의 집안에서는 부자 또는 형제 중 어느 한 사람이 유학을 공부하면 다른 사람은 불학을 공부해서 스님이 되었던 것이다.

여기에 부친이 앞장서서 자녀를 맞춤형 교육으로 이끄는 데 힘썼다. 한 집안에서 형제가 가는 길이 다른 것은 지혜로운 선택일 것이다. 이때 부모가 자녀의 적성과 재능을 면밀히 파악하고 적성에 맞는 길을 선택하도록 이끄는 것이 아주 중요하다.

자식의 재능을 발견하고, 그에 따라 진로를 선택하도록 이끌기란 굉장히 힘들다. 어릴 때에는 자식이 어떤 재능이 있고 어떤 일에 적성이 맞는지 잘 알 수 없다. 그러다 무작정 남들이 좋다는 분야를 택하면 평생 후회할 일이 생기고 말 것이다. 공부를 잘하고 못하고보다 더 중요한 것은 아이 스스로 자신의 진로를 찾아가는 것이다. 그때그때 선택을 해야 하는데 무엇보다 자신에게 솔직해야 한다.

아이가 스마트폰과 같은 기기들을 잘 다룬다면 기계치가 아닌 셈이다. 책을 읽거나 글쓰기가 끔찍하게 싫어한다면 문과로 가면 안 된다. 이때 필요한 것이 바로 독서라고 할 수 있다. 먼저 아이는 자신이 관심 가는 분야의 책을 골라 읽는 것이 중요하다. 책을 읽으면 그 책을 통해 또 다른 책을 만날 수 있다. 이렇게 관심 분야에 맞게 책을 읽다 보면 책이 재미있을 것이다. 관심 분야라고 생각하고 책을 골랐는데 영 재미를 느끼지 못한다면 그건 다시 생각해 봐야 한다. 자신의 적성에 맞지 않는 분야일 수 있다. 반면에 책이 재미있고 눈에 쏙쏙 들어온다면 그 책이 속한 분야가 자신의 적성에 맞다는 신호다. 그러면 더욱더 책을 찾아 읽게 되고, 그게 쌓이고 쌓이면 그 분야의 전문가가 되는 것이다. 적성과 재능이 맞으면 그 분야의 전문가가 되는 것이 그만큼 쉽고 재미있을 것이다. 반면 적성과 재능이 맞지 않은 분야를 공부한다면 재미도 없고 공부가 지겨울 것이고 전문가는 결코 되지 못하고 늘 곁돌게 될 것이다.

그런데 자녀의 적성과 재능이 어디에 있는지 모른다면 급하게 서둘 필요가 없다. 천천히 찾아도 된다. 30세가 넘어서 좋아하는 분야를 찾아도 된다. 다만 열심히 노력하면 더 빨리 그 기회가 올 것이다. '관심 갖는 것만큼 눈에 들어온다.'는 말도 있지 않은가.

장안으로 유학을 간 최치원은 잠시라도 책을 베개 삼아 잠잘 틈조차 없었다. 그는 "상투를 끈으로 묶어 대들보에 걸어 매고 송곳으로 정강이를 찔러가며 공부했다."라면서 그렇게 노력한 결과 18세에 과거 시험에 합격하며 아버지의 뜻을 받들 수 있었다고 《계원필경》에 적고 있다.

그렇다면 소년 최치원은 어린 시절에 어떤 책을 읽으며 공부했을까? 당시 신라는 골품제에 따른 신분 사회였기에 공무원을 뽑는 과거 시험 제도가 없었다. 다만 682년(신문왕 2년)에 고급 관리를 양성하는 국학을 세웠다. 경덕왕 때에는 국학을 태학감으로 이름을 바꾸었고 《논어》와 《효경》을 필수 과목으로 교육했다. 입학 자격은 15~30세까지의 귀족 자제였으며 수업 연한은 9년이었다. 최치원이 당나라에서 과거 시험에 합격한 시기에는 필수 과목으로 《서경》, 《시경》, 《주역》, 《예기》, 《춘추》 등 오경과 《한서》와 《후한서》, 그리고 사마천의 《사기》 등 역사서를 선정해 공부하게 했다. 최치원도 이러한 필수 과목을 어린 시절부터 공부했다. 오경은 공자가 편찬하거나 저술에 관계했다고 하여 존중되는 경서 가운데 특히 중요한 것으로 꼽힌다. 오경은 사서와 함께 옛날 우리나라에서 지식인이나 과거 시험을 준비하는 이들의 필독서였다.

최치원이 살던 시대부터 중국의 고전인 사서오경과 반고의 《한서》, 사마천의 《사기》 등은 지식인이나 과거 시험을 반드시 반복해서 읽어야 하는 필독서로 자리 잡기 시작했다. 달리 말하자면 최치원이 활동하던 시기부터 조선 시대까지 천여 년 동안 우리나라에서 공부하는 이들에게 필독서였던 것이다.

당나라로 유학을 간 최치원은 당나라의 국자감에서 열심히 공부했다. 그런데 당나라의 과거 시험 과목은 신라에서 그가 공부한 과목과 별반 다르지 않았다. 다만 당나라에서는 사서오경은 물론 공자의 《춘추》를 해석한 《공양전》, 《곡량전》, 《좌씨전》 등도 공부해야 했다.

그는 "장안에서 고생하던 때 생각해 보면/어찌 고향의 봄날을 헛되이 보내랴."라는 시에서처럼 당나라 수도 장안에서 혹독하게 고생하며 공부했던 것이다. 가난하기도 했고 어린 나이에 유학을 왔기 때문에 다른 유학생보다 고생이 더 심했을 것이다. 그래도 이를 악물고 과거 시험을 준비한 최치원의 모습은 쉽게 상상하고도 남는다.

당나라의 과거 시험에 합격하려면 우선 당나라의 시험 제도를 따라야 한다. 당나라의 과거 시험은 시를 잘 지어야 유리했다. 시를 잘 지으려면 《시경》을 포함해 중국의 역사와 정치, 문화 등을 술술 꿰고 있어야 한다. 또한 《논어》나 《사기》 등에 나오는 수많은 사례들을 시구에 적절히 인용하고 녹여야 한다. 최치원은 틈만 나면 시를 지었다.

소무(蘇武)의 편지는 변방에서 돌아오고 / 장주의 꿈은 낙화 좇아 바쁘네…… / 때는 바야흐로 기수(沂水)에서 멱 감는 시절……

이는 최치원이 쓴 〈늦봄〉이라는 시인데 여기서도 소무, 장주, 기수 등을 인용하고 있다. 소무는 한나라 무제 때 사신으로 흉노의 포로로 잡혔는데 자신의 생존을 알리는 편지를 기러기 발에 매어 보내 고국으로 돌아올 수 있었다. 소무의 편지는 기러기를 가리킨다. 장주의 꿈은 《장자》에 나오는 고사로 장주가 나비가 되는 꿈을 꾼 데서 유래한다. 기수는 공자의 《논어》에 나오는 말로 "늦봄에 봄옷이 완성되면 어른 대여섯 명과 동자 예닐곱 명과 함께 기수에서 목욕한다."라는 말에서 인용한 것이다. 중국의 역사와 고전에 해박하지 않으면 이런 말을 인용할 수 없음은 물론이다.

나를 위한 공부가 아니라 더 큰 목표를 두어라

12세에 유학을 떠난 최치원은 28세에 귀국했다. 그가 신라로 돌아온 것은 고국에서 자신의 능력을 펴기 위해서였다. 당나라의 과거 시험에 합격해서 신라로 돌아오면 골품제를 뛰어넘어 높은 관직에 오를 수도 있다고 기대했던 것이다. 최치원은 당나라 과거 시험인 빈공과에 장원, 즉 일등을 했다. 빈공과는 당나라에서 외국인을 위해 실시한 시험으로 합격하면 당나라에서 벼슬을 할 수 있을 뿐 아니라 귀국 후 출셋길이 보장된 엘리트 코스였다.

당나라에서 '황소의 난'이 일어나자 최치원은 〈토황소격문〉을 써서 문명(文名)을 떨쳤고 황제에게 인정도 받았다. 그러나 고국과 부모에 대한 그리움을 떨쳐버리지 못했기 때문인지 최치원은 16년간의 당나라 생활을 접고 귀국을 결정한다.

884년 28세인 최치원은 당나라 희종이 신라 왕에게 내리는 조서를 가지고 귀국했다. 헌강왕은 금의환향한 최치원을 시독 겸 한림학사로 임명했다. 신라 조정에서 당에 올리는 표문을 비롯한 문서를 작성하는 직책이었다. 헌강왕은 왕권을 강화하려는 노력의 하나로 당나라 유학생 출신들을 중용했다. 우리나라도 미국 유학생들을 중용해 관리로 썼고 지금도 마찬가지다. 최치원은 당나라에서도 이름을 떨친 '글로벌 지식인'으로 성장했고, 고국에서 마음껏 능력을 떨치고 싶었다. 헌강왕과 최치원의 생각이 서로 맞아떨어진 것이다.

그러나 이듬해 7월에 그만 헌강왕이 승하하자 최치원은 외직으로 나가 태산군 태수가 되었다. 외직으로 나간 이유에 대해《삼국사기》는 이렇게 전하고 있다. "최치원이 스스로 생각하기를 당나라에 유학해 얻은 바가 많아서 앞으로 자신의 뜻을 행하려 하였으나, 신라가 쇠퇴하는 때여서 의심과 시기가 많아 용납될 수 없었다." 그 무렵 신라는 급속히 무너져 내리고 있었다. 이때까지만 해도 신라를 개혁하려는 최치원의 의지가 완전히 꺾인 것은 아니었다. 894년에는 '시무책 10조'를 진성여왕에게 올려 구체적인 개혁안을 제시하기도 했다. 진성여왕은 시무책을 받아들여, 최치원을 6두품 신분으로서 오를 수 있는 최고 관직인 아찬에 임명하고 개혁을 펼치려 했다. 그러나 당시 중앙 귀족들은 그의 개혁안을 받아들이려 하지 않았고, 급기야 최치원은 모든 것을 포기하고 가야산에 은거하기에 이른다. 해운대 해수욕장의 이름은 최치원의 발자취를 기려 그의 호 '해운'을 딴 것이다.

그런데 조선 시대의 천재였지만 시대와의 불화로 불운한 삶을 산 매월당 김시습은 최치원의 발자취를 쫓아 경주 남산(금오산)을 찾았는데, 이곳에서 그 유명한 《금오신화》를 썼다. 김시습은 최치원이 머물렀던 해인사를 거쳐 충남 보령까지 왔고, 인근 만수산의 무량사에서 삶을 마감했다. 말하자면 김시습은 최치원을 만나 위안을 구했던 것이다. 흔히 최치원과 김시습, 여기에 정도전을 더해 우리나라의 '불운한 3대 천재'라고 말하기도 한다.

최치원의 귀국과 그 후에 겪은 꿈의 좌절은 버락 오바마 미국 대통령의 아버지를 연상시킨다. 버락 오바마 시니어는 하와이 대학과 하버드 대학에 유학한 경제학 박사로 고국이 케냐이다. 하와이에서 아들 버락 오바마를 얻고도 하버드 대학으로 경제학을 공부하러 떠났다. 그리고 조국의 발전에 헌신하기 위해 하와이에 있는 오바마 모자를 버리고 케냐로 돌아갔지만, 꿈을 이루지 못했고 결국 46세에 세상을 떠나고 만다.

최치원의 꿈은 당대에는 좌절되었지만 정신은 그의 후손과 신라인들에게 이어졌다. 그의 후손 가운데 최해(1287~1340)는 34세에 원나라의 과거 시험에 응시해 합격했다. 최해는 원나라에서 관리가 되었다가 병을 핑계로 5개월 만에 귀국했는데 훗날 성균관 대사성까지 올랐다. 말년에는 최치원처럼 시골로 은둔해 농사를 지으며 저술에 힘썼고, 당대의 지식인 이제현 등과 가까이 사귀었다.

그러고 보면 한 사람이 걸어간 발자취는 그 후손에게 등대와 같은 이정표가 되어 준다. 동학을 창시한 최제우도 그의 후손인데, 최치원이 못다 이룬 사회 개혁의 정신을 이어받은 것은 아닐까. 또한 300년 동안 우리나라에서 존경받는 부자로 이름난 경주 최부잣집도 최치원의 후손이다. 지금도 경주에 가면 최부잣집의 고택을 볼 수 있다. 최치원은 살아서는 불우한 삶을 살았지만 죽어서는 그 이름이 지금까지 길이 빛나고 있다.

꿈을 꾼다면 역사서를 많이 읽어라

2013년, 한국과 중국의 정상회담에서 중국의 시진핑 주석이 최치원의 〈범해(泛海)〉라는 시를 읊어 화제가 되었다. 지금으로부터 1100여 년 전에 쓴 최치원의 시를 국가 지도자가 인용한 것이다. "괘석부창해(掛席浮滄海) / 장풍만리통(長風萬里通)"이라는 문구인데 "푸른 바다에 배를 띄우니, 긴 바람이 만 리를 통하구나."라는 뜻이다. 한국과 중국, 두 국가 간의 우호가 만 리를 통할 정도로 깊고 넓어지기를 희망한다는 의미가 내포되어 있다.

최치원은 흔히 우리 한문학의 '초조(初祖)'로 일컬어지는데, 이는 그의 문장을 두고 한 말이다. 초조란 처음 시작을 알린 '한문학의 시조'라는 말이다. 대표적으로 오언절구인 〈추야우중〉과 〈제(題)가야산독서당〉 등이 꼽힌다.

첩첩 바위 사이를 미친 듯 달려 겹겹 봉우리 올리니 / 지척에서 하는 말소리도 분간키 어려워라. / 늘 시비하는 소리 귀에 들릴세라, / 짐짓 흐르는 물로 온 산을 둘러 버렸다네.

〈제가야산독서당〉이라는 이 시는 의도적으로 세상과 떨어져 은둔하고자 하는 최치원의 의지를 드러내고 있다.

최치원은 22세 때 쓴 〈토황소격문〉으로 중국에서도 이름을 날렸다. 〈토황소격문〉은 당나라 조정의 바르고 강성함과 황소 무리의 비뚤어지고 무모함을 대비시켜 사태를 올바로 파악하여 항복하도록 권유하는 것이 주 내용이다. 이를 위해 최치원은 사서를 비롯해 고전에서 문장을 인용했다. 흔히 글을 쓸 때는 유명한 사람의 말을 인용하거나 유명한 책을 인용하라는 말이 있다. 최치원도 이 원칙에 따라 자신의 주장을 펴기 위해 《맹자》의 글귀를 인용하고 노자의 《도덕경》과 좌구명의 《춘추좌전(좌씨전)》 등을 인용한다.

최치원은 고전을 폭넓게 인용하면서 문장의 품격을 높였다. 그는 문집인 《계원필경》과 함께 네 개의 비문에 새긴 글을 남겼다. 이를 네 곳에 있는 비명이라고 해서 '사산비명'이라고 한다. 신라 시대의 고승인 쌍계사 진감선사 비문, 숭복사 비문, 성주사 낭혜화상 비문, 봉암사 지증대사 비명 등이 그것이다. 최치원은 이러한 비문을 작성하는 데 《춘추좌전》을 비롯해 《전국

책》,《사기》,《한서》,《후한서》 등에서 무려 99건을 인용하고 있다.

충남 보령 성주사지에는 낭혜화상 무염의 행적을 기리는 '낭혜화상 탑비'가 있다. 5천여 자로 된 이 비문은 최치원이 쓴 글로 문장가의 면모를 드러낸 수작으로 꼽힌다. 그는 이 비문에서 중국의 고전 역사서를 무려 9권이나 인용한다. 이러한 책들을 꿰뚫고 있지 않고서는 적재적소에 문장을 인용할 수 없을 것이다. 비문에서 알 수 있듯이 최치원이 문장가로서 특징적인 것은 바로 역사서를 즐겨 읽고 글을 쓸 때 이를 잘 활용했다는 점이다. 최치원은 중국의 4대 역사서를 줄줄 꿰고 있었던 것이다. 그리고 문장을 지을 때 자신의 주장과 입장을 잘 전달하기 위해 역사적 근거를 이들 역사서에서 뽑아내 인용했던 것이다.

최치원은 특히 사마천의 《사기》에 큰 영향을 받았다. 그는 개인의 행적을 쓸 때 《사기》의 〈열전〉을 본보기로 삼았다. 〈열전〉은 세상을 떠들썩하게 한 인물들의 일대기를 적은 것인데, 사마천의 〈열전〉 서술 방식은 후세에 수많은 역사가와 문장가, 시인 등에게 영향을 끼쳤으며, 최치원도 그중 하나였다.

최치원처럼 훌륭한 문장가가 되고자 한다면 자신이 좋아하는 책을 반복해서 읽으면서 그 책이 어떤 형식으로 쓰였는지를 면밀히 분석하기를 바란다. 그러면 후에 글을 쓸 때 모방해 더욱 창의적으로 쓸 수 있을 것이다. 창의적인 글쓰기는 모방에서 나온다는 점을 최치원에게서도 확인할 수 있다.

최치원이 문장가로 이름을 날린 것은 그저 이루어진 게 아니었다. 최치원이 살았던 시대는 지금으로부터 1100여 년 전이었지만 지금도 그가 불철주야 책을 읽으며 독서한 일화와 장소들이 남아 있다. 먼저 경주 낭산에 있는 '독서당'은 최치원이 서라벌을 바라보며 책을 읽은 곳으로 알려져 있다. 뜰 앞에는 최치원이 이용하던 옛 우물이 그대로 있다. 최치원은 이곳에서 독서를 하며 꿈을 키웠지만 신라의 골품 제도로 인해 결국 꿈을 피워 보지 못했다. 그는 이곳에서 독서를 하며 안타까움을 삭이다가 가야산으로 떠나고 말았다. 가야산에 들어가서도 최치원은 독서에 매진했다. 해인사의 홍류동 입구에 있는 가야서당은 최치원이 세상을 등지고 독서를 하면서 지내던 곳이다. 그는 죽을 때까지 평생 독서를 하며 살았던 것이다.

삼교의 사상을 통합하다, 독서를 하며

최치원은 불교에도 남달리 해박했는데 형인 현준의 영향을 많이 받아서였다. 형 현준은 당에 유학을 다녀온 승려로 해인사에서 수도하고 있었다. 훗날 최치원이 해인사에서 은거하게 된 데에는 형의 영향이 컸다.

현준은 일찍이 당나라에서 《화엄경》뿐만 아니라 도교도 배워 와서 동생 치원에게 전수했다. 이런 연유로 최치원은 유학에 정통했을 뿐만 아니라 불교에도 정통했다.

"우리나라에는 현묘한 도가 있으니 이를 '풍류'라 한다. 이 도의 근원은 《선사(仙史)》라는 책에 잘 설명되어 있는 바, 실로 유교와 도교, 불교의 3교를 포함하고 있어 뭇 중생을 올바르게 감화시킨다. 집에서 부모에게 효도

하고 밖에서 나라에 충성하는 것은 노나라 공자의 뜻과 같고, 무위에 머물며 말없는 가르침을 행하는 것은 주나라 노자의 요체와 같으며, 모든 악행을 멀리하고 모든 선행을 받들어 행함은 천축국 석가의 교화와 같다."

최치원은 유학과 불교뿐만 아니라 도교에도 정통했다고 한다. 그는 당나라에서 유학과 불교, 도교 등 당시 유행하는 학문들을 폭넓게 공부하면서 자신의 것으로 만들었다. 요즘은 이런 인재를 통섭형 인재, 융합형 인재라고 하는데 이 시대에 가장 각광받는 인재상이다. 이들은 하나의 학문, 하나의 분야만 잘하는 것이 아니라 다른 분야까지 해박하므로 서로 연관시켜 창의적이고 혁신적인 생각과 아이디어를 내놓고 새로운 관점을 제시할 수 있기 때문이다.

예전에 법정 스님과 김수환 추기경이 서로 절과 성당을 방문해 화제가 된 적이 있었다. 서로의 종교를 존중해 주는 뜻깊은 방문이었다. 이처럼 요즘 가장 필요한 인재는 자신의 것만 주장하는 인재가 아니라 다른 사람의 주장을 포용하는 인재, 서로 상반된 지식을 융화시키고 그 속에서 아이디어를 뽑아내는 창의적인 융합형 인재이다. 최치원이야말로 오늘날 가장 요구되는 핵심 인재상인 융합형 인재의 원조라고 할 수 있다. 그는 유학을 기본으로 도교와 불교에 대해서도 폭넓은 지식과 이해를 가지고 있었기 때문이다.

〈해인사 선안주원의 벽에 쓴 글〉에서 여러 고전을 인용하며 자신의 주장을 펴기도 했다. 그는 《예기》와 《이아》, 《서경》을 인용한 후에 재차 《서경》을 인용하면서 "《서경》에서는 '서쪽에서 동쪽을 돌아보았네'라고 노래했고,

달마는 동쪽으로 왔다고 한 바, 마땅히 동방의 족속들은 힘써 불법에 귀의해야 할 것이니 이는 당이 그렇게 만든 것이요, 하늘이 내려준 바이다."라고 적었다.

이런 융합형 인재의 면모는 아버지가 이끈 조기유학에서 시작되었다고 할 수 있다. 당시 여유 있는 경제력이 아님에도 불구하고 형제를 당나라에 유학보내 형은 불교를, 동생은 유교를 공부해 그 방면에서 뛰어난 인물로 키워낸 아버지의 공이었던 것이다. 그리고 보면 요즘의 조기유학은 1200년 전으로 거슬러 올라가서 뿌리를 찾아볼 수 있겠다. 우리나라 자녀교육의 열성적인 모습은 예나 지금이나 별반 다르지 않다.

최치원 가의 독서비법 7

– 글로벌 인재나 작가가 꿈인 아이를 위한 독서법

1. 꿈을 향해 세계로 나아가라.

최치원의 아버지는 12세의 어린 아들을 당나라로 유학 보내며 '모진 아빠'가 되었던 것이다. 그 모진 부성애가 최치원을 '당나라와 송나라 100대 시인'에 이름을 올리는 인재로 만들었던 것이다.

2. 남이 백을 하면 천을 하라.

최치원은 '남이 백 번하면 천 번 한다.'는 각오로 공부를 했다고 자신의 문집인 《계원필경》에 적고 있다. 다른 사람보다 열 배 이상 공부했다는 말이다. 마치 세계 최고의 부자가 된 워렌 버핏이 어린 시절부터 성공하기 위해 남들보다 5배 더 책을 읽고 독서를 했다는 말을 연상시킨다.

3. 재능에 따라 맞춤형 교육을 하라.

최치원의 경우, 부친이 앞장서서 자녀를 맞춤형 교육으로 이끄는 데 힘썼다. 한 집안에서 형제가 가는 길이 다른 것은 지혜로운 선택일 것이다. 이때 부모가 자녀의 적성과 재능을 면밀히 파악하고 적성에 맞는 길을 선택하도록 이끄는 것이 아주 중요하다.

4. 당대의 필독서나 시험 과목을 반드시 익혀라.

장안으로 유학을 간 최치원은 잠시라도 책을 베개 삼아 잠잘 틈조차 없었다. 그는 "상투를 끈으로 묶어 대들보에 걸어 매고 송곳으로 정강이를 찔러가며 공부했다."라면서 그렇게 노력한 결과 18세에 과거 시험에 합격하며 아버지의 뜻을 받들 수 있었다고《계원필경》에 적고 있다.

5. 나를 위한 공부가 아니라 더 큰 목표를 두어라.

최치원의 꿈은 당대에는 좌절되었지만 정신은 그의 후손과 신라인들에게 이어졌다. 그러고 보면 한 사람이 걸어간 발자취는 그 후손에게 등대와 같은 이정표가 되어 준다. 동학을 창시한 최제우도 그의 후손인데, 최치원이 못다 이룬 사회 개혁의 정신을 이어받은 것은 아닐까.

6. 문장가를 꿈꾼다면 역사서를 많이 읽어라.

최치원처럼 훌륭한 문장가가 되고자 한다면 자신이 좋아하는 책을 반복해서 읽으면서 그 책이 어떤 형식으로 쓰였는지를 면밀히 분석하기를 바란다. 그러면 후에 글을 쓸 때 모방해 더욱 창의적으로 쓸 수 있을 것이다.

7. 상반된 지식을 융합하는 독서를 하라.

최치원은 당나라에서 유학과 불교, 도교 등 당시 유행하는 학문들을 폭넓게 공부하면서 자신의 것으로 만들었다. 요즘은 이런 인재를 통섭형 인재, 융합형 인재라고 하는데 이 시대에 가장 각광받는 인재상이다.

⊙ 최치원을 만든 독서 리스트

《춘추좌전》

《춘추좌전》은 줄여 '좌전'이라고 한다. 공자와 같은 노나라 출신의 좌구명이 공자가 쓴 《춘추》에 해설을 한 책이다. 《춘추》를 해설한 또 다른 책으로는 《곡량전》과 《공양전》이 있다. 최치원은 중국의 고대 역사서를 즐겨 읽었고 가장 큰 영향을 받았다. 그가 쓴 글들에는 반드시 중국의 고대 역사서를 인용하고 있다. 최치원이 즐겨 읽은 역사서는 《춘추좌전》 이외에 사마천의 《사기》, 그리고 반고의 《한서》, 범엽의 《후한서》가 있다.

요즘 우리나라도 다시 '국사'를 수능 필수과목으로 선정했는데, 역사서는 비단 수능 시험뿐만 아니라 장차 글쓰기를 잘하기 위해서도 필수적인 공부라고 할 수 있다. 흔히 역사적 상상력이라는 말이 있다. 역사는 사실을 기록한 책인데 여기서 상상력을 가미하면 수많은 문학작품과 미술 등 예술작품, 판타지 소설이나 요즘 청소년에게 인기 높은 게임의 소재로 활용할 수 있다.

사마천의 《사기》 중에서 《열전》

역사서라기보다 위인들의 재미있는 인생 역정을 담고 있어 소설보다 더 재밌다. 《사기》는 아득히 먼 옛날을 상고 시대라 하는데 이때 활동한 '황제(黃帝)'로부터 시작하여 사마천이 살던 시대인 한나라 무제(BC 156~87년)에 이르는 3000여 년의 역사를 서술하고 있다. 중국 역사서는 대부분 《사기》의 영향을 받았다.

반고의 《한서》

《사기》가 먼 옛날의 상고 시대부터 한나라 무제 때까지 다룬 데 비해 《한서》는 진한(前漢)

시대만을 다루었다. 반고가 자신의 아버지 반표가 시작한 《한서》를 이어받아 완성했다. 사마천이 자신의 아버지 사마담이 쓰기 시작한 《사기》를 이어받아 완성한 것처럼 말이다. 《한서》를 보통 《전한서》라고 하고, 그 이후를 기록한 한나라의 역사서가 범엽의 《후한서》다.

유향의 《전국책》

전국시대 전략가들의 권모술수와 책략을 밝힌 책으로, 정치가를 꿈꾼다면 이 책은 필독서.

유협의 《문심조롱》

중국 최초의 문학 비평서이자 문예창작 지침서로 꼽힌다. 중국 진나라(기원전 13~12세기)에서 육조(6세기) 시대까지의 중국 고대 문학 현상을 시대 순으로 집대성했다. 오늘날에도 아주 유용한 글들이 빼곡하다.

노자의 《도덕경》
맹자의 《맹자》

◉ 최치원 관련 교양 필독서

시선집 《새벽에 홀로 깨어》(돌베개, 2008)

〈제가야산독서당〉을 비롯해 최치원의 시와 문장 등이 실려 있다.

송재소의 《한국한시작가열전》(한길사, 2011)

제일 먼저 최치원의 시를 소개한다. 이외에도 우리나라를 대표하는 빼어난 시들을 만나볼 수 있다.

4장

우리나라 '스승의 원조',
김굉필 가

— 550년 앞서 실천한 '독서 10년 법칙'

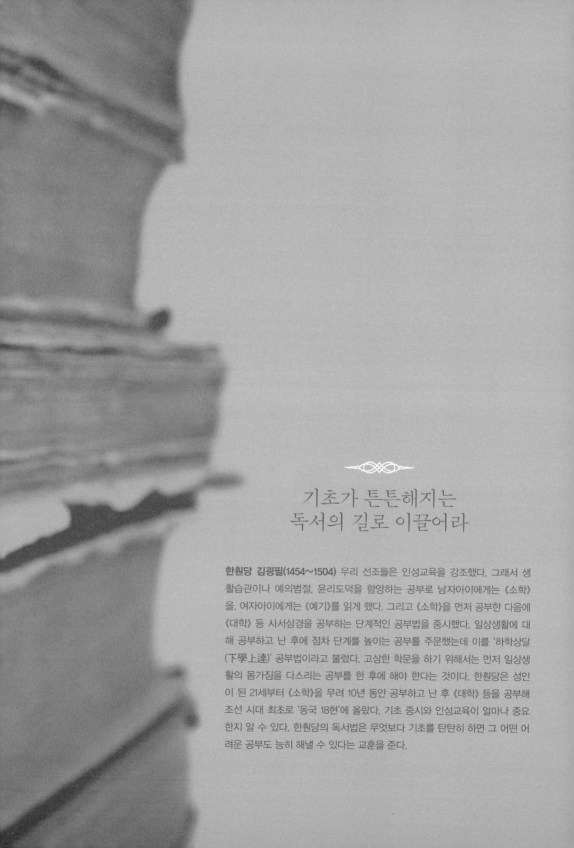

기초가 튼튼해지는
독서의 길로 이끌어라

한훤당 김굉필(1454~1504) 우리 선조들은 인성교육을 강조했다. 그래서 생활습관이나 예의범절, 윤리도덕을 함양하는 공부로 남자아이에게는 《소학》을, 여자아이에게는 《예기》를 읽게 했다. 그리고 《소학》을 먼저 공부한 다음에 《대학》 등 사서삼경을 공부하는 단계적인 공부법을 중시했다. 일상생활에 대해 공부하고 난 후에 점차 단계를 높이는 공부를 주문했는데 이를 '하학상달(下學上達)' 공부법이라고 불렀다. 고상한 학문을 하기 위해서는 먼저 일상생활의 몸가짐을 다스리는 공부를 한 후에 해야 한다는 것이다. 한훤당은 성인이 된 21세부터 《소학》을 무려 10년 동안 공부하고 난 후 《대학》 등을 공부해 조선 시대 최초로 '동국 18현'에 올랐다. 기초 중시와 인성교육이 얼마나 중요한지 알 수 있다. 한훤당의 독서법은 무엇보다 기초를 탄탄히 하면 그 어떤 어려운 공부도 능히 해낼 수 있다는 교훈을 준다.

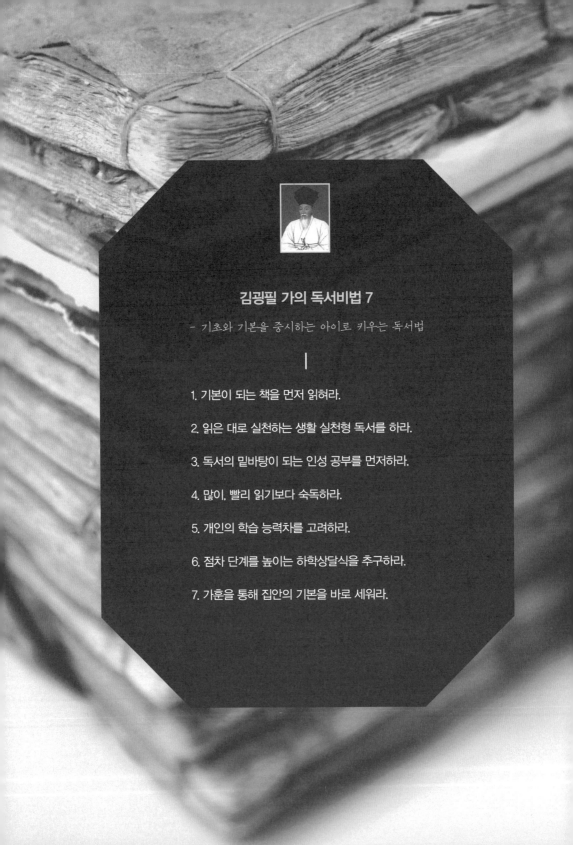

김굉필 가의 독서비법 7

− 기초와 기본을 중시하는 아이로 키우는 독서법

|

1. 기본이 되는 책을 먼저 읽혀라.

2. 읽은 대로 실천하는 생활 실천형 독서를 하라.

3. 독서의 밑바탕이 되는 인성 공부를 먼저하라.

4. 많이, 빨리 읽기보다 숙독하라.

5. 개인의 학습 능력차를 고려하라.

6. 점차 단계를 높이는 하학상달식을 추구하라.

7. 가훈을 통해 집안의 기본을 바로 세워라.

"어떤 분야에서 최고 수준의 성과와 성취에 도달하려면 최소 10년 정도는 집중적인 사전 준비를 해야 한다." 말콤 글로드웰은 《아웃라이어》라는 책에서 앤더스 에릭슨의 이른바 '10년 법칙(the 10-year rule)'을 소개하고 있다. 10년 법칙이란 어느 분야에서 최고수가 되려면 하루에 평균 3시간씩 총 1만 시간의 몰입훈련을 해야 한다는 것이다. 에릭슨은 1990년대 초 〈재능논쟁의 사례〉라는 논문에서 프로 연주자는 20세까지 매일 연습 시간을 꾸준히 늘려 결국 1만 시간에 도달한다는 사실을 밝혀냈다. 이게 이른바 '10년 법칙'이다. 반면 엘리트 연주자는 8000시간, 미래의 음악교사는 4000시간을 연습했다. 아마추어들은 일주일에 세 시간 이상 연습하지 않았고, 20세가 되면 2000시간 정도 연습한 것으로 나타났다. 1만 시간은 횟수로 환산하면 10년에 해당한다. 즉 누구나 10년간의 시간을 투자할 경우 전문가의 반열에 들어서며 큰 변화를 맞이할 수 있다는 것이다. 쉽게 말하자면 10년 동안 집중과 반복을 거듭하며 열정적으로 몰입하면 이루지 못할 것이 없다는 말이다.

그런데 조선 시대에 《소학》을 무려 10년 동안 공부하면서 학문의 기본을 익히고 나아가 학문의 참뜻을 깨우친 사람이 있다. 더욱이 훗날 우리나라를 대표하는 대학자그룹인 '동국 18현'에 뽑힌 그가 바로 한훤당 김굉필이다. 김굉필이 스승 김종직의 가르침에 따라 접한 책이 《소학》이었다. 물론 그는 그때 《소학》을 이미 독파한 후였지만 스승이 다시 권하자 군말 없이 따랐다. 더욱이 《소학》을 10년 동안 공부하고, 자신의 제자들도 공부하게 했다. 말하자면 요즘 회자되는 이른바 '10년 법칙'을 550여 년 앞서 실천한 셈이다.

예전에는 학문을 하기에 앞서 기본, 즉 좋은 습관을 만들고 부모에게 예를 다하고 다른 사람들을 존중하며 배려하는 덕목을 함양하는 공부가 있었다. 그게 바로 《소학》을 공부하는 것이었다. 《소학》은 생활에서 지켜야 할 기본적인 덕목을 가르친다. 그게 바로 《소학》에서 말하는 '쇄소응대'(灑掃應對)라는 말이다. 집 안팎을 깨끗이 청소하고 부모님이나 다른 사람들의 부름이나 물음에 상냥하게 응대하는 것을 뜻하는 이 말은 《소학》의 핵심적인 가르침이다. 자기 방 청소도 제대로 안 하고 책상 정리도 제대로 안 한다면 공부도 잘할 수 없다는 것이다. 방을 어질러놓고 있다면 그것부터 잘하는 게 순서라는 뜻이다.

"아들아 들어보아라. 너의 잠든 모습을 보며 이 말을 한다……. 아들아, 네게 화냈던 게 내내 미음에 걸렸단다. 학교 가려고 준비를 할 때 고양이 세수만 한다고 야단쳤지. 신발이 왜 그리 지저분하냐며 꾸짖고, 물건을 바닥에 내팽개친다고 화를 냈지. 아침 먹을 때도 잔소리를 했구나. 흘리지 말고 먹어라, 꼭꼭 씹어서 삼켜라, 팔 괴고 먹지 마라, 버터를 너무 많이 바르는 것 아니냐 하면서 말이다. 네가 집을 나설 때 너는 놀이하러 가다가 내게 손을 흔들며 '안녕, 아빠'했는데, 나는 인상을 쓰며 '어깨 펴고!'라는 대답만 하고 말았구나……."

이는 데일 카네기의 《카네기의 인간관계론》에 나오는 글로 19세기 미국의 한 아버지가 쓴 〈아버지는 잊어버린다〉라는 제목의 에세이다. 이 잔소리는 미국의 한 아버지뿐만 아니라 동시대를 사는 대부분 아버지들의 잔소리가 아닐까. 이런 잔소리에는 생활 속에서 올바른 습관을 키워 다른 사람에게 모범이 되는 사람이 되기를 바라는 부모의 마음이 담겨 있다. 이게 또한 《소학》의 가르침인 '쇄소응대'와 연결되어 있다.

《소학》은 김굉필에 이어 그의 제자들에게까지 필독서가 되었다. 김굉필에게 배운 제자 중 한 명이 조선 시대를 들었다 놓았다 한 정암 조광조이다. 이런 큰 제자를 가르친 김굉필은 우리나라에서 공자의 학문인 유학을 처음으로 체계적으로 가르친 학자로 꼽힌다. 이 유학을 김굉필은 '도학(道學)'이라고 불렀다. 흔히 말해 '도를 가르치는 학문'이라는 뜻인데, 일상생활에서 실천해야 할 올바른 덕목을 가르치는 학문이라는 의미이다. 그 도학의 원조로 김굉필을 꼽는데 그의 학맥은 조광조를 거쳐 퇴계 이황, 율곡 이이, 그리고 우암 송시열 등으로 이어졌다.

김굉필은 《소학》은 근본 내지 초석이고 《대학》은 누각이라고 비유한다. 말하자면 집을 지을 때 주춧돌을 먼저 세워야 하듯이 가장 기본이 되는 공부를 《소학》 공부라고 했다. 《소학》을 먼저 공부해야 다른 공부로 나아갈 수 있다는 것이다. 《소학》에는 생활 속에서 실천해야 하는 덕목들이 주로 담겨 있기 때문이다.

　김굉필이 《소학》을 처음 접한 것은 21세 때이다. 당시 김굉필이 스승 김종직에게 중국의 먼 옛날 역사를 기록한 《서경》을 공부하겠다고 하자 김종직이 먼저 읽으라고 조언한 책이 《소학》이다. 김종직은 아버지에게 배운 대로 독서의 순서를 제자에게 알려주었다. "먼저 《소학》을 읽고 난 연후에 《대학》을 읽고 그런 다음에 《논어》와 《맹자》를 읽어야 한다." 김종직은 어린 시절에 부친 김숙자에게 먼저 《동몽수지》를 배우고 다음으로 《소학》을 배웠다. 이어 《효경》과 사서오경을 읽고 그다음에 《자치통감》을 비롯한 역사서와 제자백가의 책들을 마음대로 읽었다고 한다. 김굉필은 이렇게 해서 스승의 독서 조언에 따라 《소학》을 먼저 읽기 시작한 것이다.

　김굉필은 스승을 만나기 전까지 《소학》의 중요성을 알지 못했다. 《소학》은 폼도 나지 않고 어린 소년이나 배우는 책이라고 생각했던 듯하다. 예나 지금이나 공부는 기본 또는 기초가 중요하다. 영어나 수학 공부에도 순서가 있듯이 조선 시대에는 공부에 순서가 있었다. 그러나 학생들은 기초 공부를 제대로 하지 않은 채 더 높은 단계의 공부를 하려고 했다. 당시에는 《소학》을 으레 아동들이 공부하는 책으로 여겼다. 《논어》나 《대학》 정도는 들고 다녀야 공부하는 모양새가 난다고 생각했던 것이다. 너나없이 《소학》은 뒷전이고 《대학》을 들고 다녔다. 김굉필도 스승을 만나기 전까지 그렇게 생각했던 모양이다.

　김종직은 당시 안의현감(지금의 함양군수)으로 재직 중이었는데 김광필은 경북 현풍에서 지리산을 넘어 경남 함양으로 찾아가 그의 제자가 되었다. 오늘날에는 학원이나 학교가 자신이 살고 있는 곳에 있지만 예전에는 스승을 찾아 먼 곳까지 가는 것도 마다하지 않았다. 배움의 길은 험난했던 것이다. 당시 스승인 김종직은 제자에게《소학》을 건네주며 "진실로 학문에 뜻을 두려고 한다면 마땅히《소학》부터 시작해야 한다."라고 말했다. 제자는 스승의 말에 따라 당시 공부하려던《서경》을 접고《소학》공부를 30세까지 했다. 김굉필은 바로 기본인《소학》공부를 튼실히 했기 때문에 우리나라 '학문의 원조'가 될 수 있었던 것이다.

《소학》은 전통 사회에서 최고의 수신서이자 자기계발서라고 할 수 있다. 서양에서는 최고의 수신서로 아리스토텔레스가 쓴《니코마코스 윤리학》이 꼽힌다. 이 책에서 아리스토텔레스는 다음과 같이 말한다.

"사람은 역경에 처했을 때 자기를 도와줄 사람들이 필요할 뿐만 아니라, 자신의 삶이 윤택할 때도 자기가 도움을 줄 사람을 필요로 한다."

이것이 어쩌면 행복의 윤리를 설파한 이 책의 결론이라는 생각마저 든다. 사람은 자기 혼자만을 위해 살아간다면 삶의 의미와 보람을 느끼지 못한다는 말이다. 무려 2350여 년 전에 쓴《니코마코스 윤리학》은 오늘날 인간관계의 핵심을 찌르고도 남는다. 서양에《니코마코스 윤리학》이 있었다면, 동양에는《소학》이나《논어》가 있었다. 특히《소학》은 처음 공부를 하는 학생들이 반드시 읽어야 하는 학문의 입문서와 같았다는 점에서 아주 중요한 책이었다.

김굉필은 18세에 경남 합천군 가야면에 사는 박씨 여인과 결혼해 처가에서 잠시 살았다. 그가 공부하던 방을 '소학당'이라고 불렀는데 김굉필은《소학》을 늘 손에서 놓지 않고 읽었다. 김굉필은 30세까지《소학》을 어버이처럼 섬기며 탐독했고 스스로 '소학동자'라고 일컬었다. 덕분에 김굉필은 조선 시대에《소학》을 전국적인 베스트셀러로 만든 장본인이기도 하다. 이미《소학》은 성종의 애독서이기도 했고, 영조 또한 백 번 넘게 읽었다고 한다. 그만큼《소학》공부를 중시했던 것이다. 모든 학문의 기초이자 인성교육의 근본이 들어 있다고 생각했기 때문이다. 요즘 인성교육이 실종되었고, 버릇이 없고 이기적인 아이들이 많은 것도《소학》공부가 부족하기 때문이다. 즉, 학교에서《소학》의 덕목을 배우는 윤리나 도덕 과목이 수능의 필수과목에 포함되지 않으면서 공부를 소홀히 하고 있지 않은가.

《소학》에는 다음과 같은 내용들이 있다.

"귀를 기울여 비스듬한 자세로 듣지 말아야 하며, 고함쳐서 대답하지 말아야 하며, 곁눈질해서 흘겨보지 말아야 하며, 게으르고 나태한 몸가짐을 갖지 말아야 한다. 걸어다닐 때는 거만한 모습을 보이지 말아야 하며, 설 때에는 몸을 한쪽 발에만 의지해 비스듬히 서지 말아야 하며, 앉을 때는 두 다리를 쭉 뻗지 말아야 하며, 잘 때에는 엎드려 자지 말아야 한다. 머리털을 싸맬 때는 늘어뜨리지 말며, 갓은 벗지 말아야 하며, 피곤해도 상의를 벗어 어깨를 드러내지 말아야 하며, 더워도 하의를 걷어올리지 말아야 한다."

일상생활에서 요구되는 예절을 아주 구체적인 상황을 거론하며 해야 할 일을 말한다. 예전에 양반의 걸음걸이에 대해선 이렇게 말한다.

"남의 신발을 밟아서는 안 되고, 남의 자리를 밟아서도 안 되며, 옷을 치켜들고 빠른 걸음으로 구석 자리에 가서 앉아야 한다. 자리에 앉고 나서는 반드시 신중하게 대답해야 한다. 발걸음은 신중하고 손은 공손하며, 눈은 단정하고, 입은 다물고 있고 말소리는 조용조용하고 머리는 곧으며 기운은 엄숙하고 서 있는 모습은 덕스러우며 낯빛은 장중하다."

《소학》은 거창한 학문이나 이론을 공부하는 게 아니라 바로 일상생활에서 실천해야 하는 윤리와 행동에 대해 일러준다.

김굉필은 "글공부를 하여도 천기를 알지 못하였더니 《소학》에서 어제까지의 잘못을 깨달았구나. 이로부터 정성껏 자식 도리 다 하련다."라고 시를 쓰기도 했다.

"기초부터 알기. 그것은 그레이엄 코치가 우리에게 준 커다란 선물이었다. 기초, 기초, 기초! 대학 교수로 있으면서 많은 학생들이 손해를 보면서도 이 점을 무시하는 것을 보아왔다. 당신은 반드시 기초부터 제대로 익혀야 한다. 그렇지 않으면 그 어떤 화려한 것도 해낼 수 없다."

랜디 포시가 쓴 《마지막 강의》라는 책에 나오는 한 대목이다. 미국 카네기멜론 대학교 컴퓨터공학과 교수였던 랜디 포시는 췌장암에 걸려 한창 교수로 일할 나이인 47세에 세상을 떠난 비운의 주인공이다. 췌장암을 통고받은 그는 마치 한 편의 동화처럼 마지막 강의를 통해 어린 시절 꿈을 이루기 위해 애쓴 자신의 삶을 학생과 그의 세 자녀들에게 들려주었다. 그는 어릴 적부터 더 높은 꿈을 꾸고, 그 꿈을 이루기 위해서는 기초를 다지는 것이 무엇보다 중요하다고 강조했다.

누구에게나 스승의 역할을 해주는 멘토가 필요하다. 랜디 포시에게 인생의 멘토는 두 사람이 있었다. 한 사람은 초등학교 때 풋볼 팀의 짐 그레이엄 코치였다. 그레이엄 코치는 혹독한 훈련을 시키는 것으로 악명이 높았지만 그의 기초 중시 훈련은 선수들의 부상 위험을 줄이기 위한 것이었다.

랜디 포시는 10대 이후로는 한 번도 그레이엄 코치를 보지 못했지만 어떤 일을 포기하고 싶을 때에는 어김없이 그가 머릿속에 나타나 더 열심히 하도록, 더 나아지도록 했다고 고백한다. 그는 그레이엄 코치에게서 '회초리 평생 회원권'을 받은 셈이라고 비유한다. 즉, 그가 나태해지려고 할 때마다 늘 최선을 다하라는 채찍질을 해주었다는 것이다.

다시 김굉필 이야기로 돌아가자면 그는 기본 공부, 인성 공부의 중요성을 강조하며 《소학》을 공부의 시작이자 으뜸이라고 주장한다. "《소학》 공부는 모든 학문의 입문이요, 기초이며, 출발로 인간 교육에 있어서 절대적인 원리가 된다."라며 그 자신이 《소학》 공부에 매진했던 것이다. 주자가 제자를 시켜 8세 되는 학생들을 가르치기 위해 《소학》을 만든 이유가 여기에 있다. 옛말에 "사람이 사람 노릇을 해야 사람이지, 사람이라 해서 다 사람이 아니다."라는 말도 있지 않은가. 그래서 예의를 중시했던 전통 사회에서는 특히 학생들의 행동이 《소학》에 어긋나면 본 데 없고 배운 것이 없다는 비방과 조롱을 받았다.

우리나라에서는 500년의 긴 세월 동안 '소학의 윤리관'이 지배해 왔다. 지금도 '밥을 먹을 때 숟가락 소리를 내지 말라거나 또 음식을 쩝쩝 씹지 말라거나 밥을 먹을 때 말을 해서는 안 된다.'라고 하는 말은 모두 《소학》에서 비롯된 것이다.

앞서도 말한 바와 같이 《소학》은 김굉필에서 시작해 전국적으로 베스트셀러가 되었고, 서당이나 향교, 서원마다 필독서로 삼았다. 그리고 김굉필에서 시작해 그의 제자 조광조가 유교적 개혁 정치의 교과서로 활용했다. 개인이 스스로 모범적인 생활 윤리를 기르고 실천하는 내용이 담겨 있기 때문이다. 그래서 《소학》은 당시에 진보적인 정치 사상을 대표하는 책의 상징이었다. 김굉필이 쓴 《한빙계》에는 '통절구습(痛絶舊習)'이라는 계율이 있는데, 바로 낡은 습관을 철저하게 끊으라고 강조하는 말이다.

《소학》을 철저하게 지킨 '소학동자'라는 별칭대로 김굉필의 정신은 후손들에게 영향을 미쳤다. 김굉필 가문은 500년이 지난 지금도 '소학의 정신'을 가장 잘 실천하는 가문으로 꼽힌다. 또 스승인 김종직 가문과 지금도 스승과 제자의 정신을 이어오면서 집안끼리 교류를 유지해 오고 있다. 그런데 김굉필은 스승 김종직이 쓴 글로 인해 단지 그의 제자라는 이유만으로 반역죄의 누명을 쓰고 죽임을 당한 인물이다. 그런 일을 당했다면 집안끼리 원수가 되고도 남을 터인데 김종직과 김굉필 가는 대대로 사제 간의 인연을 소중하게 여기고, 그 정신을 이어오고 있는 것이다.

　퇴계 이황은 《소학》에 대해 이런 말을 했다. "소학이 우리나라에 유포된 지 오래인데도 대의를 아는 사람이 없었는데 김굉필이 학도들을 모아놓고 해석해 밝힘으로써 그 책이 세상에 크게 유행하게 되었다."

"글을 읽는 법은 많이 보기를 탐내고, 널리 읽기를 힘써서는 안 된다. 넓기만 하고 요령이 적은 것보다는 간추려서 요령을 얻도록 하는 것이 옳다. 무릎을 꿇고 단정히 앉아 공경히 책을 대하여 읽고 뜻을 음미하면 그 이치가 스스로 나타날 것이다. 이치가 나타나면 곧 육미가 입맛에 좋은 것과 같을 것이니, 단단히 씹어서 소화시킨 뒤에 다른 책을 읽을 것이다."

　이 글은 김굉필이 제자에게 《한빙계》라고 써준 공부법에 나오는 말이다. '한빙'이라는 뜻은 '얼음은 물에서 나왔지만 물보다 차갑다'는 의미이다. 그러므로 《한빙계》는 가난하고 얼음처럼 찬 이성으로 지켜야 할 계율이라는 뜻을 담고 있다. 반우형이 김굉필에게 제자가 되고 싶다고 하자 《한빙계》를 지어 주면서 공부할 때 항상 경계해야 할 18가지를 적어 주었다. 《한빙계》는 이후 조광조를 비롯하여 이황과 이이 등 유학을 공부하는 학자들이 반드시 지켜나가야 할 18가지의 규율이 되었다고 한다. 이 중에서 일신공부, 즉 날마다 새로워지는 공부를 하라고 당부하는가 하면 독서궁리, 즉 책을 많이 읽고 깊이 생각하라고 당부한다.

김굉필은 무려 9년 동안 《소학》 하나를 가지고 공부한 뒤 《대학》 공부로 나아갔다. 《대학》은 수신제가치국평천하, 즉 몸을 닦고 가정을 잘 이끌고 나라를 다스리는 방법을 고민하는 국가의 통치에 대한 책이다. 나라를 잘 다스리기 위해서는 통치 방법을 잘 아는 것보다 더 중요한 것이 생활에서 실천해야 하는 윤리와 행동 수칙이다. 다른 사람을 배려하는 방법을 모르고 국가를 통치할 수 없기 때문이다. 작은 것에서부터 실천하고 말과 행동의 모범을 보인 연후에 더 큰 세상을 다스릴 수 있다는 것이다.

김굉필은 책을 읽는 법으로 다독과 속독보다 정독과 숙독을 권장한다. 정독은 천천히 세밀하게 읽는 것이고, 숙독은 의미를 깊이 생각하면서 읽는 것이다. 흔히 책 읽는 속도를 두고 공부를 잘하는 학생과 그렇지 못한 학생 간에는 차이가 나타난다고 한다. 즉, 이해력이 좋은 학생은 한 페이지를 읽을 때 10분이 걸릴 수 있지만, 이해력이 좀 모자라는 학생은 20분, 또는 30분도 걸릴 수 있다. 책 읽는 속도가 느리면 빠른 사람에 비해 독서 실력이 달린다고 생각하기 십상이다. 그러다 보면 미처 이해도 하지 못한 채 책장을 넘기고 다 읽었다고 큰소리치기도 한다. 이를 '주마간산(走馬看山)' 격의 독서라고 하겠다. 즉, 말을 타고 가면서 산을 본다는 말로 대충 건성으로 책을 읽는 꼴이며, 이것은 바로 속독에 따른 '다독의 함정'이기도 하다.

독서는 책장을 빨리 넘긴다고 잘하는 것이 결코 아니다. 한 페이지라도 제대로 이해하고 넘겨야 자신만의 지식이 될 수 있다. 김굉필이 정독과 숙독을 권하면서 개인차에 따라 독서를 달리해야 한다고 강조한 이유도 여기에 있다. 김굉필은 자녀와 제자들에게 독서교육을 할 때에도 이러한 방법을 따랐다. 책을 읽는 강독에서는 학습자의 개인차와 능력에 맞게 범위를 정해 놓고 숙독을 시켰다. 즉, 학생들의 재주에 따라 강독의 과정을 달리한 것이다. 김굉필은 자녀와 제자들의 독서교육에 있어서 개별 학습 지도법에 따라 책을 읽게 했던 것이다.

각 개인의 능력차에 맞게 제자들을 지도한 사람으로 공자가 있다. 공자는 그 제자를 이렇게 평한 적이 있다.

"자고는 성품이 순후하나 지혜가 없고 우직하며, 증삼은 근면하나 바탕이 둔하여 하는 일이 민첩하지 못하고, 자장은 총명함이 있으나 성실치 못하고, 자로는 용감무쌍한 기질이 있는 반면 하는 일이 경솔하고 속됨이 있다."

공자는 거의 다른 사람에 대해 비난하거나 비평하지 않았지만, 때로는 제자들의 개인적인 차이에 대해 이렇게 말한 적이 있다. 공자의 제자 중 가장 뛰어난 10명을 '공문십철'이라고 한다. 사마천은 《사기》에서 공자의 뛰어난 제자 77명을 '공문 77인'이라고 했다. 자건이나 고시 등은 바로 공문 77인의 한 사람이다. 공자의 제자들도 다같이 공자의 가르침을 받았지만 개인적으로 공부 능력이나 성격 등에서 차이가 있었는데, 공자는 이를 잘 파악하고 제자들을 지도했던 것이다.

김굉필은 또한 제자들에게 늘 공부한 바를 잘 실천하기를 당부했다. 머리로는 이해하나 실제로 공부한 내용을 실천하지 않는다면 공부할 필요성이 없다고 생각했다. 요즘 우리나라의 많은 학생들이 공부한 내용을 집에서나 친구와의 관계에서 제대로 실천하지 않을 것이다. 시험에서 이기기 위해 친구에게 노트도 빌려주지 않고 무시하기도 한다. 자신이 이기기 위해서는 친구 사이도 필요없다는 것이다. 자기만 중요하다고 생각하는 사람은 결코 다른 사람에게 존중받지 못한다. 결국 사회에 나가면 성공하지 못하고 실패자가 될 수 있다. 사회에서는 성적만으로 성공하고 대접받을 수 없다.

점차 단계를 높이는 하학상달식을 추구하라

김굉필은 마음을 하나로 집중해서 절대로 흩어지지 않도록 하라고 당부한다. 이를 《한빙계》에서는 '주일불이(主一不二)'라고 했다. 독서할 때 특히 마음을 집중하는 것이 필요하다. 책을 읽으면서 이 생각 저 생각하며 잡념이 스며들면 무슨 내용을 읽었는지 생각나지 않을 것이다. 특히 마음 집중은 《소학》 공부를 끝내고 본격적인 학문을 하는 단계로 올라가면 절대적으로 필요하다. 김굉필은 생활 속의 실천을 담고 있는 《소학》을 공부한 후에 사서삼경을 읽으며 본격 학문을 공부할 것을 주문한다. 이러한 책은 잡생각을 하면서 결코 읽을 수 없고 온 마음을 집중해서 읽어야 한다.

김굉필은 바로 살아가는 법을 공부하고 난 후에 점차 단계를 높이는 공부를 주문했는데, 이를 '하학상달(下學上達)' 공부법이라고 불렀다. 이는《논어》의 '하학이상달'에서 나온 말이다. 고상한 학문을 하기 위해서는 먼저 일상생활의 몸가짐을 다스리는 공부를 해야 한다는 것이다. 또한 단순한 공부에서 복잡한 공부로, 구체적인 공부에서 추상적인 공부로 올라가야 한다는 것이다. 거창하게 말하면 형이하학을 공부한 다음에 형이상학 공부를 해야 한다는 것이다. 여기서 하학은 청소하고 응대하는 것, 서로 사랑하고 친하게 지내는 것, 사람을 공경하는 것, 스승을 존중하는 것, 친구를 사귀는 것 등 일상생활에서 실천할 수 있는 덕목들을 배우고 닦는 공부다. 그다음에 상달의 공부로 나아가는데 심오한 의리와 우주의 진리 등에 나아가는 공부를 해야 한다는 것이다.

　말하자면 기초 학문을 공부한 다음에 응용 학문을 공부하는 것이다. 철학을 비롯한 인문학이나 수학과 물리학 같은 자연과학이 바로 기초 학문이다. 응용 학문은 경영학이나 공학 등이 속한다. 그런데 우리나라에서는 기초 학문은 별로 중요하게 여기지 않고 응용 학문을 더 소중하게 여긴다. 공부 순서가 거꾸로 된 것이다.

　김굉필은 일상생활에서 실천할 수 있는 공부를 멀리하고 지식만 파고드는 책을 읽는다면 아무 쓸모없는 공부가 되고 만다며 이렇게 강조한다.

　"도란 것이 어찌 별다른 것이냐. 아들이 되어서는 마땅히 효도하고 신하가 되어서는 마땅히 충성할 것이며, 나머지도 모두 이에 따라서 행하여 간다면, 모든 사물이 일상생활에서 당연한 이치가 아님이 없을 뿐이다."

그래서 그 당연한 이치를 이렇게 말한다.

"오늘에 당연한 이치대로 행하고 내일에 당연한 이치대로 행하여 일상생활에 당연한 이치대로 하지 않으면 아니 된다."

살아가면서 가장 힘든 일은 어쩌면 당연한 이치대로 하는 일이 아닐까. 당연한 이치는 달리 말하면 상식대로 하는 것이다. 우리가 살아가면서 가장 힘든 상대는 바로 상식대로 하지 않고 자기 마음대로 독단적으로 하는 사람일 것이다. 그래서 "본래 진리나 도는 높고 먼 데 있는 것이 아니고 일상생활 속에 있는 것"이라고 한다.

김굉필의《소학》공부도 결국 어린 학생들에게 생활 속에서 실천할 수 있는 덕목을 배우게 하고, 뒷날《대학》에서 배울 수신제가치국평천하의 기초를 마련하는 데 있는 것이다. 요즘 청소년이나 대학생들은 이론만 배울 뿐 생활 속에서 실천하는 공부를 하지 않는다. 오늘날 우리 사회의 교육 문제는 모두 입시에 필요한 공부만 하는 데 있다. 마음을 살찌우는 공부, 자기 자신을 성찰하는 데 필요한 위기지학의 공부를 하지 않고, 오로지 위인지학의 공부에만 매달리고 있다. 그래서 삭막한 가슴을 지닌 삭막한 인재들로 넘쳐난다. 이런 공부는 진짜 공부가 아니다.

다시 기본으로 돌아가야 한다. 오늘날《소학》을 대신할 수 있는 기초 공부란 인문학일 것이다. 우리 사회에 붐을 이루고 있는 인문학은 바로 위인지학의 공부에만 매달려온 사회의 우울한 모습이다. 사회에 나와 인문학을 공부할 게 아니라 청소년 시절부터 인문학을 체계적으로 공부해야 한다. 미국에서는 대학위원회가 선정하는 권장도서 100선이 있는데, 중고등학교에서부터 영어 시간에 이런 인문 고전을 공부한다. 우리나라도 중고교나 대학교에서 국어나 영어 시간에 정해진 교과서만 공부할 게 아니라 이른바 '서울대 권장도서 100선'과 같은 인문학과 기초 교양을 강화시키는 공부를 해야 한다.

예를 들면 교과서에는 박경리의 《토지》를 극히 일부분만 소개한다. 그것만으로 《토지》를 결코 이해할 수 없고, 제대로 이해하려면 책 전부를 읽어야 한다. 김굉필이 말한 것처럼 마음을 집중해서 읽어야 한다. 그래야 《토지》 속에 담긴 훈훈한 인간애, 측은지심의 인간애를 이해할 수 있다. 다양한 인간에 대한 이해, 이것은 다른 사람을 이해하고 올바르게 살아가는 데 필수적인 덕목이다. 그것은 결코 수능 점수로 측정할 수 없다. 이것이 김굉필의 《소학》 중시 공부법을 오늘날 다시 실천해야 하는 이유 중 하나다.

가훈을 통해 집안의 기본을 바로 세워라

가족이 하나의 시스템처럼 잘 굴러가기 위해서는 가족들이 공유하는 '원칙' 이 있어야 한다. 그 원칙들을 실천해나가면 하나의 '가풍'이 만들어지는데 이것은 하루아침에 만들어지지 않는다. 아버지, 어머니의 열정과 노력뿐만 아니라 자녀도 여기에 기꺼이 동참해야 한다. 부모와 자녀 사이에 원칙의 공유만큼 중요한 것은 없다. 김굉필 가의 경우도 자녀들과 공유하고 싶은 중요한 정신을 가훈으로 만들어 세대를 이어 공유해 왔다. 그가 생전에 공부하기를 독려하고 일상생활에서 늘 실천할 것을 당부한 것은 소학의 정신이었다. 김굉필은 자녀들에게 즐겨 "너희들은 마음으로 공경하며 두려워함을 가지고 감히 게으른 생각을 가지지 말며, 혹시 자기를 비난하더라도 절대로 따지지 마라."라고 당부했다. 또한 다른 사람을 나쁘게 말하는 것을 삼가라고 훈계했다. 자녀들은 이웃을 공경하고 게으름을 몰랐고 남들과 다툰 일도 없었다.

그는 또한 딸들에게도 당부의 말을 잊지 않았다. "뒤에 시집을 가서…… 감히 말을 많이 하여 남의 비난을 초래함이 없게 할 것이며, 다만 형제간에는 즐거운 마음을 잃을까 두려워하라." 퇴계 이황의 수제자 가운데 한강 정구가 있다. 정구의 어머니는 김굉필의 셋째 딸이다. 김굉필은 생전 4남 5녀를 두었는데 자녀들은 한결같이 아버지의 뜻을 받들어《소학》공부에 열심이었다. 시집간 딸들도 마찬가지로《소학》공부를 소홀히 하지 않고, 그의 자녀들도《소학》공부를 하게 이끌었다. 김굉필의 부인은 자녀와 손자 손녀들에게 "너는 〈권학문〉을 읽었느냐? 읽었다면 그 가운데 어느 구절이 제일 뜻깊은 것이더냐?"라고 묻곤 했다고 한다. 말하자면 주자가 쓴《소학》과 〈권학문〉은 김굉필 가를 정신적으로 이끌고 실천하게 한 가학으로 자리 잡게 된 것이다.

주자의 〈권학문〉은 '소년이로학난성 일촌광음불가경(少年易老學難成 一寸光陰不可輕)'이라는 구절이 유명하다. 이 구절은 학문을 처음 배우는 사람들에게 학문을 열심히 익히라는 권고의 시구로서, 배움에도 때가 있으니 젊은 시절 부지런히 공부하라는 뜻을 담고 있다.

소년은 쉽게 늙고 학문은 이루기 어렵다./순간의 세월을 헛되이 보내지 마라./연못가의 봄풀이 채 꿈도 깨기 전에/계단 앞 오동나무 잎이 가을을 알린다.

〈귀거래사〉로 유명한 도연명의 '성년부중래 일일난재신(盛年不重來 一日難再晨)'라는 구절 역시 세월의 덧없음을 말하며 시간을 아껴 학문에 임할 것을 젊은이들에게 권장하고 있다. 즉 '젊은 나이는 일생에 두 번 오지 않으며, 하루 동안에 아침이 두 번 오지 않는다.'는 뜻으로 면학을 권장하는 유명한 시다. 김굉필은 자녀들에게 가훈을 지키게 했을 뿐더러 그 자신도 예외는 아니었다. 자녀는 부모의 등을 보고 자란다는 말처럼 부모가 먼저 본보기를 보이지 않으면 자녀교육은 결코 성공할 수 없다. 김굉필은 "예로부터 중국의 명문가들은 가훈이 없는 집이 없었는데 우리나라는 그런 집이 적었다."라면서 자신부터 먼저 가훈을 만들어 실천하겠다고 했다.

김굉필은 다른 사람들이 별로 관심을 기울이지 않았던 가훈을 만들면서 자녀교육에 힘썼다. 김굉필의 이런 노력에 힘입어 그 자신이 대학자로 성장할 수 있었고 서흥 김씨 집안은 이후 조선을 대표하는 가문에 오를 수 있었다. 집에 가훈이 없다면 이 기회에 한 번 만들어 볼 일이다. 훗날 당신의 자녀와 후손들은 당신이 만들고 또 함께 지키기 위해 애썼던 원칙을 기억하며 새롭고 희망찬 미래를 만들어갈 수 있을 것이다.

나는 지인의 소개로 종로5가 연강홀 맞은편에 있는 효성한의원에 간 적이 있다. 그때 원장실 벽에 빼곡이 적힌 경구들을 보고 놀란 적이 있었다. 성균관의 유래가 담긴 말도 있었고 독서를 다짐하는 문구도 있었다. '잠을 깨고 독서하라.'라는 문구는 97년 9월 11일이라는 날짜 표시와 함께 책장에 포스팅해 놓여 있었다. 김효영 원장은 "이 문구는 모교인 경동고교 도서관에 걸려 있다."라면서 고교 시절에 그 현판의 문구가 지금도 기억에 선명하게 남아 있어 이렇게 붙여 두었다는 것이다. 그는 환자를 진료하는 틈틈이 공부해서《소학》을 수십 번 반복해서 읽었다고 한다. 더욱이 책꽂이에는 《소학》을 비롯해《논어》등 사서삼경이 비치되어 있었다. 원장실을 아예 작은 서재로 꾸며놓고 있었다. 그도 그럴 것이 김 원장은 김굉필의 후손이었다. 김굉필은 아들 3형제와 딸 3자매를 두는데, 장남 언숙은 군자감 주부를, 둘째 언상은 사헌부 감찰을 지냈고, 막내 언학은 선무랑을 거쳐 동부 참봉에 올랐다.

김효영 원장은 김굉필의 둘째아들 김언상의 후손이었던 것이다. 그의 증조부와 조부, 부친 3대가 모두 한학자라고 한다. 창녕군 고암면 계팔마을에 있는 계양서당은 증조부가 후학을 키우기 위해 세웠다고 했다. 김 원장 역시 계양서당에서《소학》을 배웠고 한의학을 하게 된 것도《소학》의 가르침 덕분이었다고 한다. 그러나 조부는 한학만으로는 앞으로 살아갈 수 없다며 10세의 손자를 서울로 유학 보내 신교육을 받게 했고 그 덕분에 경희대 한의대에 들어가 한의사의 길을 걷게 되었다고 한다. 때마침 원장실에 들른 날은 어버이날이 지난 후였는데 책상 앞에는 '이 세상에서 가장 멋진 아빠, 사랑합니다. 항상 건강하세요. 당신의 큰딸 김진희 드림'이라는 문구가 적

힌 꽃송이가 있었다. 김 원장은 딸이 준 것이라고 했다. 이 집안에는《소학》
의 가르침이 배어 있는 것 같았다. 자연스러운 사랑의 기운을 그 문구 속에
서 느낄 수 있었기 때문이다. 인성 공부의 중요성이 새삼 내 가슴을 뭉클하
게 했다.

　김굉필 가의 가학이 된《소학》에서는 부모에 대한 효와 자식의 도리, 인
간관계의 중요성을 누누이 강조한다. 효도나 자식의 도리는 아무리 세상이
변해도 결코 바뀔 수 없는 인간의 근본적인 도리이자 덕목이다. 그 덕목을
세대를 이어 가르쳐 오면서 명문가가 된 집안이 바로 김굉필 가문이라고
해도 과언이 아니다. 그 출발은 바로《소학》공부였던 것이다.

　김굉필은 '독서'로 인생역전의 주인공이 된 인물이라고 할 수 있다. 특히
《소학》10년 공부가 그의 인생을 달라지게 했다. 이렇게 보면 한 집안의 가
풍 또는 가학의 정신이 얼마나 소중한지 새삼 알 수 있다. 가풍은 결코 케케
묵은 것이 아닌 소중한 보배임을 알 수 있다. 기본을 중시하는 교육을 시키
지 않아 국가적으로 혼란스러운 지금 이 시점에, 김굉필 가의 사례가 교훈
적인 이유가 바로 여기에 있다.

　김 원장은 가장 기본적인 자녀교육으로, 부모가 자녀에게 결코 거짓말이
나 허언을 해서는 안 된다고 강조한다. 부모의 사소한 거짓말을 보고 자란
자녀 역시 부모나 친구는 물론 사회에 나가서도 습관적으로 거짓말을 할
수 있기 때문이다. 김 원장은 맹자 어머니의 일화가 귀감이 된다며 들려주
었다.

　맹자가 어렸을 때 이웃집에서 돼지 잡는 소리를 듣고 어머니에게 "왜 돼

지를 잡아요?"라고 물었다. 어머니는 농담 삼아 "너 주려고 잡는단다!"라고 대답했는데 이내 '아차!' 하고는 곧 후회했다. '내가 이 아이를 가졌을 때, 태교를 위해 자리가 바르지 않으면 앉지 않았고, 음식이 반듯하게 잘리지 않으면 먹지 않았다. 그런데 이제 막 아이가 사리를 분별하게 되었는데, 아이에게 거짓말을 했구나.' 하고 속으로 탄식하고는 이웃집에 가서 돼지고기를 사서 맹자에게 먹였다. 농담이라도 아이에게 거짓말은 해서는 안 된다는 생각이 들어서였다. 이 고사가 한나라의 한영이 지은 《한시외전》에 나오는 '매동가돈육(買東家豚肉)'이다. 결국 작은 것 하나까지 신경쓰며 자녀교육에 힘을 쏟은 어머니 덕분에 맹자는 공자의 뒤를 이어 성인의 경지에 올랐다.

김 원장은 자녀교육에 있어서 아이를 방치하는 것이 가장 나쁘다고 강조한다. "무지개가 보고 싶거든 비를 탓하지 말라!"는 격언처럼 어느 정도의 간섭이나 고통 없이 성장할 수 있는 사람은 없다. 그런 성장을 위한 기본 중의 기본이 독서라고 강조한다.

김굉필 가의 독서비법 7

– 기초와 기본을 중시하는 아이로 키우는 독서법

1. 기본이 되는 책을 먼저 읽혀라.

김굉필은 조선 시대에 《소학》을 무려 10년 동안 공부하면서 학문의 기본을 익히고 나아가 학문의 참뜻을 깨우친 사람이다. 학문을 하기에 앞서 기본, 즉 좋은 습관을 만들고 부모에게 예를 다하고 다른 사람들을 존중하며 배려하는 덕목을 함양하는 《소학》을 공부했던 것이다.

2. 읽은 대로 실천하는 생활 실천형 독서를 하라.

김굉필은 "글공부를 하여도 천기를 알지 못하였더니 《소학》에서 어제까지의 잘못을 깨달았구나. 이로부터 정성껏 자식 도리 다 하련다."라고 시를 쓰기도 했다. 이처럼 《소학》은 거창한 학문이나 이론을 공부하는 게 아니라 바로 일상생활에서 실천해야 하는 윤리와 행동에 대해 일러준다.

3. 독서의 밑바탕이 되는 인성 공부를 먼저하라.

김굉필은 기본 공부, 인성 공부의 중요성을 강조하며 《소학》을 공부의 시작이자 으뜸이라고 주장한다. "소학 공부는 모든 학문의 입문이요, 기초이며, 출발로 인간 교육에 있어서 절대적인 원리가 된다."라며 그 자신이 소학 공부에 매진했던 것이다.

4. 많이, 빨리 읽기보다 숙독하라.

"무릎을 꿇고 단정히 앉아 공경히 책을 대하여 읽고 뜻을 음미하면 그 이치가 스스로 나타날 것이다. 이치가 나타나면 곧 육미가 입맛에 좋은 것과 같을 것이니, 단단히 씹어서 소화시킨 뒤에 다른 책을 읽을 것이다." 이렇듯 김굉필은 책을 읽는 법으로 정독과 숙독을 권장했다.

5. 개인의 학습 능력차를 고려하라.

독서는 책장을 빨리 넘긴다고 잘하는 것이 결코 아니다. 한 페이지라도 제대로 이해하고 넘겨야 자신만의 지식이 될 수 있다. 김굉필이 정독과 숙독을 권하면서 개인차에 따라 독서를 달리해야 한다고 강조한 이유도 여기에 있다. 김굉필은 자녀와 제자들에게 독서교육을 할 때에도 이러한 방법을 따랐다.

6. 점차 단계를 높이는 하학상달식을 추구하라.

김굉필은 바로 살아가는 법을 공부하고 난 후에 점차 단계를 높이는 공부를 주문했는데, 이를 '하학상달(下學上達)' 공부법이라고 불렀다. 고상한 학문을 하기 위해서는 먼저 일상생활의 몸가짐을 다스리는 공부를 해야 한다는 것이다. 또한 단순한 공부에서 복잡한 공부로, 구체적인 공부에서 추상적인 공부로 올라가야 한다는 것이다.

7. 가훈을 통해 집안의 기본을 바로 세워라.

김굉필 가의 경우, 자녀들과 공유하고 싶은 중요한 정신을 가훈으로 만들어 세대를 이어 공유해 왔다. 김굉필은 다른 사람들이 별로 관심을 기울이지 않았던 가훈을 만들면서 자녀교육에 힘썼다. 김굉필의 이런 노력에 힘입어 그 자신이 대학자로 성장할 수 있었고 서흥 김씨 집안은 이후 조선을 대표하는 가문에 오를 수 있었다.

◉ 김굉필을 만든 독서 리스트

김굉필은 하학상달의 공부법을 적용해 21세부터 30세까지 《소학》 공부에만 매진했다. 《소학》이 바로 하학 공부에 해당하기 때문이다. 이어 상학 공부인 《대학》과 '육경'을 공부했다. 육경이란 《시경》, 《서경》, 《예기》, 《역경(주역)》, 《춘추》, 《악기》의 6가지 경서이다. 오늘날에도 《소학》과 《대학》, 그리고 육경 중에서 《시경》, 《서경》, 《역경(주역)》, 《춘추》는 여전히 교양인이 꼭 읽어야 할 고전 필독서이다.

《소학》

《소학》의 핵심은 '쇄소응대', 즉 청소 잘하고 방을 잘 정돈하고 사람들을 잘 응대하는 것. 이 기본 매너를 잘 실천하게 이끄는 것이 《소학》 공부다. 생활 속에서 실천하는 좋은 습관을 키우는 것이 공부의 목적이다.

《소학》은 흔히 송나라 주자가 엮은 것이라고 하나, 그의 제자 유자징이 스승의 지시에 따라 편찬한 것이다. 《소학》은 유교 사회의 도덕 규범 중 기본적이고 필수적인 내용을 가려 뽑은 것으로서 유학 교육의 입문서와 같은 구실을 했다. 주자에 의하면 《소학》은 집을 지을 때 터를 닦고 재목을 준비하는 것이며, 《대학》은 그 터에 재목으로 집을 짓는 것이 된다고 비유해 《소학》이 인간교육의 바탕이 됨을 강조했다.

《소학》은 김굉필의 제자인 조광조가 전국의 서원에 대대적으로 배포하면서 학생들의 필독서이자 베스트셀러가 되었다. 하지만 조광조가 개혁 정치를 하다 뜻을 이루지 못하고 반대파에 의해 죽음을 당하자 《소학》은 읽어서는 안 되는 금서가 되기도 했다.

조선의 선비들은 《소학》을 공부한 후에 《대학》을 공부했다. 《대학》은 《소학》에서 '수신'을 바탕으로 '제가치국평천하'에 이르는 길을 담고 있다. 이른바 리더가 되는 덕목을 공부하는 책이 바로 《대학》이다.

《서경》

중국 역사서의 시조라고 불리는 책으로 한자로 기록된 가장 오래된 책이다. 공자가 중국의 오래된 역사부터 시작해 진나라 목공(기원전 651년)까지의 기록 3240편을 모았는데 이 중에서 102편을 추려 엮은 책이다. 공자가 시를 새롭게 정리한 것이 《시경》이라면 산문을 새롭게 정리한 것이 《서경》이다. "백성들은 별과 같은 것이니, 별에는 바람을 좋아하는 것이 있고 또 비를 좋아하는 것이 있습니다." "다섯 가지 복이라는 것은 첫째 오래 사는 것, 둘째 부유하게 되는 것, 셋째 안락함, 넷째 훌륭한 덕을 닦는 것, 다섯째 늙도록 산 뒤에 목숨이 끝나는 것입니다." 이 같은 삶의 정수를 꿰뚫는 문장들을 이 책에서 만날 수 있다.

⊙ 김굉필 관련 교양 필독서

최인호의 소설 《유림 1》(열림원, 2005)

왕도국가를 세우려 했던 조광조의 이야기가 펼쳐진다. 공자의 눈으로 세상을 보고, 공자의 입으로 말을 하고, 공자의 귀로 소리를 듣고, 공자의 마음으로 세상을 바꾸려 하였던 그는 공자조차 이루지 못한 왕도 정치를 권력에 접목시키려 했다. 조광조의 이상 정치를 키운 스승이 바로 유배지에서 14세의 제자를 가르친 김굉필이다.

5장

조선이 만든 천재 악동,
허균가

- 처음 읽는 책이 평생 영향을 미친다

자신만의 색깔 있는
독서와 글쓰기를 추구하라

교산 허균(1569~1618) 허균의 아버지 허엽은 화담 서경덕의 제자였다. 허엽
은 대사간이라는 고위직을 지냈고, 30년간 관직 생활을 하면서 청렴결백하여
청백리에 뽑혔다. 아버지 허엽은 장남 허성과 차남 허봉, 삼남 허균, 딸 허난
설헌(허초희)과 함께 중국에도 잘 알려져 있다. 이들은 '허씨 5문장가'로 유명
했다. 특히 허난설헌은 '여신동'으로 명나라의 《양조평양록》에 기록되어 있다.
허균 부자의 유명세는 흔히 송나라의 소순과 그의 아들 소식, 소철의 3부자
를 연상시킨다. 아버지 소순과 소식은 당송팔대가에 이름을 올렸다. 허엽과 그
의 자녀들도 조선을 뒤흔들 정도의 인물들이었다. 허균은 특히 자유분방한 독
서로 당시 사서삼경 등 유교의 고전에 한정했던 독서의 범위를 뛰어넘고, 독
특한 글쓰기로 재능을 세상에 드러냈다. 그러나 허균은 너무 과격하게 자신의
생각을 주장하다 결국 불우하게 세상을 마쳤다. 조선 시대에 집을 도서관으로
만드는 '장서가'의 열풍에 불을 지핀 이가 바로 교산 허균이다.

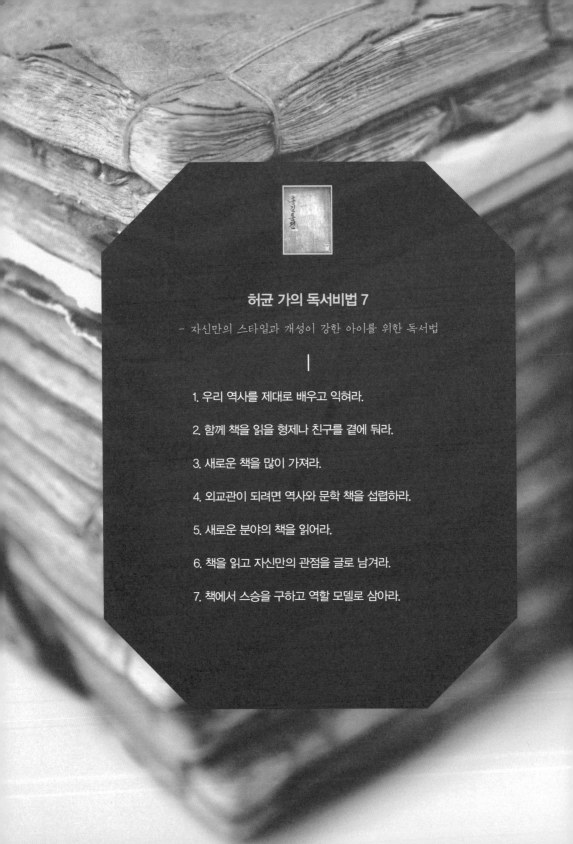

허균 가의 독서비법 7

– 자신만의 스타일과 개성이 강한 아이를 위한 독서법

|

1. 우리 역사를 제대로 배우고 익혀라.

2. 함께 책을 읽을 형제나 친구를 곁에 둬라.

3. 새로운 책을 많이 가져라.

4. 외교관이 되려면 역사와 문학 책을 섭렵하라.

5. 새로운 분야의 책을 읽어라.

6. 책을 읽고 자신만의 관점을 글로 남겨라.

7. 책에서 스승을 구하고 역할 모델로 삼아라.

5백 년 조선을 떠들썩하게 했던 최고의 '천재 악동'이라면 단연 교산 허균이 아닐까 싶다. 그는 임진왜란을 맞아 피난 중에도 책을 손에서 놓지 않을 정도로 책벌레였다. 중국 사신(오명제)이 허균의 집에 머무른 적이 있는데, 허균은 외우고 있던 조선 대표 시인들의 시 수백 편을 들려주었다. 사신은 중국에 돌아가 《조선시선》을 간행했는데 "허균이 영민해 시를 한 번 보면 잊지 않아 조선의 시 수백 편을 외워 주었다"고 적었다. 이처럼 허균은 비상한 두뇌의 소유자였던 것이다.

임진왜란 중에는 명나라 사신 주지번을 위해 자신의 누이인 허난설헌의 시집을 만들어 주었다. 주지번은 이 시집을 중국에서 간행하기도 했다. 말하자면 《난설헌집》은 중국과 일본에서 베스트셀러가 된 우리나라 최초의 번역시집이라고 할 수 있다. 허균은 조선을 대표하는 시인 35명의 대표작 888수를 가려 뽑아 《국조시산》이라는 한시집도 편찬했다. 또한 최초의 한글소설 《홍길동전》을 썼는데, 적서차별이 없는 '평등사회'를 꿈꾸다 삶을 마감해야 했다.

허균이 태어난 곳은 서울 건천동이었다. 어린 시절 살았던 건천동은 김종서, 정인지, 노수신, 유성룡, 이순신 등이 살았던 곳으로, 말하자면 인재가 많이 나는 곳이라고 한다. 이 동네에 살았던 아버지의 친구 노수신과 형의 친구 유성룡은 어린 허균이 어려움을 당할 때마다 도와주었다. 허균이 유성룡을 스승으로 모신 것도 같은 동네에 산 인연 덕분이었다.

허균 집안은 아버지 허엽과 형제들이 모두 뛰어난 인재들이었다. 아버지 허엽은 화담 서경덕의 제자였다. 허엽은 대사간이라는 고위직을 지냈고 30년간 관직 생활을 하면서 청렴결백하여 청백리에 뽑혔다. 그는 장남 허성과 차남 허봉, 삼남 허균, 딸 허난설헌과 함께 중국에도 잘 알려져 있다. 이들은 '허씨 5문장가'로 유명했다. 특히 허난설헌은 '여신동'으로 명나라의 《양조평양록》에 기록되어 있다. "허균의 누이가 7세에 능히 시를 지었으므로 온 나라에서 여신동이라 불렀다." 그러나 허난설헌은 여성으로서 한계를 이겨내지 못하고 천재성을 마감해야 했던 비운의 여성이었다. 허난설헌이 오빠인 허봉에게 보낸 〈기하곡〉이라는 시는 자신의 심정을 그대로 드러내는 것 같아 안타까운 생각이 들게 한다.

어두운 창가에 촛불 희미한데 / 반딧불이 높은 시렁을 지나갑니다. / 시름 깊은 밤은 차디차고 / 우수수 가을바람에 나뭇잎 집니다. / 가 계신 곳에선 소식이 드물고 / 근심은 풀 길이 없습니다.

왕의 노여움으로 유배를 간 오빠 허봉에 대한 안타까움을 적은 시인데 자신의 처지 또한 다름없었다. 허난설헌은 그녀의 능력을 남편이 질시하며 온갖 설움을 준 탓에 급기야 마음의 병이 깊어져 27세에 요절하고 말았다. 허난설헌은 자신의 시를 불태워 없애 달라는 유언을 남겼다. 자신이 지은 시를 부끄럽게 여기지 않았지만, 남성 중심 사회에서 여자가 지은 시라며 비난받을 것이 염려스러웠기 때문이다. 하지만 허난설헌의 시는 오빠 허균을 통해 명나라의 오명제가 펴낸 《조선시선》에 실려 그 이름이 중국에까지 퍼졌다. 1606년에는 《난설헌집》도 세상에 나왔다.

아버지 허엽의 저서로 《초당집》이 있다. 지금도 강릉에 가면 '초당두부'가 유명한데 바로 이 동네에 살았던 허엽의 호에서 유래된 것이다. 그가 청백리가 된 데에는 역시 청백리였던 스승 화담 서경덕의 영향이 컸다. 허균은 어렸을 때부터 아버지에게 서경덕에 대해 많은 이야기를 들으면서 자랐다.

아버지 허엽은 형들에게 한 것과 마찬가지로 허균에게도 우리나라 역사를 가르쳤다. 당시 우리나라에서는 글공부를 하는 사람들 대부분이 중국의 역사는 환하게 알면서도 정작 우리나라 역사는 잘 몰랐다. 이를 부끄럽게 여기면서 우리나라 역사를 배우려는 이들은 거의 없었지만 허균만은 달랐다. 허균은 43세 때 유배지에서 《성수시화》라는 책을 지었는데, 이는 당나라에서 시와 문장가로 이름을 떨친 최치원부터 허균이 살던 시대까지 800년 동안 우리나라 시의 역사에 대해 쓴 책이다.

최근 우리나라에서도 역사가 다시 수능 정식 과목으로 채택되는 등 역사 교육을 강화하고 있다. 역사는 바로 우리 자신이 살아온 내력과 뿌리, 문화와 전통 등을 배우면서 스스로를 되돌아보게 하는 거울과 같다. 역사를 배움으로써 성찰의 시간을 갖고 아울러 미래를 향해 전진할 수 있는 다짐과 나라사랑의 정신을 새롭게 할 수 있다.

허균의 아버지는 자식들에게 우리나라 역사를 가르치면서 중국의 역사도 가르쳤다. 허균은 12세에 《사략》을 배우기 시작해서 즐겨 읽곤 했다. 허균이 훗날 《홍길동전》을 쓰면서 사회 개혁을 부르짖은 것은 잘못된 전통과 역사를 바로 세우려는 의도였을 것이다. 그것은 어쩌면 우리나라 역사를 배운 데서 시작된 것이다.

허균은 어린 시절에 《소학》과 주희의 《근사록》을 공부했다. 당시 《소학》은 금서였다. 《소학》은 성종 임금의 애독서이기도 했는데 김굉필과 제자들이 공부하면서 베스트셀러가 되었다. 하지만 조광조가 개혁 정치를 펴다 반대파에 의해 권력에서 밀려나면서 이들이 공부했던 책들도 금서가 되고 말았다.

허균은 외가의 다락방에 좀먹은 채로 방치되어 있던 《소학》을 발견하고 스승인 이식에게 가지고 갔다. 이식은 "《소학》은 숨어서나 볼 수 있는 책인데 다른 사람에게는 공부한다고 알려서는 안 된다."라고 하면서 허균에게 가르쳐 주었다고 한다. 허균은 《소학》을 읽으면서 이 책을 금서로 정한 사회의 경직된 분위기에 실망했고, 이때부터 금서든 이단서든 가리지 않고 공부하기 시작했다.

허균이 크게 영향을 받은 사람은 작은형인 허봉이었다. 허균은 똑똑한 형에게 결코 뒤지지 않았다. 허균은 10세 때 《논어》와 《통감》을 읽었다. 그런데 일 년도 안 돼 책을 떼고 점점 더 어려운 책을 배우게 되었다. 흔히 똑똑한 형 밑에 더 똑똑한 동생이 나오는 법이다. 이것이 바로 알프레드 아들러의 '형제간 경쟁 이론'이다.

개인심리학의 권위자인 알프레드 아들러는 《인간이해》에서 "열등감, 불안감, 무력감은 삶의 목표를 세우게 하고, 그 목표가 구체화되도록 도와준다. 아이는 이미 신생아 때부터 관심을 받고 싶어 하며, 어떻게 하든 부모의 주의를 끌려고 노력한다. 이것이 바로 '인정 욕구'가 눈뜨기 시작하는 첫 번째 신호이다."라고 말한다. 즉, 안정적인 지위를 확보한 장남보다 차남이나 막내가 부모로부터 인정을 받으려는 욕구로 인해 형제간 경쟁을 유발한다고 설명한다.

아들러의 '형제간 경쟁 이론'은 동일한 부모 밑의 형제라고 하더라도 성격이 서로 다를 수 있다고 설명한다. 자신이 태어난 출생 서열과 부모의 사랑을 독차지하고 부모의 관심을 끌려는 형제간 경쟁으로 인해 형제들은 제각기 다른 성격을 형성하게 된다고 주장한다. 특히 부모가 편애하거나 무관심하는 등 자녀교육을 제대로 하지 못하면 왜곡된 성격의 인간이 될 수 있다고 한다. 형제간 경쟁 이론은 아들러의 체험에서 나온 것이다. 아들러는 4남 2녀 중 둘째였는데 어려서부터 구루병과 후두 경련 같은 신체적 결함을 가지고 있었다. 그런데 다른 형제들보다 앞서고 싶어 하는 차남 특유의 기질과 부진한 학교 성적 때문에 생긴 열등의식은 그의 삶에 커다란 영향을 미쳤다고 한다. 열등감, 보상 심리, 인정 욕구, 권력욕 등을 골자로 하는 그의 개인심리학은 바로 이러한 개인적 경험에 기초하고 있다. 그러나 '형만 한 동생 없다'는 말이 있듯이 허봉은 22세에 과거 시험에 장원으로 합격했는데, 동생 허균도 26세에 장원으로 합격해 벼슬길에 나아갔다.

허균의 작은형 허봉은 허균보다 여덟 살 위였는데 형인 동시에 스승 역할을 했다. 허균이 12세 때 아버지 허엽은 경상도 관찰사를 지내다 판서에 추천되어 서울로 올라오는 길에 그만 세상을 떠나고 만다. 허균으로서는 불행이 아닐 수 없다. 그는 당시를 이렇게 회상한다.

"나는 열두 살 때에 아버님의 엄한 가르치심을 잃었다. 어머니와 형님들은 가엾게 여기고 사랑하셔서, 글공부를 감독하거나 꾸짖지 않으셨다."

허균은 그 무렵 부지런히 글을 배우고 익혔다. 그는 작은형 허봉에게 시를 배웠고, 그를 통해서 이름난 시인들과 사귀기도 했다. 허균과 허난설헌에게 시를 가르쳐 준 스승은 이달이었는데, 그는 바로 형의 글벗이었다. 이달은 어머니가 기생 출신이어서 벼슬길에 나아가지 못했지만 시를 잘 지어 이름을 날렸다. 허균은 서얼인 이달의 재능을 늘 아깝게 생각했으며, 그의 시를 조선 최고의 시라고 평가했다. 훗날 그가 《홍길동전》에서 길동을 서얼로 묘사한 것은 그의 스승인 이달의 영향 때문으로 보인다. 스승 이달의 불우한 삶을 제자로서 너무나 가슴 아프게 생각했을 것은 당연하다.

또 허균은 작은형의 벗인 유성룡과 사명당에게도 글을 배웠다. 이달과 유성룡, 사명당은 작은형이 해줄 수 없는 스승의 역할을 해주었다.

허균은 자기의 뛰어난 재주만을 믿은 나머지 안하무인으로 행동하는 경향이 있었다. 스승 이달에게도 볼품없는 외모에 실망하여 처음에 안하무인으로 대했다. 그러다 이달의 시를 보고 머리를 조아렸다. 사명당은 허균의 안하무인하는 행동까지도 나무랄 만큼 엄한 스승이 되어 주었다. 사명당은 허균에게 항상 경박한 행동을 주의하라면서 특히 말조심을 하라고 충고하는 시까지 지어 주었다.

남의 잘잘못을 말하지 말게나. / 한갓 이로움이 없을 뿐 아니라 또 재앙까지 불러온다네. / 만약 입 지키기를 병마개 막듯 한다면, / 이것이 바로 몸 편안케 하는 으뜸의 방법이리라.

새로운 책을 많이 가져라

허균을 천재로 만든 것은 비상한 두뇌도 한몫하지만 무엇보다 수만 권을 섭렵한 독서의 힘이 더 컸다. 우리나라에서 책을 많이 소장하는 이른바 '장서가'가 등장한 것은 18세기에 들어서다. 그 장서가의 열풍에 불을 지핀 이가 바로 허균이다.

허균은 29세 무렵 중국 연경에 갔을 때 무려 4천여 권의 책을 사서 서울까지 싣고 온 적이 있었다. 배송도 배송이지만 4천여 권이면 책 구입비만도 어머어마한 액수였을 것이다. 그만큼 허균은 책에 대한 욕심이 컸다. 이를 보고 명나라의 진계유는 "조선 사람들은 책을 매우 좋아해서 책값을 생각하지 않고 다량 수집해 갔으며, 이 때문에 조선에는 이서(異書), 즉 흔하지 않은 귀한 책들이 많이 소장되어 있다."라고 쓴 바 있다.

허균은 4천 권의 책을 싣고 오면서 이런 시를 지었다.

책이 상자에 가득해 짐 보따리는 넉넉하지만 / 서리와 이슬이 옷을 적셔 나그네길이 어렵기만 하네.

허균은 미리 구입하고 싶은 목록을 빼곡히 작성해 연경의 책방을 순회하면서 책을 구입했다. 이때 가져온 책들을 모아 놓은 서재를 '호서장서각'이라고 이름 붙였다. 그리고 지역 주민들이 책을 빌려 보게 했다. 요즘으로 치면 호서장서각이 지역의 도서관 역할을 했던 것이다. 여기서 책에 대한 허균의 개방적인 태도를 엿볼 수 있다.

허균은 이 책들을 읽으면서 은둔과 한정(閑情)에 관련된 문장들만 뽑아 분야별로 나누어 책으로 펴냈다. 이것이 《한정록》이라는 책이다. 《홍길동전》이 사회 제도와 비판을 가하는 허균의 진면목을 보여 주었다면, 《한정록》은 그의 은둔 사상을 실천적으로 조리정연하게 보여 준 점이 눈에 띈다.

허균은 임진왜란 때 피난을 갔다 한 해 뒤에 외가인 강릉 초당으로 돌아갔다. 그때가 23세였다. 그는 어머니와 외할아버지가 살던 애일당으로 가 보았지만, 애지중지했던 수만 권의 책들은 더 이상 찾아볼 수 없었다. 그는

"찌를 붙인 만 권의 책들은 어디로 갔으려나?"라며 사라져 버린 책의 안부를 묻는다. 그만큼 독서광이었던 것이다. 허균은 자신을 즐겨 '서음(書淫)'이라고 칭했다. 서음은 글 읽기를 지나치게 즐기거나 또는 그런 사람을 뜻한다. 그는 심지어 "만 권 책 속의 한 마리 좀벌레가 되고 싶다."라고 말하기도 했다. 수많은 책을 읽고 메모하는 그의 모습을 쉽게 연상할 수 있을 것이다. 바로 책벌레 허균의 모습 말이다.

문장에 능했던 허균은 외교 업무를 자주 맡아오면서 외교 수완에 뛰어난 실력을 발휘했다. 1594년 문과에 급제한 허균에게 가장 많이 부여된 직무는 명나라 사신의 접대였다. 허균은 임진왜란 중에 조선에 파병된 중국 명나라 장군들을 접대하는 일도 맡았다. 28세에는 외교 업무를 다루는 승문원에서 근무했다. 이것은 모두 허균이 당시 그 누구보다 중국의 역사와 문학에 해박했기 때문이다. 명나라 사신을 접대하는 자리에서는 고금의 역사와 문학에 대한 토론이 벌어지기도 하고 짧은 시간 동안 시를 지어 주고받기도 해야 하는데, 허균이야말로 적임자였다. 그는 쉴 틈 없는 벼슬길, 특히 중국에 사신으로 가거나 의주로 사신 접대의 임무를 맡아 떠나는 등 외지에 머문 일이 많았다.

허균은 중국 역사와 문화에 대해서 조예가 깊었다. 어릴 때부터 중국 책에 둘러싸여 보냈고 아버지와 형들이 중국을 수차례 다녀와 많은 이야기를 들려주었기 때문이다. 그때마다 허균은 중국에 대한 호기심으로 언젠가 중국에 가리라 다짐했다. 허균은 드디어 29세에 꿈에도 그리던 중국에 갈 기회를 얻었다. 바로 외교 업무를 수행하는 사신으로 파견되었던 것이다. 1597년, 정유재란이 발발해 명나라에 원군을 요청하기 위한 외교 업무를 수행하기 위해서였다. 허균은 사신 임무를 마치고 귀국길에 승전 소식을 듣고 이런 시를 지었다.

승전의 소식이 산해관까지 들려오니 / 헛걸음한 이번 행차가 우습기만 하구나.

아마도 허균 일행은 명나라 군사를 파견해 달라는 임무를 띠고 갔는데, 명나라에서 원군 파견에 동의하지 않은 듯하다. 조선 시대에 명나라 사신을 접대하는 자리에서는 특히 중국 문학에 정통해야 했다. 그 적임자가 바로 허균이었다. 누구보다 중국의 책들을 섭렵하고 있었기 때문이다. 그 어떤 희귀한 책을 이야기해도 허균은 막힘없이 이야기를 나눌 수 있었다. 여기서 외교관이 되려면 무엇을 공부해야 할지 알 수 있다.

나는 조지훈 시인의 막내아들인 조태열 외교부 차관을 만난 적이 있었다. 조태열 대사는 먼저 "외교관에게 가장 필요한 자질이나 능력이 외국어 실력"이라면서 다음과 같은 조언을 들려주었다. 그는 외국어 능력은 물론 인테그러티(integrity)를 중요한 덕목으로 꼽고 있다. 이 단어는 정직이란 말로 번역해서는 좀 부족하고 성실, 진지, 순수, 자존 등의 뜻을 모두 담고 있는 말이다. 최근 들어 우리 사회에서도 널리 쓰이고 있는데, 미국에서 쓰는 의미는 어렵고 힘든 때일수록 소신 있게 행동할 수 있는 용기, 손해를 보더라도 대의를 위해 옳은 결정을 할 수 있는 희생 정신, 다른 사람의 모범이 될 수 있도록 솔선수범하는 리더십 등이 포함된다. 인테그러티를 중시하는 것은, 능력도 중요하지만 그에 앞서 인간으로서의 신뢰를 주지 않으면 외교관으로 성공하기 어렵기 때문이다.

또한 균형 감각과 역사 인식도 매우 중요한 덕목으로 꼽고 있다. 외교가 실패하였을 때 나라의 명운이 바뀌는 것을 우리 역사에서 이미 뼈저리게 경험했기 때문이다. 그렇기에 외교관으로 성공하려면 우리 역사와 세계사 공부를 게을리하지 말아야 하며, 국내외 훌륭한 외교관들의 회고록을 즐겨 읽는 독서 습관을 가져야 한다.

조태열 대사는 외교 및 국제 문제를 다룬 회고록과 같은 책들을 즐겨 읽는다고 한다. 해외 출장을 갈 때면 공항 서점에서 책 한 권씩을 사서 읽는 것이 버릇이 되었는데, 주로 우리 역사에 관한 새로운 해석을 시도한 책들이라고 한다. 조태열 대사의 독서 리스트에는 역사에 대한 내용이 많다. 외교관은 우리의 역사와 세계 각국의 역사, 특히 우리나라와 이해관계에 있는 강대국을 잘 알아야 하기 때문이다. 외교관은 무엇보다 국가 이익을 앞서 실현해야 하는 자리이기에 역사인식 또한 투철해야 함은 두말할 나위가 없다.

중국에서 4천여 권의 책을 사올 정도로 열성이었던 허균의 삶에서 책은 생명과도 같은 존재였다. 불우한 일을 당하거나 세상으로부터 비난을 받을 때에도 책이 위로가 되었다. 중국에 사신으로 가면 반드시 책방에 들렀다. 새로운 세상을 먼저 구경하려면 서점에 가라는 말이 있다. 책을 사지 않더라도 그냥 이런저런 책을 구경하는 것만으로도 충분하다. 책의 제목을 유심히 보기만 해도 지금 사회의 트렌드를 읽을 수 있으니 말이다.

허균은 책을 소장하고 싶은 욕망이 누구보다 강렬했다. 그는 과거 시험에 수차례 실패한 장인이 서원을 짓고 책 1천 권을 진열한 뒤 그 안에서 노닐면서 시를 짓고 스스로 즐거워하는 모습에 크게 감명을 받았다고 한다. 그가 29세 때 북경에서 4천여 권의 책을 사온 것도 이런 장인의 영향이 컸다.

허균은 책을 수집하고 소장하는 데서 끝나지 않았다. 그는 수집한 책들을 읽으면서 새로운 사회, 새로운 사상과 만날 수 있었다. 우리 사회에서 미처 접할 수 없었던 내용과 주장을 책을 통해 접하고선 책을 통해 대화를 할 수 있었던 것이다. 허균에게는 독서가 괴로움이 아니라 즐거움 그 자체였다. 허균의 방대한 독서량은 세상에 점차 알려지기 시작했는데, 때로는 사람들이 어떤 내용이 어느 책에 나오는지를 문의해 오는 일도 있었다.

허균은 둘째 형의 벗인 사명당으로부터 불교를 배우기도 했는데, 이로 인해 훗날 삼척부사로 부임한 지 13일 만에 파직당했다. 조선 시대에는 불교 공부도 제대로 할 수 없었다. 그것은 국가에서 불교를 억압하고 유교를 숭상하는 정책을 폈기 때문이다.

　허균은 '노불(老佛)'의 글을 좋아했다. 노불은 노자와 장자, 불경을 공부하는 것이다. 노자와 장자의 학문은 공자의 학문과 노선이 달라 조선 시대 유학자들에게는 금기의 학문이었다. 노자와 장자의 학문을 공부하고 책을 내면 이단으로 몰리고, 심지어 그 책을 불태우는 사건도 있었다. 조선 후기 학자인 박세당이 그랬고 윤휴가 그랬다. 불경 공부도 마찬가지였다. 조선 시대 퇴계 이황과 쌍벽을 이루는 율곡 이이는 19세 때 금강산 마하연으로 들어가 '의암'이라는 법명으로 공부했는데, 평생 이 사실로 전전긍긍했다. 요즘 기준으로 보면 누구나 불경을 공부할 수 있지만 '숭유억불' 정책을 펼친 조선 시대에는 책을 읽는 것만으로도 이단으로 몰리고 과거 시험에도 낙방할 수 있을 정도였다. 율곡은 이 일을 크게 후회하며 평생 사회적으로 문제가 될까 봐 전전긍긍했다. 요즘 '신상털이'를 당하면 누구나 큰 상처를 입게 되듯이 조선 시대에도 사회적으로 불경을 공부했다고 신상털이를 당하면 이단으로 낙인 찍혀 매장되었던 것이다.

　허균은 사명당에게 불경을 배운 것이 화근이 되어 삼척부사로 부임하자마자 파직당했다. 말하자면 '학문의 자유'가 없었던 것이다. 허균은 불교에 귀의해 승려가 된 것도 아니고 단지 학문적으로 공부한 것에 불과했다. 그런데도 조선 조정과 신하들은 허균을 탄핵했다. 이에 굴하지 않고 허균은 이단으로 몰리고 파직을 당해도 새로운 책을 읽고 새로운 사상을 흡수했다. 율곡 이이는 불경을 공부한 사실을 숨기려고 했지만, 허균은 이를 당당하게 드러냈고 사회로부터의 불이익도 감수했다. 몸은 감옥에 가둘 수 있어도 영혼은 가둘 수 없다는 말처럼 자유로운 영혼으로 살고자 했던 것이다.

허균은 당시 성리학 등 주류 학문에도 통달했지만 노자와 장자 등 도교, 불교, 민간신앙 등 비주류로 취급한 영역으로 관심을 넓힘으로써 사유의 폭을 확대해 나간다. 허균이 《홍길동전》을 쓸 수 있었던 것은 그가 자유로운 사상을 지닌 문필가였기 때문이다. 서자라는 신분에 한계를 느낀 홍길동이 율도국을 만들어 모두가 평등한 이상 사회를 건설한다는 내용은 당시로서는 파격적이었다.

이런 내용은 그가 심취했던 《수호전》에서 일부 영향을 받았을 것이다. 명나라 때 시내암이 쓴 《수호전》에는 무려 108명의 인물이 등장하는데, 대개 사회의 기존 질서에 순응하거나 만족하면서 살아가는 인물이 아니다. 하나같이 기존의 불합리한 사회 질서에 반항하는 용감한 싸움꾼들인 것이다. 《홍길동전》은 허균이 《수호전》에서 영향을 받아 임진왜란 후의 사회 제도의 결함, 특히 본부인에게서 태어난 적자와 첩에게서 태어난 서자의 신분 차이를 타파하고 부패한 정치를 개혁하려는 그의 혁명 사상을 작품화한 것이다. 《수호전》의 영향을 받아 허균은 《홍길동전》에서 호걸을 이상적 인간형으로 제시한다. 결국 《홍길동전》은 사회의 불의에 저항하는 아이콘이 되었다. 허균은 목숨을 건 창작을 통해 시대의 모순을 고발한 것이다. 그 시작은 바로 《수호전》과 같은 다양한 독서였고, 그 결과는 글쓰기의 창작으로 나타났다. 허균의 《홍길동전》은 그의 주류와 비주류를 가리지 않는 방대한 독서가 만들어낸 결과물이었다.

허균은 책을 읽는 것으로 그치지 않고 그 내용을 바탕으로 자신만의 관점을 담은 책을 펴냈다. 중국에서 가져온 책을 읽으면서 은둔과 한정(閑情)에 관한 부분만 뽑아 새롭게 분류해서 《한정록》을 엮었다. 그리고 수많은 시문집을 읽고 자신만의 시문집을 편찬하기도 했다. 당나라 시인들의 시집과 시를 읽고 《당시선》을 엮었는데, 여기에는 2600편이 넘는 시들이 실려 있다. 허균은 송나라를 주도한 다섯 시인(왕안석, 소식, 황경견, 진사도, 진여의)의 시를 뽑아 《송오가시초》를 펴내기도 했다. 또 명나라의 뛰어난 네 시인(이반룡, 왕세정, 하경명, 이몽양)이 쓴 시를 뽑아 《명사가시선》을 펴냈는데, 여기에도 1300편의 시가 실려 있다. 이들의 시를 다시 펴내면서 허균은 자신만의 새로운 시를 쓸 수 있었다. 그는 스스로 "허균은 허균의 시를 쓰고 싶다."라고 당돌하게 말했다. 그만큼 새로운 글을 창작하고자 하는 열망이 컸다.

허균의 문학은 기존의 질서를 옹호하는 문학이 아니었다. 그것은 자기만의 방식대로 세상을 살아가는 몸짓이었다. 말하자면 허균은 《홍길동전》을 세상에 내놓음으로써 문학으로 세상을 바꾸려는 혁명을 열망했던 것이다.

허균의 삶에 큰 영향을 미친 인물로 명나라의 이탁오(본명 이지)가 꼽힌다. 허균은 29세 때부터 중국을 여러 번 오가면서 이탁오의 책을 접할 수 있었다. 당시 명나라에서 이탁오는 '요상한 사람'이니 하면서 배척당했고, 끝내 박해를 받다가 죽었다. 이탁오는 당시 명나라의 학문을 지배했던 주자학에 반기를 든 양명학을 옹호했다. 결국 그는 이단으로 몰렸고 그가 쓴 《장서》와 《분서》라는 책들도 불태워졌다. 허균은 이탁오의 책을 읽고, 그가 꿈꾸었던 자유로운 세계에 크게 공감했다. 허균이 《홍길동전》에서 신분 철폐와 평등 사회를 지향한 것은 이탁오의 영향도 무시할 수 없다. 이처럼 책속에는 한 사람의 삶과 사상이 깃들어 있고, 그것은 독자에게 영향을 미칠수 있다는 점에서 책의 힘은 실로 크다고 하겠다.

책에서 스승을 구하고 역할 모델로 삼아라

흔히 학문이 뛰어난 사람은 권력을 멀리하고 높은 권력을 지닌 사람은 학문이 깊지 않다. 극히 예외적으로 권력의 화신이면서도 위대한 저작을 남긴 인물도 있다. 서양에서는 그 예외적인 인물로 '아는 것이 힘이다'라는 말로 유명한 프랜시스 베이컨(1561~1626)이 단연 꼽힌다. 베이컨은 영국 제임스 1세 치하에서 국왕의 최측근이자 최고위직인 옥새상에 올랐을 뿐만 아니라 서양철학사에서 논리학의 일대 전환을 가져온 과학적 귀납법을 제창했다. 그는 옥새상에 이어 대법관에 올랐고 남작을 거쳐 자작의 지위에 올랐다. 권력뿐만 아니라 지위와 명예도 얻었던 것이다. 더욱이 권력의 정점에 오른 그는 세인의 부러움을 한 몸에 받으면서 학문의 정점에도 올랐다.

　베이컨을 저술의 세계로 이끈 것은 그가 15세 때 접한 몽테뉴의 수상록인 《에세이》였다. 그는 《에세이》를 읽고 나서 자신도 그런 책을 써야겠다고 자극을 받았다. 결국 그는 36세에《베이컨 에세이》를 출판하게 된다. 그 후 베이컨은 44세에 쓴《학문의 진보》를 비롯해 40편의 저작을 남겼다.

러시아의 대문호 레오 니콜라예비치 톨스토이 또한 후일 그를 대문호로 만든 시작은 책 한 권이었다. 그 한 권은 다름 아닌 루소의《에밀》이었다. 톨스토이가 쓴 최초의 철학적 논문은 루소에 대한 비평이었다. 톨스토이는 "루소의《고백록》과《에밀》은 내 가슴 깊숙이 감동을 준다. 마치 내 자신이 쓴 것과 같다."고 일기에 썼다. "나는 루소를 숭배하여 그의 모습이 새겨진 메달을 우상처럼 목에 걸고 다녔다." 톨스토이가 훗날 교육사상가로서 유명하게 된 데에는 루소의 영향이 컸다. 톨스토이는 책으로 만난 루소를 인생의 '역할 모델'이자 멘토로 삼으면서 작가이자 사상가로 재탄생할 수 있었다.

허균 또한 자신이 닮고자 하는 역할 모델을 책에서 찾았다. 허균은 자신의 서재 이름을 '사우재'라고 했는데 네 명의 벗이 노니는 서재라는 뜻이다. 네 명이란 도연명과 이백, 그리고 소동파이다. 그리고 나머지 한 사람은 허균 자신이다. 도연명(365~427)은 〈귀거래사〉로 유명한 전원 시인이고, 이백(701~762)은 두보와 함께 중국 최고의 시인으로 꼽히는 인물이다. 소동파(본명 소식, 1037~1101)는 아버지 소철과 동생 소순과 함께 3부자가 문장가로 이름을 날렸다. 당시에 공부를 하는 사람들은 이 세 사람을 공부하지 않고서는 시나 글을 쓸 수 없을 정도였다.

허균이 이 세 사람을 벗으로 삼은 것은 단지 시나 문장을 잘해서가 아니었다. 이들이 모두 속세를 벗어나 대자연 속에서 세속적 욕망이나 명예를 탐하지 않고 유유자적하는 삶을 누리면서 자신만의 시를 썼기 때문이다. 허균은 이 세 사람의 초상화를 방에 걸어 두고, 그들의 삶과 시의 세계를 닮고자 했다. 단지 모방하려는 것이 아니라 그들의 정신세계를 닮고자 했던 것이다.

허균에게는 절친한 친구로 한석봉이 있었다. 한석봉이 불을 끄고도 떡을 고르게 써는 어머니에게 교훈을 얻어 글자를 반복해서 연습해 명필이 되었다는 일화는 유명하다. 허균에게는 이정이라는 그림을 잘 그리는 친구도 있었다. 이정은 산속을 노닐다가 절간에 들러서 부처의 그림을 그려 주면서 먹을 것을 마련하며 살아갈 정도로 얽매어 살지 않는 자유로운 사람이었다. 달리 말하면 천재 화가였다. 이정은 허균보다 아홉 살이나 위였지만 허균이 책에서 벗으로 삼은 이 세 사람의 초상화를 그려 주었다. 한석봉은 그림 옆에 해서체로 그 사람에 대한 글을 적어 주었다. 허균은 이들 세 사람을 벗이자 스승으로 삼았다. 귀양을 갔을 때에도 그곳에 이 세 시인의 초상화를 걸어둘 정도였다.

허균은 또한 송나라의 문장가 구양수를 이상적인 인물로 생각하고 닮고자 했다. 현실 사회에서 늘 잘 어울리지 못했던 허균은 자신과 달리 학문과 정치, 문학에서 성공한 구양수의 생애를 부러워했다. 또한 구양수의 생애가 자신과 너무 비슷하다는 데 묘한 동질감을 느끼기도 했다. 허균은 아버지가 12세 때 죽었고, 구양수는 아버지가 4세 때 죽었다. 허균은 둘째 형에게 가르침을 받았고, 구양수는 작은아버지에게 가르침을 받았다. 허균은 임진왜란 때 피난가다 아내가 아들을 낳고 죽었고 그 아들 또한 젖이 없어 이내 죽었는데, 구양수의 아내도 아들을 낳은 후 이내 죽었다. 허균은 정치적인 반대파에 의해 끊임없이 비난받았고 유배를 당했는데, 구양수도 한때 관직에서 바른말을 하다 좌천당했다. 허균은 구양수와 자신이 너무 닮아 자기의 신세를 구양수에 견주기도 하고 또 그를 위해 시를 짓기도 했다.

다음은 허균이 구양수의 〈사영시〉 30수를 모방해 지은 〈화사영시〉의 한 수다.

인간 세상 모든 일이 실로 다 이와 같으니 / 다리는 있어도 높은 벼슬길은 밟지 않으리. / 험난한 벼슬살이 밖은 넓고도 또 넓건마는 / 한 시대의 뛰어난 인재 높은 자리 차지했네. / 새장 안에서 날개를 펴나 홀로 날지 못하고 / 고향 쪽 가지에서 몇 번이나 애타게 울었나. / 띠풀 누러지는 가을, 바다와 하늘 맞닿는 때 / 남쪽 검은 연기는 낮에도 갈대 순에 닿았네.

이 시는 그가 남긴 《성소부부고》라는 책에 실린 〈고향 경포호를 생각하며〉라는 시다. 지금도 그렇지만 어떤 사람들은 그가 쓴 책으로 세상에 영향을 미친다. 그 책을 따르는 사람이 생겨나고 또 그 책을 뛰어넘는 책들이 나온다. 한 시대를 수놓은 이런 인물들을 만나며 그들이 남긴 글들을 비교해 가며 읽는 것 또한 독서의 즐거움일 것이다.

허균 가의 독서비법 7
–자신만의 스타일과 개성이 강한 아이를 위한 독서법

1. 우리 역사를 제대로 배우고 익혀라.

 허균이 훗날 《홍길동전》을 쓰면서 사회 개혁을 부르짖은 것은 잘못된 전통과 역사를 바로 세우려는 의도였을 것이다. 그것은 우리나라 역사를 배운 데서 시작된 것이다.

2. 함께 책을 읽을 형제나 친구를 곁에 둬라.

허균이 크게 영향을 받은 사람은 작은형인 허봉이었다. 허균은 똑똑한 형에게 결코 뒤지지 않았다. 허균은 10세 때 《논어》와 《통감》을 읽었다. 그런데 일 년도 안 돼 책을 떼고 점점 더 어려운 책을 배우게 되었다. 흔히 똑똑한 형 밑에 더 똑똑한 동생이 나오는 법이다. 이것이 바로 알프레드 아들러의 '형제간 경쟁 이론'이다.

3. 새로운 책을 많이 가져라.

허균을 천재로 만든 것은 비상한 두뇌도 한몫하지만 무엇보다 수만 권을 섭렵한 독서의 힘이 더 컸다. 우리나라에서 책을 많이 소장하는 이른바 '장서가'가 등장한 것은 18세기에 들어서다. 그 장서가의 열풍에 불을 지핀 이가 바로 허균이다.

4. 외교관이 되려면 역사와 문학 책을 섭렵하라.

허균은 그 어떤 희귀한 책을 이야기해도 허균은 막힘없이 이야기를 나눌 수 있었다. 외교관으로 성공하려면 우리 역사와 세계사 공부를 게을리하지 말아야 하며, 국내외 훌륭한 외교관들의 회고록을 즐겨 읽는 독서 습관을 가져야 한다.

5. 새로운 분야의 책을 읽어라.

중국에서 4천여 권의 책을 사올 정도로 열성이었던 허균은 중국에 사신으로 가면 반드시 책방에 들렀다. 새로운 세상을 먼저 구경하려면 서점에 가라는 말이 있다. 책을 사지 않더라도 그냥 이런저런 책을 구경하는 것만으로도 충분하다. 책의 제목을 유심히 보기만 해도 지금 사회의 트렌드를 읽을 수 있으니 말이다.

6. 책을 읽고 자신만의 관점을 글로 남겨라.

허균은 책을 읽는 것으로 그치지 않고 그 내용을 바탕으로 자신만의 관점을 담은 책을 펴냈다. 그는 스스로 "허균은 허균의 시를 쓰고 싶다."라고 당돌하게 말했다. 그만큼 새로운 글을 창작하고자 하는 열망이 컸다.

7. 책에서 스승을 구하고 역할 모델로 삼아라.

허균은 자신이 닮고자 하는 역할 모델을 책에서 찾았다. 허균은 자신의 서재 이름을 '사우재'라고 했는데 네 명의 벗이 노니는 서재라는 뜻이었다. 그 네 명은 도연명과 이백, 그리고 소동파, 그리고 나머지 한 사람은 허균 자신이다. 서양의 작가 톨스토이 또한 책으로 만난 루소를 인생의 '역할 모델'이자 멘토로 삼으면서 작가이자 사상가로 재탄생할 수 있었다.

⦿ 허균을 만든 독서 리스트

《수호전》에는 무려 108명의 인물이 등장하는데 대개 사회의 기존 질서에 순응하거나 만족하면서 살아가는 인물이 아니다. 하나같이 기존의 불합리한 사회 질서에 반항하는 용감한 싸움꾼들인 것이다. 나는 이 책을 대학 시절에 읽었는데 지금도 그때의 느낌이 일어나 젊은 시절로 데려다주는 것 같다.

이 책의 부제는 '유교의 전제에 맞선 중국 사상사 최대의 이단아'이다. 그만큼 이탁오는 허균처럼 중국을 떠들썩하게 한 학문적 이단자였다. 자신의 책을 《분서》, 곧 '태워버려야 할 책'이라고 이름지을 만큼 도도한 학자였던 이탁오는, 역시 같은 책에서 "나이 오십 이전의 나는 한 마리 개에 불과했다!"라는 말로 자신을 포함한 학문하는 사람들에게 뼈아픈 일침을 가하기도 했다.

기존의 관념과 다른 관점으로 《논어》를 풀이한 책이다. 자녀의 독서 수준이 높다면 기존의 논어와 비교해가며 읽혀도 좋다. 정통과 이단의 진수를 맛볼 수 있을 것이다.

⊙ 허균 관련 교양 필독서

김풍기의 《독서광 허균》(그물, 2013)

이 책은 세 부분으로 나누어져 있다. 제1부 '독서와 우정'에서는 허균이 독서에 몰입한 까닭은 무엇인가를 살필 수 있다. 제2부 '허균 네트워크'에서는 허균의 문학과 사유의 세계가 어떻게 형성되었는지를 볼 수가 있다. 여기에서는 자연인 허균이 교양인 허균, 세계인 허균으로 성장하는 과정을 볼 수 있다. 제3부 '문화와 허균'에서는 허균에게 주변의 삶은 어떤 의미를 가지는가를 볼 수 있다.

허경진의 《허균평전》(돌베개, 2002)

독서에 한계를 두지 않은 허균의 개성적인 독서세계와 자유분방한 인생을 만날 수 있다. 자녀가 자유와 개성을 중시하는 스타일이라면 허균의 이 평전을 읽게 해보는 것도 좋다.

《홍길동전》

허균이 한글로 《홍길동전》을 쓴 것은 우리나라 문자에 대한 자부심이 있었기에 가능했다.

6장

딸을 조선 유일
'여중군자'로 키운 장흥효가

– 여성의 한계를 두지 않고 교육하다

한계를 뛰어넘는 법을
책 속에서 배우게 하라

경당 장흥효(1564~1633) 경당은 스승의 운이 좋은 사람이다. 퇴계 이황의 제자인 서애 유성룡과 학봉 김성일, 한강 정구 등을 스승으로 둘 수 있었다. 장흥효는 35세에, 혼인한 지 18년 만에 딸을 얻었다. 그런데 부인은 지병이 있어 경당이 주로 딸을 키워야 했다. 당시 여자에게는 글공부도 시키지 않던 시대였지만, 그는 딸이 스스로 글공부를 하도록 이끌었다. 딸은 혼자 《소학》과 《예기》, 《중용》을 공부했고, 아버지의 서재에서 《시경》, 《주역》 등 고전을 독파했다. 아버지는 두 아이를 둔 홀아비이지만 학문이 뛰어난 제자 이시명에게 딸을 시집보냈다. 그 딸은 시집을 가서 무려 10명의 자녀를 훌륭하게 키워냈다. 그 아들 중 이현일은 경당의 제자가 되었고 훗날 이조판서에 올랐다. 또 딸은 일흔이 넘어 우리나라 최초의 요리서인 《음식디미방》을 지었다. 그녀가 바로 정부인 장씨, 장계향이다. 조선 시대에 유일하게 여성이지만 군자의 칭호를 얻은 '여중군자'로 불린다.

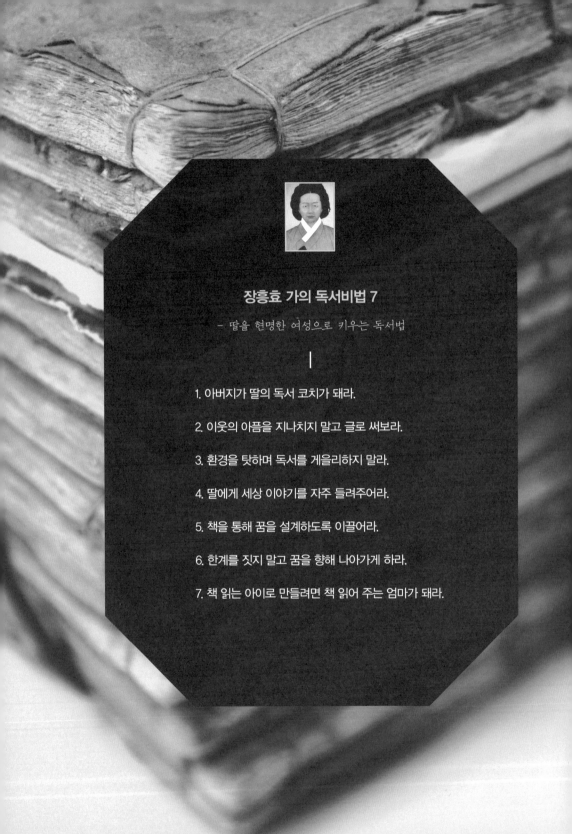

장흥효 가의 독서비법 7
– 딸을 현명한 여성으로 키우는 독서법

|

1. 아버지가 딸의 독서 코치가 돼라.

2. 이웃의 아픔을 지나치지 말고 글로 써보라.

3. 환경을 탓하며 독서를 게을리하지 말라.

4. 딸에게 세상 이야기를 자주 들려주어라.

5. 책을 통해 꿈을 설계하도록 이끌어라.

6. 한계를 짓지 말고 꿈을 향해 나아가게 하라.

7. 책 읽는 아이로 만들려면 책 읽어 주는 엄마가 돼라.

시대에 순응하면서도 다방면에 재능을 보이고 사랑과 나눔으로 자신만의 실천적 길을 걸었던 비범한 조선의 여성이 있다. 바로 조선 시대에 유일하게 '여중군자'라는 칭호를 얻었던 장계향(1598~1680)이다.

그녀가 살던 조선 시대는 여성이 벼슬길에 나아갈 수 없고 학문조차 내놓고 할 수 없었던 시대였다. 그런 시대에 장계향은 비록 벼슬을 하거나 과거 시험에 합격하지는 않았지만, 여느 학자들보다 뛰어난 글을 남겼고 어려운 이웃들에게 나눔을 실천한 '선비'라는 평가를 받기도 했다. 군자나 선비는 조선 시대의 여성에게는 결코 주어지지 않는 호칭이었음에도 불구하고 장계향은 그런 평판을 남성 사대부들로부터 들었던 것이다. 더욱이 음식조리서인《음식디미방》을 써 조선 시대 여성으로서는 최초로 저술을 남겼다. 장계향은 시대적 한계 속에서도 자신이 할 수 있는 일을 찾아내서 실현했고, 10명의 자녀들 대부분을 훌륭한 학자로 키워냈다. 이 중에서 이현일은 이조판서에 올랐는데 그 덕분에 '정부인 장씨'라는 이름을 후세까지 남겼다. 그런 장계향에게는 여자라는 한계를 짓지 않고 아들처럼 키우고자

한 아버지가 있었다. 아버지는 딸을 독서 세계로 이끌며 재능을 키워주는 스승 역할을 했다.

장계향의 아버지는 안동에서 학자로 이름난 경당 장흥효(1564~1633)이다. 장흥효는 퇴계 이황의 수제자인 서애 유성룡에게 배웠고, 유성룡에 이어 퇴계 학맥을 잇는 수제자로 이름을 올렸다. 장계향의 인품이 아버지의 영향을 많이 받은 것은 당연하다.

정유재란이 막바지에 접어들던 1598년, 장흥효는 35세에 늦둥이 딸을 얻었다. 당시로는 늦은 나이였다. 그의 아내 권씨 부인(안동 권씨)과 혼인한 지 18년 만에 본 자식이었다. 당시 아들을 선호하고 대를 물려주어야 한다는 생각이 팽배했던 시대에 권씨 부인은 늘 마음이 편치 않았다. 장흥효는 늦게 본 딸이 너무나 사랑스러워 애지중지했다.

아버지는 장계향이 어릴 때에는 글을 가르치지 않았다. 하지만 장계향은 서당에서 아이들이 외우는 《천자문》을 교실 밖에서 듣고는 이내 따라 외웠다. 아버지는 어느 날, 딸을 불러 한자 실력이 어느 정도인지 시험해보고선 그때부터 《천자문》을 가르치기 시작했다. 장흥효는 딸 계향에게 자신이 아이들에게 가르치는 것과 똑같이 읽게 하고, 생각을 물어보았다. 그때마다 딸은 《소학》을 비롯해 《시경》, 《논어》 등을 줄줄이 외우고 그 뜻을 풀이했다. 이때 장흥효는 딸에게 여자는 이렇게 살아야 한다느니 하는 말은 일제 하시 않았다. 대신 딸이 스스로 여성으로서 위치를 깨닫고 현실을 헤쳐나가기를 바랐다.

장계향은 어린 시절부터 〈학발〉시를 지을 만큼 글솜씨가 뛰어났다. 그러

나 자신이 여성이라는 태생적 한계를 잘 알고 있었다. 장계향은 15세부터
는 다른 책을 멀리하고 오직 여성이 지켜야 할 도리를 담은 《예기》의 〈내
칙〉 편을 표준으로 삼고 이를 실천하기를 힘썼다. 장흥효는 딸에게 수신과
겸양을 몸과 마음에 새기게 했다.

　장흥효는 늘 혼자 있을 때 수양에 힘썼다. 이를 《대학》에서는 '신독(愼獨)'
이라고 한다. 장흥효는 "홀로 걸을 때는 그림자에 부끄럽지 않고, 홀로 잠잘
때는 이불에 부끄럽지 않아야 한다."라고 일기에 적기도 했다. 그만큼 신독
에 힘썼던 것이다.

　백발 늙은이가 병들어 누웠는데 / 아들을 머나먼 변방으로 떠나 보내네 /
아들을 머나먼 변방으로 떠나 보내니 / 어느 달에나 돌아올 것인가

　백발 늙은이가 병을 지니고 있으니 / 서산에 지는 해처럼 생명이 위급하
네 / 두 손바닥을 마주 대고서 하늘에 빌었으나 / 하늘은 어찌 그렇게도 반응
이 없는고

　백발 늙은이가 병을 무릅쓰고 억지로 일어나니 / 일어나기도 하고 넘어지
기도 하네 / 지금도 오히려 이와 같은데 / 아들이 옷자락을 끊고 떠나간다면
어찌할 것인가 -《정부인 안동장씨국역실기》중에서

이 〈학발〉시를 통해 장계향이 얼마나 이웃의 아픔을 자신의 아픔으로 새기고 있었는지를 가늠해 볼 수 있다. '학발시'란 이웃에 사는 머리가 흰 노인에 대한 시라는 뜻이다. 장계향은 이미 9세 때 아버지의 서재에서 《시경》을 꺼내 읽으면서 암송하고 붓글씨로 써보면서 시의 세계로 빠져들었다. 《시경》은 공자가 중국의 가장 오래된 시 3000여 편에서 311편을 엄선해 편찬한 것이다. 공자는 제자의 학문이 무르익고 학문을 논할 상대가 되면 "비로소 너와 시를 논할 수 있겠구나!"라고 말했다. 이 말은 공자가 제자에게 해줄 수 있는 최고의 찬사였다. 달리 말하면 "이제 너와 인생을 논할 수 있을 정도로 학문이 무르익었다."라는 말이다. 시는 인간의 가장 순수한 감정에서 우러나므로, 정서를 순화하고 다양한 사물을 인식하는 데는 그만한 전범이 없다는 것이 공자의 생각이었다.

《시경》에는 남녀의 사랑을 노래하는 시에서부터 군대 간 아들과 남편을 걱정하는 시가 있다. 장계향은 〈학발〉시를 쓰면서 《시경》에 나오는 그런 시들을 떠올렸을 것이다.

장계향은 이 시를 짓고서 연유를 기록해 놓았다. "이웃마을 여인의 남편이 변방의 수자리를 떠나가니, 80세가 된 남편의 어머니는 기절했다가 다시 소생했으나, 슬퍼한 끝에 거의 생명을 잃을 뻔하였다. 내가 이런 말을 듣고서는 그들의 사정을 슬피 여겨 이 시를 짓게 되었다."

어린 소녀였던 장계향은 슬픔에 빠진 이웃들의 아픔을 마치 자신의 아픔처럼 아파하고 있었던 것이다. 10여 세에 불과한 어린 소녀가 이렇게 가슴을 울컥하게 하는 시를 지을 수 있다는 게 참으로 놀랍다. 〈학발〉시는 내용도 훌륭하려니와 종이에다 초서체로 썼는데, 그 필법이 참으로 뛰어나 감탄을 자아냈다. 장흥효가 어느 날 초서의 대가인 정윤목에게 딸이 쓴 〈학발〉시의 초서체 글씨를 보여 주었다. 그러자 정윤목이 "이 글씨는 중국 사람의 필법이 아닐는지."라고 했다고 한다. 그 정도로 장계향의 필법이 훌륭했던 것이다. 장흥효에게서 〈학발〉시를 받은 장계향의 남편 이시명이 글을 쓰고, 그의 둘째 며느리가 여덟 마리의 용을 수놓은 함을 만들어 거기에 시를 간직하고서 명칭을 《전가보첩》이라고 썼다. 그것은 지금까지 후손 대대로 물려오면서 오늘날까지 전해져 오고 있다. 정조 때 채제공은 〈학발〉시를 보고 말하기를 "시경 3백 편 중에 여성이 지은 작품이 비록 많지만 〈학발〉시와 같은 작품은 없었다."라고 평했다고 한다.

장계향은 시집살이를 하면서도 가난한 이웃에 눈길을 돌렸다. 임진왜란이 끝나 흉년으로 굶어죽는 사람이 늘어만 가자 시아버지이자 의령현감을 지낸 운악 이함은 가난한 사람을 구휼하는 일에 정성을 쏟았다. 수천 석의 쌀을 내놓아도 모자라자 이번에 며느리인 장계향이 아이디어를 냈다. 집안에 일하는 사람을 모두 풀어 도토리를 주워오게 했고, 이를 죽으로 쑤어 1~2달 동안 하루 300여 명씩에게 나눠 줄 수 있었다.

시아버지가 세상을 떠나자 셋째 아들인 장계향의 남편은 본가에서 분가했다. 경북 영양군 석보면의 두들마을로 분가한 장계향은 집 주변에 도토리나무 숲을 만들었다. 여기에서 거둬들인 도토리로 죽을 쑤어 가난한 이를 구휼하기 위해서였다. 지금도 두들마을에는 그때 심은 도토리나무들이 즐비하다. 장계향은 옛날 공자 등 성인들처럼 배운 바를 몸소 실천에 옮긴 것이다. 그래서 그를 '여중군자'라고 칭하며 사대부들도 칭찬을 아끼지 않았다.

장계향이 '여중군자'라는 평판을 들을 수 있었던 것은 어쩌면 아버지 장흥효의 가르침 덕분이었을 것이다. 아버지는 장계향에게 여성의 한계에 대해 미리 말하지 않았고, 여성으로서 해야 할 일을 스스로 찾아 나서게 이끌었다. 그래서 장계향은 사내아이들처럼 사서오경을 공부하고, 또 시를 지으면서 재능을 드러낼 수 있었다.

장흥효는 평생 일기를 썼는데《경당일기》라는 이름으로 전해지고 있다.《경당일기》를 연구해 논문을 쓴 장윤수(대구교대 교수)는 "경당일기의 가장 큰 특징은 공부록"이라고 강조한다. "즉 자신의 수행과정과 독서록, 그리고 제자들을 교육시킨 방법과 내용, 교육서 목록이 자세하게 기록되어 있다는 점이다. 몇 월, 며칠에 제자 누구누구가 찾아와서 무슨 책을 어느 정도 읽었고, 그때 누가 어떤 질문을 해서 답변을 어떻게 했다는 식의 구체적인 기술이 상당 부분 차지한다." 그의 일기를 보면 얼마나 독서를 충실히 했고, 책을 통해 자기 성찰에 얼마나 힘썼는지를 엿볼 수 있다.

딸이 17세이던 1614년에 장흥효는 51세였는데 7월경에《중용》을 읽고 있었다. 9월 17일에는 사람들과《대학》을 해석하는 꿈을 꾸기도 했다. 그는《주역》을 늘 곁에 두고 읽었으며, 꿈을 꾸고 난 후에는《주역》으로 해몽을 하기도 했다. 또《대학》과《가례》를 제자들과 함께 읽었다. 그해 12월 19일에는 "군자의 도는 부부가 거처하는 방에서 시작된다."고 적고 있다. 이는《중용》에 나오는 말이다. 부부가 화목한 가정에서 비뚤어진 자녀는 결코 나오지 않는 법이다. 이는 내가 수많은 사람들의 사례를 인터뷰하면서 내린 결론이기도 하다. 장흥효도 이런 생각에서 군자의 도 역시 부부 사이에서 나온다고 본 것이다. 그래서 부부끼리도 서로를 '손님 대하듯' 하면 저절로 존중하게 된다고 한다.

1615년에는 새해 초부터《퇴계선생문집》을 읽기 시작했다. 이어《예기》를 읽고 7월에는《주역》과《역학계몽》,《중용》을 읽었다.《주역 계사전》,《황극경세서》,《통서》를 7월까지 읽었는데 "근독 공부가 아직 깊지 않다."고 적기도 했다. 근독은 신독과 같은 말로 홀로 수양하는 것이 부족하다는 뜻이다.

아버지가 이렇게 책 읽는 모습을 장계향은 늘 옆에서 보고 자랐다. '아이는 부모의 등을 보고 자란다'는 말이 있듯이 부모의 본보기만큼 소중한 교육은 없다. 장흥효는 "나쁜 생각을 막는 것이 가장 어렵다."(1616. 12. 16.)라고 일기에 적기도 하고 "밤에 꿈이 번잡하고 어지러웠다. 이것으로 공부가 얕고 깊은지를 짐작할 만하다."라고 적기도 했다. 이러한 일기를 통해 장흥효가 얼마나 학자로서 홀로 있을 때 스스로 공부와 수신에 힘썼는가를 알 수 있다. 그리고 그는 늘 독서를 하고 생각을 일기에 적었다. "홀로 자신만 배불리 먹는 것은 세상 사람을 모두 배불리 먹이는 것만 못하고, 홀로 자신의 몸만 선하게 하는 것은 세상 사람을 모두 선하게 하는 것만 못하다."
(1617. 4. 1.) 어쩌면 이 한 문장에 장흥효의 삶과 그가 딸에게 가르치고자 했던 생각이 함축되어 있다는 생각마저 든다.

18세 때 장계향은 《예기》를 다시 읽으면서 생각을 정리했다. 그는 《예기》의 〈내칙〉편을 여자를 구속하기 위한 것이라거나 제한하고 금기시하는 것들이라고만 여기지 않았다. 오히려 그 안에서 새로운 삶을 발견할 수 있을 것 같다는 깨달음을 얻었다. 이때의 깨달음은 장계향을 훌륭한 여성이자 어머니가 되도록 이끌었는데, 그 중심에는 늘 《예기》가 자리 잡고 있었다. 말하자면 《예기》는 장계향에게 캄캄한 밤하늘에 밝게 빛나는 샛별과도 같았다.

특히 장계향은 《예기》를 10세 때 읽은 《소학》과 비교하기도 했다. 또 아버지가 《심경》을 공부하면서 느낀 이야기를 자주 들려주었는데 그 뜻을 다시 음미해 보기도 했다. 장흥효는 《예기》를 가르치면서 이렇게 말했다.

"독서를 귀하게 여기는 까닭은 이것을 몸에 체행하기 때문이니 만일 그렇지 않는다면 책을 읽지 않은 것과 무엇이 다르겠느냐. 사람이 도를 떠나 살 수 없는 것은 마치 물고기가 물을 떠나 살 수 없는 것과 같다."

아버지는 배운 바대로 실천하라는 말을 들려준 것이다. 지식이 아무리 많아도 실천하지 않으면 아무런 의미가 없다. 오히려 아는 것이 독이 될 수 있나. 나눔을 실천하고 정의롭지 못한 일을 하지 않는 것이 바로 배운 바대로 실천하는 것이다. 장계향은 늘 아버지가 강조한 독서와 체행에 대해 마음속에 깊이 간직했다. 그래서 결혼 후에 가난하게 살면서도 늘 독서하고, 자녀들 또한 그런 정신으로 키워냈다.

'바보는 언제나 변명만 한다.'는 말이 있다. 달리 말하자면 똑똑하고 지혜로운 사람은 어떤 상황이 주어져도 결코 변명하지 않고 자신의 일을 찾아 최선을 다한다는 말이다. 장계향은 16세기에 여성의 한계를 명확하게 규정지은 조선 사회에서 비범한 삶을 살다간 신사임당처럼 결코 현실에 굴복하지 않고 자신의 역할을 다하며 훌륭한 어머니로서 살아갔다고 할 수 있다.

딸에게 세상 이야기를 자주 들려주어라

유대인들 사이에는 아버지가 매주 안식일에 방문을 닫고 자녀와 마주 앉아 인생의 상담자 역할을 하는 아름다운 풍속이 있다. 이때 자녀는 아버지에게 인생 조언을 구하고, 아버지는 탈무드에서 배운 삶의 지혜를 전수해 준다. 또한 어머니는 매일 15분에서 20분 동안 아이와 둘 만의 시간을 보낸다. 에스겔 에마뉴엘의《유태인의 형제 공부법》에 따르면 엄마와 아이 둘 만의 시간은 아이가 아장아장 걷기 시작할 무렵부터 시작된다. 이는 아이들이 각자 부모로부터 개인적인 관심을 충분히 받는다고 느끼는 데 상당한 도움이 된다고 한다. 저자의 어머니는 아이들에게 이것을 이렇게 설명했다고 한다. "아이는 누구나 자기만 특별하다는 느낌을 받아야 한단다. 하루에 아주 잠깐씩이라도 말이야."

예전 우리나라가 대가족으로 살 때 식사 시간은 가족 모두가 얼굴을 보고 하루 동안 일어난 일들을 보고하는 시간이었다. 아이들은 식사 시간을 통해 귀중한 이야기들을 들을 수 있었다. "오늘 누구네 집에서 이런 일이 있었다."라거나 "오늘 시장에 가서 누구를 만났더니 누구의 소식을 들을 수 있었다."라는 등등의 이야기에서부터 각양각색의 이야기들이 오고 간다. 아이들은 아버지와 어머니, 삼촌 등이 하는 이야기를 통해 이웃에서 일어난 일이며 세상의 소식을 들을 수 있다. 언젠가 그러한 이야기들이 귀중한 지식이 되기도 하고 삶의 지침으로 작용하기도 한다.

아버지 장흥효는 며칠씩 외출을 하고 돌아오면 으레 딸에게 그동안 있었던 이야기를 들려주었고, 그동안 집에서 있었던 일을 딸에게 듣기도 했다. 자녀에게 세상 이야기를 들려주는 것은 독서보다 더 큰 공부가 될 수 있다. 부모가 사회에서 보고 듣고 겪은 이야기를 들려주는 것만으로도 호기심 많은 아이라면 세상을 읽기 시작할 것이기 때문이다. 굳이 자녀에게 들려주는 형식이 아니고 부부끼리 서로 세상사를 이야기하는 형식이어도 좋다. 아이는 귀담아듣지 않는다고 해도 자신에게 필요한 부분은 듣기 마련이다. 그게 진짜 공부일 것이다. 이때 물론 아이에게 읽히고 싶은 책 이야기를 슬쩍 끼워넣어도 좋다. 아이는 책 내용이 궁금하고 호기심이 생기면 그 책을 언젠가는 볼 것이다.

나는 신문을 보다 '나를 흔든 시 한 줄' 코너에 미국의 시인 잭 로거우의 〈스케이팅 레슨〉이라는 시를 발견했다.(중앙일보, 2014년 5월 29일)

아이스 링크 가장자리로 여섯 살짜리 딸을 이끈다.

(중략)

스케이트를 신은 딸은 내 손을 잡고

조심조심 나를 따라온다.

그러다가 발이 미끄러지면

놀라서 나를 꽉 붙잡는다.

(중략)

오늘 딸은 내 옆에서 혼자서도 스케이트를 잘 탄다.

내 손도 안 잡은 채

불안하게 첫발을 내밀며 딸은 말한다.

"아빠가 옆에 있으면 곁에 없다고 생각하고

아빠가 옆에 없으면 곁에 있다고 생각하지."

이 시는 김성곤 한국문학번역원장이 자신의 미국 체류 경험을 곁들이며 소개했다. 그 역시 미국에서 어린 딸과 함께 아이스링크에서 스케이팅 레슨을 받은 적이 있었다. 김원장은 "내 딸도 지금은 성장해서 내 곁을 떠나갔다."면서 "이 시는 험난하고 차가운 세상으로 독립해서 떠나가는 어린 딸의 성장과정을 지켜보는 아버지의 심정을 잘 묘사하고 있다."고 적고 있다.

이 시에서처럼 아이는 언젠가 부모 곁을 떠나기 마련이다. 그때까지 부모가 해줄 수 있는 것은 아이가 홀로서기를 제대로 할 수 있도록 돕는 것이다. 넘어지기라도 할까봐 마냥 손을 놓지 못하면 아이는 결코 스케이트를 제대로 탈 수 없다. 마찬가지로 장흥효가 딸에게 《예기》를 읽히거나 세상 이야기를 즐겨 들려준 것은 혼자서도 세상을 잘 헤쳐나가게 하고 싶은 깊은 뜻이 담긴 것이다.

책을 통해 꿈을 설계하도록 이끌어라

장계향은 7세에 혼자서 《천자문》을 독파했고 아버지의 서재에서 본격적으로 책을 접하기 시작했다. 아버지는 딸이 《천자문》을 깨우치자 직접 가르치기로 했다. 11세에 《소학》과 《사략》을 가르치기 시작했는데 이내 외울 정도였다. 아버지는 그럴수록 딸이 책 읽는 재미에 빠질까봐 걱정이 앞섰다. 그래서 여성으로서 살아가는 법을 담고 있는 《예기》를 자주 읽도록 했다. 영리한 아이는 아버지가 《예기》를 자주 읽으라고 한 이유를 금세 알아차렸다. "여자는 재능을 가진 것이 허물이 된다."라는 부분을 읽고서 장계향은 크나큰 충격을 받았다. 그런데 뒤이은 부분은 더더욱 그를 충격으로 몰아넣었다. "그 허물은 길러주신 부모에게도 허물이 되고, 혼인한 뒤에는 시부모와 남편에게도 허물이 된다."라는 구절이었다.

하지만 장계향은 《예기》를 통해 여자라는 신분의 한계를 짓지 않고, 오히려 자신이 앞으로 걸어가야 할 길을 발견했다. 그것은 바로 '음식'이었다. 장계향은 소문날 정도였던 어머니의 음식 솜씨를 부러워하고 있었는데 《예기》에 바로 음식에 대한 부분이 나와 있었다. 계절에 맞는 음식 만드는 방법이 불현듯 눈에 번쩍 띄었다. 거기에서 음식 만드는 방법은 물론 보관하는 법도 배울 수 있었다. 이것은 훗날 우리나라 최초의 음식 조리서인 《음식디미방》의 탄생으로 이어진다.

이때부터 장계향은 음식에 대한 관심을 부쩍 키웠다. 그러면서도 《논어》와 같은 경전 공부도 소홀히 하지 않았다. 벼슬길에 나갈 수 없어도, 남자가 아니어도, 여성으로 음식을 만들고 자녀를 낳고 키우고 살아간다고 해도 언젠가는 글공부가 도움을 줄 수 있다고 생각했다. 더구나 자신에게 도움을 주지 않아도, 자신이 글공부로 성공할 수 없어도 자식이나 손자에게 도움을 줄 수 있다고 생각했다. 글공부를 통해 자기 수양을 하고 자신을 되돌아보며 성찰할 수 있는 시간을 가질 수 있는 것도 크나큰 기쁨이었다.

장계향의 나이 15세에 불행하게도 어머니가 역질에 걸려 몸져누웠다. 장계향은 어머니의 간병에 최선을 다했고, 살림살이를 도맡았다. 이때 어머니 권씨 부인은 "여자로 살아가자면 음식을 배우기는 해야겠지."라고 하면서 이것저것 조리법을 들려주었다. 그러자 계향은 어머니에게 "음식은 남자 여자의 문제가 아니라고 봅니다. 음식에는 하늘의 이치가 들어 있다고 하셨잖아요. 남자 여자도 하늘의 이치일걸요. 음식은 그 음양을 각각 자라게 하고 모자라면 채워 주고 넘치면 덜어내는 것이라고 아버지가 말씀하셨습니다."라고 답했다. 그는 음식이 하찮은 것이 아니라 사람을 키워내는 의미 있는 일이라고 생각한 것이다. 장계향은 자신의 일을 소중히 여겼는데 이것은 성공으로 이끄는 최고의 마음가짐이라고 할 수 있다.

흔히 어머니 손맛은 딸이 물려받는다고 한다. 장계향의 어머니 권씨 부인은 시집오기 전 음식을 잘 배워 음식 잘하기로 소문이 나 있었다. 어머니가 음식 만들기를 좋아해서인지 장계향도 디딜방아 찧기를 좋아했다. 디딜방아를 찧으면 여러 재료가 떡이며 술이며 맛있는 음식으로 재탄생했다. 그런데 어머니가 몸져눕게 되자 덜컥 겁이 났다. 그렇잖아도 아들을 못 낳아 늘 죄스럽던 어머니가 이번에는 역질에 걸린 것이다. 아버지는 할아버지와 할머니, 그리고 동생마저 역질로 세상을 떠났기에 더 마음을 졸이면서 아내의 병간호에 전념했다.

어머니는 두 달만에 다시 일어났다. 그때부터 새 삶을 사는 것 같다면서 딸에게 손맛을 전수했다. 장계향도 책 읽기보다 어머니의 손맛 배우기에 심혈을 기울였다. 어머니는 딸에게 요리법을 가르치면서 무엇보다 음식에도 예법이 있다고 강조했다.

"음식의 재료가 되는 것은 모두 생명체이기 때문에 재료를 대할 때는 언제나 생명의 존귀함을 잊지 말아야 한다." 어머니는 "음식에도 하늘의 이치가 있다."라고 강조했다. 이는 다른 생명에 대한 존중과 측은지심을 강조한 것이다. 다른 생명에 대해 불쌍히 여기고 가엾게 여기는 마음이 없다면 아무리 많은 지식을 쌓고 경전을 공부해도 인산성을 느낄 수 없기 때문이다.

장계향은 73세 때인 1670년에 어머니로부터 물려받은 조리법에 자신의 조리법을 더해《음식디미방》이란 책을 펴냈다. 조선 시대에는 사대부들도 생전에 자신의 책을 내지 않는 것이 관례인데 지극히 이례적인 일이었다. 이 책에는 146개 항의 조리법이 담겨 있다. 이를 크게 분류하면 면병류, 어육류, 주류 및 초류이다. 면병류에는 국수와 만두, 떡 등 밀가루 음식 18가지, 어육류에는 물고기와 육고기 음식 44가지 등 모두 74가지, 주류 및 초류에는 54가지의 조리법이 실려 있다. 장계향은 이 책의 머리말에 이렇게 적고 있다.

"이 책은 매우 눈이 어두워 간신히 썼으니 그 뜻을 잘 알아서 그대로 시행하고, 딸자식들은 각각 베껴 가되 이 책 가져갈 생각은 하지 말고, 부디 상하지 않게 간수해서 훼손하지 말라."

이 책은 순 한글로 쓰였지만 표지 뒷면에 한시 한 수가 적혀 있어서 부인의 빼어난 한문 실력도 짐작케 해준다. 조선 시대 초엽 이래로 강정과 같은 건정류에 관한 기록은 있으나, 그 제조법은 밝혀지지 않다가《음식디미방》에서 비로소 건정류의 과학적 조리 가공법이 최초로 밝혀졌다고 한다. 디미는 지미(知味)의 당시 한글 표기다. 조선 시대에는 여성이 책을 저술하여 남긴다는 것 자체가 사회적 통념에 어긋난 일이었다. 그 때문에 여성은 자신이 쓴 책을 스스로 불사르기도 하였다.

장계향은《예기》를 읽으면서 여성으로서의 한계를 절감하며 남편과 아들 교육에 헌신했지만 자신이 해야 할 일 또한 잊지 않았다.《음식디미방》은 조선 시대에 한 가문에서 내려오는 조리법을 과학적으로 전하는 책이지만, 그 속에는 여인들의 요리에 대한 시름과 걱정을 덜어 주려는 깊은 의도가 담겨 있었다고 볼 수 있다.

장계향은 남편이 분가한 후에 무려 일곱 차례나 이사를 다녔다고 한다. 이에 대해 장윤수 교수는 "기록에 남아 있는 이사만 일곱 번이나 된다."면서 "이는 자녀들에게 더 좋은 교육환경을 만들어 주기 위해 이사한 것으로 보인다."고 부연했다. 고단한 시집살이 속에서도 목표와 꿈을 잊지 않았기에 《음식디미방》이라는 책을 낼 수 있었던 것이다. 이 책은 일반 독자를 대상으로 쓴 것이 아니라 딸과 며느리들에게 조리법을 전하기 위하여 정리한 것임을 밝히고 있다. 여성이 책을 냈다는 세상의 시비를 잠재우면서도 자신의 목표를 끝내 이루는 모습에서 가부장적인 질서가 완강했던 17세기를 살다간 여인의 옹골찬 모습을 엿볼 수 있다.

　　장계향은 시집오기 전에 어머니가 했던 말을 어려울 때마다 떠올리며 힘을 얻곤 했다. 가장 힘이 되어 준 말이 "너의 재주를 썩히지 말라."는 당부였다고 한다. 정동주의 《장계향 조선의 큰어머니》에는 장계향의 어머니인 안동 권씨의 가르침을 이렇게 재현하고 있다.

　　"여자란 밥상 차리고, 빈 그릇 씻고, 빨래하고, 아이 낳고 늙어가다가 죽어서는 성만 덩그러니 남고 제 이름조차 챙기지 못하는 존재인 것이다. 그래서 더욱 허망한 것도 같다. 하지만 정녕 그 정도뿐인 것 같지는 않다. 만일 여자도 남자들처럼 자신만의 이상을 설정해, 그 이상을 실현시킬 수 있는 방법으로서의 수신과 애인과 애민을 할 수 있다면 얼마나 좋겠는가. 너는 타고난 재주를 죽이지 말고, 어떻게는 살려서 여자의 몸이지만 남자들이 누리고 펼치는 세상 맛을 보고 죽어라."

장계향은 19세 때 안동 금계리에서 영덕 인량리로 시집을 갔다. 남편은 아버지 장흥효의 제자였던 이시명이었다. 장계향의 시아버지인 이함도 56세 때 과거 시험에 합격했다. 그만큼 공부에 대한 열의가 컸던 인물이다. 그런 부친 밑에서 자란 이시명은 장흥효의 학식을 존경해 영덕에서 안동까지 먼 길을 걸어 찾아와 스승으로 청했다. 그런데 장흥효는 이시명의 학문과 인간성을 보고 외동딸인 장계향을 그에게 시집보냈다. 당시 이시명은 두 자녀를 둔 홀아비였다. 이는 제자의 학문과 인간성을 높이 사지 않고서는 불가능한 선택이었을 것이다. 그만큼 제자 사랑이 각별했다고 할 수 있다.

장계향은 결혼하기 전 아버지의 서재에서 아버지가 읽던 경전을 즐겨 읽었다. 그때 맹자와 순자의 성선설과 성악설에 대해서도 알 수 있었다. 장계향은 선을 알고 이를 행하는 것은 분리될 수 없다고 생각했기에 선의 실천을 자식들에게 강조했다. 장계향은 자녀들에게 늘 성현의 말씀을 들려주고 성인을 닮기 위해 늘 힘써 공부하고 선행을 실천하라고 강조했다. 오늘날 이런 어머니가 있을까. 요즘 어머니들은 자녀의 학업 성적에 신경 쓰느라 선행을 하라느니 하는 말을 하지 않을 것이다. 그러나 훗날 큰사람이 될 '싹'은 어린 시절부터 보이는 법이다.

장계향은 손자들을 교육하는 데도 소홀히 하지 않았다. 손자 이은에게 성인을 배우라는 시를 써 주기도 했다.

네가 벗을 작별한 시를 보니 / 그 시 속에 성인을 배우려는 말이 있었다 / 내 마음이 기뻐서 다시 칭찬하여 / 짧은 시 한 편을 지어 너에게 준다.

부인은 자녀들뿐만 아니라 손자와 손녀들에게 늘 '사람이 되라'고 가르쳤다. 특히 어머니는 자녀들에게 순자가 강조한 '예'에 대해 즐겨 들려주었다. "예란 너무 길면 자르고, 너무 짧으면 잇고, 남으면 덜어내고, 모자라면 채우며, 사랑과 존경의 형식을 확대하고, 올바른 행동의 아름다움을 한 단계씩 완성시켜 가는 것이다."

이시명은 《소학》 공부를 평생 지속했고, 장계향 또한 열악한 상황에서도 가난한 이웃들과 나눔을 실천하면서 자식교육에 힘썼다. 장계향은 '굶주림을 즐긴다'는 '낙기대(樂飢臺)'라는 말을 즐겨 썼다고 하는데, 지금도 두들마을에 가면 낙기대 글자가 바위에 새겨져 있다. '부창부수'란 이런 경우를 일컫는 말일 게다. 이들 부부의 삶은 그 자체가 자녀들에게 교훈이 되고도 남는다. 부모들은 예나 지금이나 자녀들을 풍족한 상태에서 키우려고 하지만, 풍족함이 되레 독이 될 수도 있다. 오히려 결핍과 가난한 삶이 자녀들에게 일찍 철이 들게 하고 삶의 의미를 깨우치고 도전하는 삶을 살게 한다.

다만 이때 부모가 항상 책을 가까이 하고 늘 부부가 함께 독서를 한다면 그보다 더 위대한 교육은 없을 것이다. 이시명과 장계향 부부가 바로 그런 부부였다. 그런 분위기 속에서 아버지와 아들이 시를 주고받았다. 이시명은 72회 생일을 맞아 자식들에게 받은 술잔을 비우면서 시 한 편을 짓고 자식들에게 운율을 덧붙여 보라고 했다.

아침 일찍 일어나 단정하게 옷을 입고 앉았노라니 / 문득 마음이 고요해지는구나 / … 세상이 청나라에 굴복했다는 말 들으니 근심되고 / 사람들이 성현의 가르침을 소홀히 하니 걱정이구나. / 아이에게 술 한 잔 따르게 하고 / 시 읊어 금일이 태평하길 비누나.

이에 일곱 명의 아들이 순서대로 시를 읊어 아버지의 시에 화답했다. "시 읊어 모두들 아버님께 만수를 비네."라는 셋째 아들 이현일의 싯구처럼 참 다복하고 화목한 집안 풍경이 아닐 수 없다. 지금도 이런 문화를 지닌 집안이 있을까.

이런 분위기 속에서 형제들도 글을 지어 서로 읽으면서 조언해 주었다. 또 아버지가 《소학》을 강론할 때면 자녀들과 이웃의 사람들, 제자들이 그 강의를 듣기 위해 모여들었다. 또 형제가 강의할 때에도 다른 형제들이 와서 경청하고 토론했다. 한번은 훗날 이조판서가 된 셋째 아들 이현일이 《중용》을 강의한 적이 있었는데 이 자리에 형들도 참석했다.

그런데 이현일이 《중용》 강론을 하게 된 것은 어머니 때문이었다. 장계향은 《중용》을 읽고 느낀 점들을 자녀들에게 이따금씩 들려주었는데, 이현일은 그때 어머니가 들려준 지혜에 크게 감명을 받아 《중용》 공부를 시작했다고 한다. 그때 장계향은 58세였고, 아들 현일은 29세였다. 당시 이현일은 소과에는 합격했지만 과거 시험을 단념하고 학문에 정진하기로 결심한 직후였다. 말하자면 어머니 장계향은 자녀들이 학문에 입문하도록 이끈 촉매와 같은 역할을 한 것이다. 이렇게 공부한 이현일은 학문이 높은 경지에 올라 과거 시험을 거치지 않고도 훗날 이조판서에 올랐다. 또한 이휘일, 현일 형제는 훗날 《홍범연의》의 집필을 거의 30년에 걸쳐 완성하기에 이른다. 《홍범연의》는 인간이 꿈꾸는 이상국가론에 대한 내용인데, 공자 때부터 학자들이 집필을 시도했지만 완성한 사람이 없었던 저서였다.

장계향은 자녀들에게 누구나 선행을 하면 성인이 될 수 있다고 가르쳤다. 과거 시험에 합격해 높은 지위에 오르는 것도 중요하지만 그보다 선행을 실천하는 게 더 중요하다고 가르쳤다. 그 결과 7형제와 15명의 손자들 모두 학문으로 높은 경지에 올랐다. 학자로 이름 높았던 장계향의 아버지 장흥효에 이어, 아들 이현일과 손자 이재도 퇴계의 적통을 잇는 학자로 인정받았다.

책을 읽어 주는 어머니 밑에서 자란 아이는 나중에라도 책을 찾는다. 이때 어머니가 굉장히 많은 책을 읽어야 한다거나 학식을 소유해야 한다는 부담감을 가질 필요는 없다. 괴테의 어머니 카타리나의 경우, 겨우 독일어를 읽는 수준이었지만 아이들에게 책을 읽어 주는 것으로 어머니로서의 역할을 다했다.

흔히 자녀교육에서 강조되는 것이 역할 모델이다. 자신이 꿈꾸는 일을 이루기 위해 먼저 그 분야에서 큰 성취를 이룬 사람을 본보기로 삼아 정진하기 위해 필요한 존재가 바로 역할 모델이다. 그래서 부모는 자녀에게 역사상 위대한 인물이나 주변에서 본받을 만한 사람을 역할 모델로 정할 것을 강조하곤 한다. 역할 모델은 비단 자녀들에게만 필요한 존재가 아니라 부모에게도 필요하다. 부모가 자녀교육을 제대로 하기 위해서는 이미 자녀교육에서 나름대로 성취를 이룬 부모를 역할 모델로 삼아 보기 바란다. 시행착오를 줄이고 흔들리는 마음을 바로잡아 주는 등대와 같은 역할을 해줄 수 있기 때문이다. 역할 모델은 역사적 인물뿐만 아니라 자녀교육에 성공한 주변 어머니들의 사례에서 찾을 수도 있을 것이다.

장흥효 가의 독서비법 7
– 딸을 현명한 여성으로 키우는 독서법

1. 아버지가 딸의 독서 코치가 돼라.

장계향에게는 여자라는 한계를 짓지 않고 아들처럼 키우고자 한 아버지가 있었다. 아버지는 딸을 독서 세계로 이끌며 재능을 키워주는 스승 역할을 했다. 장흥효는 딸에게 여자는 이렇게 살아야 한다느니 하는 말은 일체 하지 않았다. 대신 딸이 스스로 여성으로서 위치를 깨닫고 현실을 헤쳐나가기를 바랐다.

2. 이웃의 아픔을 지나치지 말고 글로 써보라.

어린 소녀였던 장계향은 슬픔에 빠진 이웃들의 아픔을 마치 자신의 아픔처럼 아파해서 〈학발〉 시를 지었다. 또한 시집살이를 하면서도 가난한 이웃에 눈길을 돌렸다. 임진왜란이 끝나 흉년으로 굶어죽는 사람이 늘어만 가자 시아버지이자 의령현감을 지낸 운악 이함은 가난한 사람을 구휼하는 일에 정성을 쏟았다.

3. 환경을 탓하며 독서를 게을리하지 말라.

'바보는 언제나 변명만 한다.'는 말이 있다. 달리 말하자면 똑똑하고 지혜로운 사람은 어떤 상황이 주어져도 결코 변명하지 않고 자신의 일을 찾아 최선을 다한다는 말이다. 장계향은 결코 현실에 굴복하지 않고 자신의 역할을 다하며 훌륭한 어머니로서 살아갔다.

4. 딸에게 세상 이야기를 자주 들려주어라.

아버지 장흥효는 며칠씩 외출을 하고 돌아오면 으레 딸에게 그동안 있었던 이야기를 들려주었고, 그동안 집에서 있었던 일을 딸에게 듣기도 했다. 자녀에게 세상 이야기를 들려주는 것은 독서보다 더 큰 공부가 될 수 있다.

5. 책을 통해 꿈을 설계하도록 이끌어라.

장계향은 《예기》를 통해 여자라는 신분의 한계를 짓지 않고, 오히려 자신이 앞으로 걸어가야 할 길을 발견했다. 그것은 바로 '음식'이었다. 장계향은 우리나라 최초의 음식 조리서인 《음식디미방》을 저술한다.

6. 한계를 짓지 말고 꿈을 향해 나아가게 하라.

장계향은 《예기》를 읽으면서 여성으로서의 한계를 절감하며 남편과 아들 교육에 헌신했지만 자신이 해야 할 일 또한 잊지 않았다. 《음식디미방》은 조선 시대에 한 가문에서 내려오는 조리법을 과학적으로 전하는 책이지만, 그 속에는 여인들의 요리에 대한 시름과 걱정을 덜어 주려는 깊은 의도가 담겨 있었다고 볼 수 있다.

7. 책 읽는 아이로 만들려면 책 읽어 주는 엄마가 돼라.

장계향은 자녀들에게 늘 성현의 말씀을 들려주고 성인을 닮기 위해 늘 힘써 공부하고 선행을 실천하라고 강조했다. 장계향은 손자들을 교육하는 데도 소홀히 하지 않았다. 손자 이은에게 성인을 배우라는 시를 써 주기도 했다.

◉ 장흥효 – 장계향을 만든 독서 리스트

흔히 '읽고 싶은 부분만 읽는다'는 말이 있다. 독서할 때 자신의 귀에 거슬리는 문구나 자신과 의견이 맞지 않는 구절이 나오면 읽지 않는데, 이는 올바른 독서법이 아니다. 모든 책은 읽는 사람의 마음에 달려 있다. 《예기》의 〈내칙〉편은 특히 전통 사회에서 여성의 역할에 한계를 짓고 그 범위 내에서 살 것을 강요한 내용으로 일관되어 있다. 이때 문구에 얽매여 이 책을 읽으면 그야말로 고리타분한 책, 여성을 억압하는 책으로만 읽힐 것이다. 그러나 어떤 책이든 그 책에는 수많은 지혜들이 담겨 있다.

《예기》에는 이런 구절이 있다.

"어린아이는 갖옷과 비단옷을 입지 않으며, 신코를 꾸미지 않는다." 여기에는 이런 해설이 곁들여 있다. 어린아이에게 가죽으로 만든 두터운 갖옷을 입히고 비단옷을 입히는 것은 너무 따뜻하게 해서 도리어 건강을 해칠 뿐만 아니라, 또 사치심을 조장하는 것이다. 활동하기 편한 옷을 입혀서 마음껏 뛰놀며 꿈을 키우게 해야 한다. 이 말은 오늘날에도 여전히 유효하다. 요즘 부모들은 이와 달리 자녀가 추울세라 또 기가 죽을세라 심지어 수백만 원짜리 방한 의류를 사 주기도 한다. 《예기》의 말을 잘 지킨다면 아이도 건강하고 더 도전적인 꿈을 키울 수 있지 않겠는가.

《소학》은 장흥효 가에서도 모든 공부의 기본으로 먼저 가르쳤다.

《주역》

장흥효는 《주역》을 공부하면서 한편으로 자신의 학문을 깊이 연구하면서도 외동딸 계향에게는 주역에 담겨 있는 음과 양의 이치 등을 잘 설명해 주었다. 음양의 이치는 하루로 치면 낮이 가면 밤이 오는 것이고 사람으로 치면 번성기가 가면 쇠퇴기가 오는 것과 같다. 쇠퇴기라면 열심히 노력하면 다시 융성하는 시기를 맞이할 수 있다. 또 융성기라면 쇠퇴기가 오더라도 당황하지 않게 대비책을 세워 놓아야 한다. 이런 식으로 장흥효는 딸에게 《주역》을 가르쳤다. 아버지와 딸의 모습이 눈에 선하게 떠오른다. 상상만으로도 참으로 아름다운 장면이 아닐 수 없다.

《십구사략》

중국의 태고에서부터 원나라까지의 19사를 요약한 사서로 명나라의 여진(余進)이 '십팔사략'에 '원사(元史)'를 간추려 편찬한 것이다.

◉ 장흥효–장계향 관련 교양 필독서

정동주, 《장계향 조선의 큰어머니》(한길사, 2013)

장계향이 여성 성리학자로 자리매김해가는 성장과정과 장흥효의 가르침을 추적하고 있다.

이문열의 소설 《선택》

이시명과 장계향의 후손인 소설가 이문열의 소설 《선택》은 정계향이 주인공으로 나온다. 소설의 출간 당시 반페미니즘적이라는 지적과 함께 사회적으로 논란이 되기도 했다.

김서령의 《안동장씨 400년 명가를 만들다》

7장

조선의 베스트셀러 작가,
김만중 가

– 베갯머리교육 원조가 된 '구송'의 힘

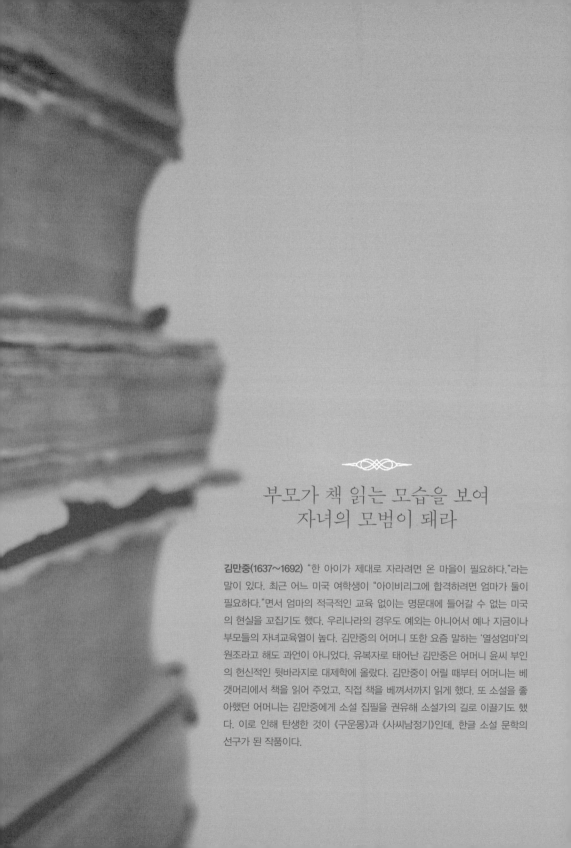

부모가 책 읽는 모습을 보여 자녀의 모범이 돼라

김만중(1637~1692) "한 아이가 제대로 자라려면 온 마을이 필요하다."라는 말이 있다. 최근 어느 미국 여학생이 "아이비리그에 합격하려면 엄마가 둘이 필요하다."면서 엄마의 적극적인 교육 없이는 명문대에 들어갈 수 없는 미국의 현실을 꼬집기도 했다. 우리나라의 경우도 예외는 아니어서 예나 지금이나 부모들의 자녀교육열이 높다. 김만중의 어머니 또한 요즘 말하는 '열성엄마'의 원조라고 해도 과언이 아니었다. 유복자로 태어난 김만중은 어머니 윤씨 부인의 헌신적인 뒷바라지로 대제학에 올랐다. 김만중이 어릴 때부터 어머니는 베갯머리에서 책을 읽어 주었고, 직접 책을 베껴서까지 읽게 했다. 또 소설을 좋아했던 어머니는 김만중에게 소설 집필을 권유해 소설가의 길로 이끌기도 했다. 이로 인해 탄생한 것이 《구운몽》과 《사씨남정기》인데, 한글 소설 문학의 선구가 된 작품이다.

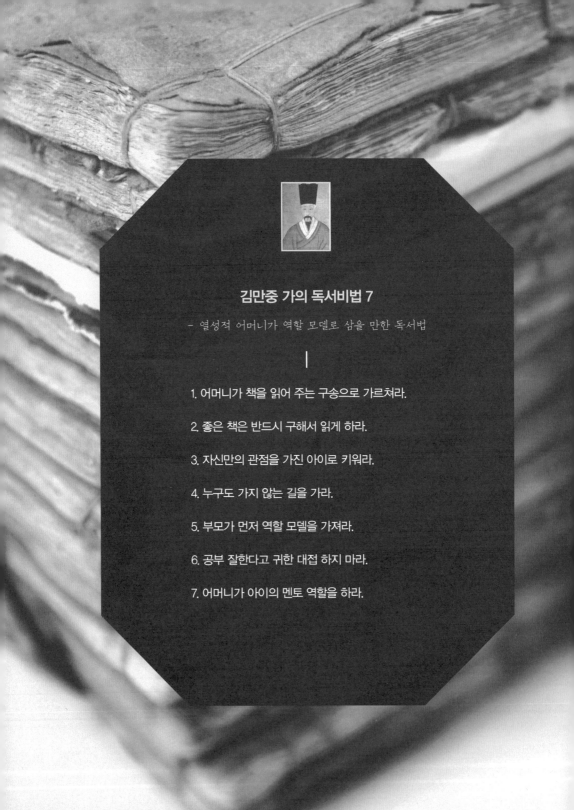

김만중 가의 독서비법 7

- 열성적 어머니가 역할 모델로 삼을 만한 독서법

|

1. 어머니가 책을 읽어 주는 구송으로 가르쳐라.

2. 좋은 책은 반드시 구해서 읽게 하라.

3. 자신만의 관점을 가진 아이로 키워라.

4. 누구도 가지 않는 길을 가라.

5. 부모가 먼저 역할 모델을 가져라.

6. 공부 잘한다고 귀한 대접 하지 마라.

7. 어머니가 아이의 멘토 역할을 하라.

병자호란으로 남한산성에 피신 중이던 인조가 청나라에 항복하자 김만중의 아버지는 강화도에서 분신 자결했다. 그 시각 김만중의 어머니 윤씨 부인(1617~1689)은 강화도를 빠져나오며 엄동설한에 배 위에서 아들을 낳았다. 윤씨 부인에게는 두 아들이 있었는데 '아비 없는 자식'이라는 소리를 들을까봐 어린 형제에게 책을 얻어다 읽혔다. 그뿐만 아니라 두 아들이 책 읽기를 게을리할까 경계하여 부인 자신이 더 열심히 독서에 매진했다. 어머니가 아들에게 먼저 모범을 보인 것이다. 또한 부인은 아들이 젖먹이일 때부터 책을 읽어 주며 글의 뜻을 들려주는 '구송(口誦)' 방식으로 교육했다. 어머니의 훌륭한 교육 덕분에 김만기와 김만중 형제는 훗날 대제학 자리까지 오른다.

김만기의 딸은 훗날 숙종의 부인, 즉 왕비인 인경왕후가 된다. 아버지를 보지 못한 유복자로 태어난 김만중은 어머니에 대한 효성이 지극했다. 김만중은 "어머니가 몸소 글을 가르쳤다."라며 다음과 같이 적고 있다.

"어머니는 명석하여 경서와 역사에 통달했으므로 내가 젖먹이일 때부터 구송하여 글을 가르쳤다.《소학》과《십팔사략》,《당시》같은 것들도 어머니가 다 가르쳤다. 어머니는 읽는 것을 듣기만 해도 그 뜻을 알아차렸다. 자애로움이 매우 남달랐으나 읽기를 숙제 내줄 때에는 지극히 엄했다." 이처럼 김만중은 3세 때부터 어머니가 들려주는 글과 뜻을 들으며 자랐다.

　어머니의 지극정성 덕분인지 김만중은 어머니에 대한 효심이 깊었다. 김만중이 지은 한문 소설로 우리에게 잘 열려진《구운몽》은 그가 유배지에서 어머니를 위해 하룻밤 만에 지은 작품이었다.

　어린 시절 김만중은 어머니 윤씨 부인과 함께 한양(소공동 부근)의 외가에서 살았다. 윤씨 부인은 선조 임금의 딸인 정혜옹주의 손녀로 할머니에게《소학》을 배우며 컸다고 한다. 그리고 14세에 시집을 와서 17세에 김만기를 낳고 5년 후 김만중을 낳았다. 김만중의 아버지 김익겸이 순절했을 때 어머니는 21세에 불과했다.

　사실 김만중의 집안은 우리나라를 대표하는 대학자가 두 명이나 나온 집안이다. 학문으로는 다른 어느 가문에 비해 손색이 없다. 그의 증조할아버지 사계 김장생은 율곡 이이의 제자다. 김장생의 아버지 김계휘의 친구가 율곡 이이와 우계 성혼, 구봉 송익필이었으므로 김장생은 특별히 그들을 찾아가 공부할 수 있었다. 어릴 때 어머니를 여읜 김장생은 할아버지가 키웠다. 손자가 병약한 데다 어머니를 일찍 여읜 것을 불쌍히 여겨, 항상 곁에 두고 스승에게 보내지 않았다고 한다. 그는 할아버지에게 글을 배웠지만 공부는 멀리했고, 과거 공부 역시 멀리하였다. 나중에 김장생은 "나는 기질이 어리석고 둔하여 어려서부터 배움을 잃고 과거의 글공부에도 뜻이 없었다."라며 유년기를 회상했다. 10세 때 아버지 친구인 송익필의 문하에 들어가 글을 배우고 사서육경과 《근사록》 등을 공부해 대학자가 되었다.

김장생은 먼저 《소학》을 학자의 기본으로 믿어 행했고, 밤마다 《중용》, 《대학》, 《심경》, 《근사록》 등을 돌려가며 여러 번 읽고 암기하였다. 이 공부법은 훗날 김만중 등이 그대로 따르며 공부했다. 김장생의 경우처럼 어릴 때부터 조기교육에 나서지 않아도 될성부른 아이는 공부를 하게 되어 있다. 김장생의 아들인 김집도 대학자가 되어 아버지 김장생과 함께 '동국 18현'에 뽑혔다.

김만중의 집안은 그런 내로라하는 집안이지만 어머니는 두 아들을 데리고 친정살이를 했다. 김만중의 외할아버지는 아들이 없었는데, 외손자가 아들이자 손자 역할을 해 근심걱정을 잊었다고 한다. 어머니 윤씨 부인은 두 아들을 키우면서 손에서 항상 책을 놓지 않았다. 친정살이를 하는 틈틈이 시간이 조금이라도 나면 책을 펴고 읽으면서 스스로를 달랬다. 윤씨 부인의 할아버지는 그런 모습을 보고 "손녀가 아들이었다면 우리 집안에서 대제학이 나오지 않았겠느냐."라고 한탄했다고 한다.

윤씨 부인은 할머니 정혜옹주로부터 물려받은 가르침을 실천하며 두 아들을 키워냈다. 먼저 아들들이 8세, 3세가 되었을 때 아버지에게 외손자들의 스승이 되어 달라고 부탁했다. 그런데 이듬해에 시아버지와 친아버지가 잇달아 세상을 떠나는 바람에 두 아들은 졸지에 스승을 잃고 말았다. 이때부터 윤씨 부인은 두 아들에게 《소학》과 《십팔사략》, 《당시》 등을 직접 가르쳤다. 어머니의 입장이자 스승의 입장에서 아들을 가르치면서도 결코 학업

과정을 독촉하지 않았다.

윤씨 부인은 "내가 죽지 않은 것은 아비 없이 외롭게 크는 아이들을 제대로 세우기 위함이니, 만일 어려서 가르침을 잃어서 마침내 배우지 못한 무식한 사람이 되면 비록 장성한다 해도 자식이 없는 사람과 다르지 아니할 것."이라고 말했다. 그리고 두 아들에게 모범을 보이기 위해 윤씨 부인 자신이 더 독서에 열중하는 모습을 보였다.

새뮤얼 스마일스가 쓴 《인격론》을 보면 어머니의 역할이 어린 시절 얼마나 중요한지 알 수 있다.

"아이가 자라나서 바르게 행동하느냐 못하느냐는 모두 어머니에게 달려 있다." 나폴레옹 보나파르트는 입버릇처럼 말했다. 나폴레옹이 출세할 수 있었던 것은 어머니가 의지력과 자제력을 가르쳐 주고 그 힘을 북돋워 주었기 때문이다.

아버지의 행실이 나쁘더라도, 심지어 술주정뱅이나 망나니인 경우라도 어머니가 신중하고 분별력이 있다면 아이들이 훌륭하게 성장한다. 그러나 그 반대의 경우, 아버지의 행실이 바르더라도 어머니가 그렇지 못하면 상대적으로 아이들은 나중에 성공하기 어렵다고 한다.

좋은 책을 반드시 구해서 읽게 하다

김만중의 어머니 윤씨 부인은 두 아들을 엄하게 키웠다. 어머니는 벼슬길

(광주부윤)에 나아가는 큰아들을 전송하며, 다음과 같이 회고했다.

"큰아이는 낭랑하게 시와 예를 외우고 작은아이는 글을 배우면서 젖을 떠나지 않았네. 왼쪽엔 죽을 가지고, 오른쪽은 매를 잡았네. 가르침으로서 사랑을 삼는 어머니 마음, 마냥 괴로웠겠지." 여기서 어머니의 자애로운 마음을 읽을 수 있다. 그러나 자식교육은 마냥 자애로움만으로 되는 게 아니다. 누군들 자식을 살갑게 대하고 싶지 않을까.

"아이들을 살갑게 키우기보다 엄하게 길러야 끝내 길하다." 이는 《주역》에 나오는 말이다. 비록 살갑게 키우더라도 '살가움 49, 엄함 51'의 비율로 배분해야 한다. 이른바 '51 대 49 법칙'이라고 할까. 때로는 2%가 사람의 됨됨이를 결정하는 매치포인트(match point:경기의 승패를 결정하는 최후의 한 포인트)가 될 수 있기 때문이다.

자녀교육은 엄마 혼자의 힘으로 완성되지 않는다. 어머니와 아버지라는 두 수레바퀴가 제대로 굴러가야 가능하다. 자녀교육은 '엄부자모(嚴父慈母)'로 이루어져야 하는데 엄부의 역할을 할 남편이 없었기에 윤씨 부인이 엄부의 역할까지 맡아야 했다. 그래서 큰아들이 벼슬길에 올라 집을 떠나가던 날, 매를 들고 가르치던 큰아이의 어린 시절을 떠올리며 목이 메었던 것이다.

그도 그럴 것이 윤씨 부인은 둘째 아들 김만중에게 젖을 먹일 때에도 한편으로는 책을 읽어 주며 글공부를 시켰다. 어린 아이가 무슨 뜻을 알까마는 그런 지극한 열정으로 자식의 글공부에 온 힘을 다했다. 윤씨 부인은 항상 말하기를, "너희들은 다른 사람들과는 같지 않으니 남보다 한층 더 공부해야 겨우 남들과 같은 공부 수준에 들리라."라고 했고, "사람들은 행실이 없는 자를 꾸짖으며 말하기를 반드시 애비 없는 자식이라 하니 이 말을 너희들은 마땅히 뼈에 새기듯이 깊이 명심하라."라고 했다.

윤씨 부인은 가난한 살림에도 불구하고 곡식을 팔아 《맹자》와 《중용》 같은 책을 사서 자식들의 글공부를 시켰다. 또 《좌전》을 팔려는 사람이 있었는데, 큰아들 만기가 사고 싶은 마음이 간절했으나 가격이 비싸 감히 묻지 못했다. 그러자 어머니가 베틀에 있는 명주를 다 팔아서 《좌전》을 사주었다고 한다. 또 한번은 이웃에 사는 홍문관, 즉 왕실 도서관에서 근무하는 관리에게 부탁해 《시경언해》를 빌려 달라고 했다. 윤씨 부인은 그 책을 며칠 만에 모두 베꼈는데 글자의 획이 정교하고 섬세해서 한 구절도 흐트러짐이 없었다고 한다. 그렇게 베낀 책으로 두 아들을 공부시켰다. 17세기 병자호란 이후 혼란기에 자식을 키운 윤씨 부인은 학식과 교육열에 있어 역사상 그 유례를 찾아볼 수 없는 어머니였다. 율곡 이이와 세 남매를 훌륭하게 키워낸 신사임당도 윤씨 부인의 교육열에는 미치지 못할 것이다.

김만기는 훗날 병조판서(국방부 장관)와 대제학을 지냈고, 김만중은 《구운몽》과 《사씨남정기》를 지어 국문학사에 길이 이름을 빛내고 있다. 윤씨 부인은 두 아들을 키워낸 데 이어 손자들의 글공부도 가르쳤다. 그는 예전에 두 아들을 공부시킬 때처럼 자신이 직접 독서에 열중하는 모습을 보여 주고 싶었지만, 기력이 달려 그렇게 하지 못함을 안타깝게 생각하며 손자들에게 잔소리를 하곤 했다.

윤씨 부인은 여러 손자들에게 과거 시험에 합격하지 못해도 글공부를 게을리해선 안 된다면서 "비록 과거 급제를 못하였을지라도 진실로 글을 잘 못하면 부끄러움이 이보다 심함이 없다."라고 했다. 또한 과거 시험을 못 보는 여성의 처지에도 불구하고《소학》등 공부에 소홀하지 않았기에 손자들에게도 "행실이 없으면 글을 무엇에 쓰리오. 이 아이에게 마땅히《소학》을 가르쳐라."라고 했다. 아무리 공부를 많이 해도 행실이 바르지 못하면 글공부를 통해 관직에 올라도 백성을 괴롭히는 탐관오리가 되는 것이다. 어머니의 이런 가르침으로 인해 김만중은 늘 왕에게 직언을 했고, 그러다 유배를 당했다. 그의 손자들도 셋이나 유배를 당했다.

　김만중의 증조할아버지 김장생은 율곡 이이에서 가르침을 받고 우암 송시열을 제자로 삼아 가르쳤다. 이이와 김장생, 송시열로 이어지는 학자들을 '기호학파'라고 부른다. 이런 쟁쟁한 집안의 윤씨 부인이었지만 두 아들과 손자들에게 늘《소학》공부의 중요성을 강조했다. 좋은 행실이 과거 시험보다 세상을 살아가는 데 더 중요하기 때문이었다.

자신만의 관점을 가진 아이로 키워라

김만중이 쓴《서포만필》은 역사, 문학, 유가, 불교, 음양학, 천문학 등 다양한 분야에 걸쳐 사색하고 사회 현실의 문제를 연관시켜 논술한 에세이집이다. 김만중은 우리나라에서 처음으로 에세이를 쓴 '한국판 몽테뉴'라고 할 수 있다.

서양에서는 미셸 에켐 드 몽테뉴가 쓴《수상록》을 최초의 에세이로 여긴다. 몽테뉴를 키운 아버지 피에르 에켐의 혁신적인 육아법은 주목할 부분이 있다. 르네상스 운동이 한창이던 1533년, 피에르 에켐은 상업으로 부유해진 아버지의 도움으로 커다란 성을 사들여 귀족이 되었다. 아들 미셸이 태어나자 여러 학자들과 권위자들에게 아동교육에 대해 문의했다. 그가 얻은 결론은 '아이에게 최소한의 강제를 과하고 스스로 공부하고 싶어지도록 환경을 만들어주는 것'이었다. 아버지는 곧바로 실행에 나섰다.

먼저 피에르는 젖먹이 아들 미셸을 농가로 보내 농민의 자녀와 똑같은 대우와 똑같은 음식으로 키우게 했다. 또한 최하층민이 세례를 받을 때에도 아들에게 세례반을 받들도록 시켰다. 아들이 농민 등 최하층민들과 애정으로 결속하게 만들기 위해서였다. 현대의 진보된 교육도 이보다 더할 수 없을 것이다.

다음으로는 당시 유럽 교양 층의 언어였던 라틴어를 미셸이 최고 수준에 오르도록 가르치게 했다. 그 결과 미셸의 라틴어 교사들은 완벽하지 못한 자신의 라틴어 실력을 미셸이 알아챌까 두려워할 정도였다. 그야말로 세심한 아버지가 아닐 수 없다.

몽테뉴는《수상록》에서 이렇게 말한다. "젖 먹는 동안 내내, 그리고 그 뒤로도 오랫동안 농가에 살도록 하여 가장 소박하고 가장 평범한 생활 방식을 훈련시켰다. 아버지의 뜻은 내가 민중과 우리의 도움을 필요로 하는 이 계급의 사람들과 동족이 되게 만드는 것이었다. 그리고 아버지는 나에게 등을 돌리는 사람이 아니라 손을 뻗치는 사람을 보살필 의무가 있다고 생각하셨다."

몽테뉴의 《수상록》은 바로 아버지에게서 잉태되었다고 해도 과언이 아닐 것이다. 몽테뉴는 법원에서 참사관으로 근무하다 38세 때 은퇴하고 집으로 돌아온다. 그는 전망이 좋은 집의 4층에 서재를 만들고 입구에 라틴어로 이렇게 새겼다. "궁정과 공직 생활에 오랜 세월 시달린 미셸 드 몽테뉴는 여전히 순수한 상태로 박식한 뮤즈의 품속으로 돌아왔노라. 온갖 근심을 털어버린 고요함 속에서 얼마 남지 않은 여생을 보낼 곳으로…… 그리고 그는 자유와 평정, 여가에 여생을 바치노라."

몽테뉴는 이 서재에서 해박한 라틴어로 고전을 독파하면서 인간성의 탐구에 돌입한다. 그는 객관적인 인간 관찰이 아니라 자기 자신을 도마 위에 올려놓고 마치 '너 자신을 알라'라고 말하던 소크라테스처럼 자아 탐구에 나섰다. 그의 평생 화두는 '내가 무엇을 아는가(Que sais-je)?'였다. 그래서 몽테뉴를 모럴리스트(인간성 탐구자)라고 부른다. 몽테뉴는 48세에 보르도 시장에 선임되어 4년 동안 서재를 떠났지만, 《수상록》 집필에 17년 동안 매달렸다. 자녀교육 문제로 고민하고 있는 부모라면 몽테뉴를 키운 아버지 피에르의 혁신적인 교육법을 주목할 만하다. 또한 38세에 은퇴를 한 몽테뉴에게서 자기주도적인 삶의 방정식을 배울 수도 있다.

그런데 몽테뉴가 은퇴를 해서 자신의 고향집 서재에서 《수상록》을 쓴 것과 달리 김만중은 《서포만필》을 말년에 유배지에서 썼다. 예학을 중시하는 김만중 집안의 전통에 어머니 윤씨 부인의 희생적 가르침은 김만중의 사상에 적지 않은 영향을 끼친 것으로 보인다. 그가 《서포만필》에서 자신만의 관점으로 비평을 가하고, 또《사씨남정기》에서 애첩 장희빈의 품안에서 놀아나는 숙종을 비판한 것도 인간의 행실을 중시한《소학》의 가르침에서 영향을 받은 것이다.

《서포만필》은 다양한 주제를 다루었다는 점과 개방적인 시선으로 역사 속 인물과 사건들을 바라보았다는 점, 당시로서는 보기 드물게 상대주의적인 견해를 힘 있는 문체로 논술했다는 점 때문에 한국문학사에서 중요한 지위를 가지고 있는 작품이다. 이 책은 대부분 시와 관련된 이야기 및 비평으로 이루어져 있지만, 소설이나 산문과 관련된 것들도 있다. 주자학을 견지하면서도, 주자학적 문화관과 문학관을 비판했으며 우리말로 이루어진 국문학의 독자성과 의의를 주장했다.

김만중은 유배지에서 한순간도 책을 놓지 않았고, 글을 썼다. 남해의 유배지 인근 향교에서 주희의《주자어류》를 빌려 읽고서 요점을 뽑아《주자요어》를 엮었다. 또 어머니의 평소 언행을 정리하여《윤씨부인행장》을 지었다. 유배 생활 중 어머니 생신을 맞이하여 쓴 시가 있다.

오늘 아침 어머니 그리는 말 쓰려 하니 / 글자도 쓰기 전에 눈물 이미 넘쳐나네 / 몇 번이고 붓을 적셨다가 다시 던져 버렸으니 / 문집 가운데 해남시는 응당 빠지게 되라.

그리고 또 다른 시에서는 두 아들이 모두 어머니를 모시지 못하는 안타까움을 토로하고 있다. 큰아들 김만기는 어머니보다 먼저 세상을 떠났고,

둘째 아들은 유배지에 있었기 때문이다.

우리 형제 모고하던 날 생각하니 / 색동 옷 입고 형제가 노래하면 어머니가
기뻐하셨지. / 어머님 여든 살에 돌봐 드릴 자식 없으니……

김만중은 당시 양반들이 기피하던 소설가의 길을 걸으면서 《구운몽》과 《사
씨남정기》를 썼다. 지금이야 소설가라면 사회적으로 존경을 받지만 100년
전만 해도 천대받는 직업이었다. 그런데 우리나라 최고의 명문가로 꼽히는
광산 김씨 집안사람, 그중에서 조선 최고의 예학 대가인 사계 김장생의 증
손자인 김만중은 이런 천대받는 소설가의 길을 자청했다. 그것은 그가 소
설의 힘에 눈을 떴기 때문이다.

17~18세기 조선 시대에 소설은 고급 문화는커녕 천박한 것으로 취급되
었다. 소설이란 것은 대개 쓸데없는 이야기로 거짓을 꾸미며, 귀신과 꿈 따
위를 이야기하니 짓거나 읽을 만한 글이 아니라는 것이다. 그런 와중에 당
시 최고의 지위를 누렸던 사대부인 김만중이 《구운몽》이란 소설을 썼다. 김
만중은 "아이들에게 역사책 《삼국지》를 읽어 주면 별 감동을 받지 않지만
소설 《삼국지연의》를 읽어 주면 눈물을 흘리거나 기뻐서 즉시 소리치는 아
이가 있으니 이것이 바로 소설의 힘"이라고 했다.

김만중은 유복자로 태어나 평생을 어머니께 효를 다했고, 두 번이나 대제학 벼슬에 올랐다. 숙종 때 이재가 쓴《삼관기(三官記)》에서는 그에 대해 이렇게 말했다. "서포의 성품은 효성이 지극하였다. 유복자로 태어나 아버지 얼굴을 모름을 평생의 한으로 삼았으며 어머니에 대해 깊은 사랑이 있었다. 어버이를 즐겁게 하는 일이라면 거의 옛 병아리가 놀고 어린 아이가 우는 것처럼 하였다. 부인이 책을 좋아했는데 옛 역사며 색다른 책, 심지어 패관잡기에 이르기까지 널리 모아서 밤낮으로 어머니 좌우에서 읽고 이야기하여 어머님 한 번 웃으시는 데에 보탰다."

또한 김만중은《서포만필》에서 우리말을 버리고 중국의 말을 쓰는 것은 마치 앵무새가 사람의 말을 흉내내는 것과 같다고 하면서 국문학이 참된 문학임을 주장한다.

"사람의 마음이 입으로 표현된 것이 말이요, 말의 가락이 있는 것이 시가문부(詩歌文賦)이다. 지금 우리나라 시문은 자기 말을 버려두고 다른 나라 말을 배워서 표현한 것이니 설사 아주 비슷하다 하더라도 이는 단지 앵무새가 사람의 말을 하는 것과 같다. 여염집 골목길에서 나무꾼이나 물 긷는 아낙네들이 에야디야 하며 서로 주고받는 노래가 비록 저속하다 하여도 그 진가를 따진다면 정녕 학사대부들의 이른바 시부라고 하는 것과 같은 입장에서 논할 수는 없다."

윤씨 부인은 두 아들 김만기와 김만중, 손자 김진규를 대제학으로 키워냈다. 이어 증손자 김양택도 대제학이 되어 김만중의 집안은 3대에 걸쳐 대제학을 배출해낸 가문이 되었다. 이는 조선 시대 통틀어 서너 가문에 불과하다. 대제학은 학문이 높아야 오를 수 있는 벼슬이다. 윤씨 부인이 두 아들 김만기와 김만중을 대제학으로 키우고 손자도 대제학으로 키운 비결은 무엇일까? 그것은 바로 윤씨 부인 자신이 먼저 방대한 독서로 무장했다는 점을 꼽을 수 있다. 윤씨 부인은 어릴 때부터 "남자로 태어났다면 대제학 재목감"이라는 칭찬을 들으면서 자랐다. 여성으로 관직에 나갈 수 없는 현실에서도 수많은 책을 섭렵했기에 들을 수 있는 칭찬이었다. 윤씨 부인은 자신이 들었던 "대제학 감이야."라는 칭찬을 두 아들과 손자들에게 그대로 물려주었다. 자신은 결코 이룰 수 없던 대제학의 꿈을 자식들이 이루어 주기를 바라는 마음에서였다. 그래서 어머니는 우선 자식들 앞에서 솔선해서 글 읽는 모습을 보여 주기로 다짐했다.

윤씨 부인은 두 자식에게 인자한 모친인 한편 엄하면서도 해박한 지식을 갖춘 스승이기도 했던 것이다. 윤씨 부인의 학문에 대한 지식은 이미 남자들보다 더 높은 수준에 올라 있었다.

한번은 윤씨 부인의 삼촌인 당시 경기도 관찰사 홍명원이 방문해 아들 만기에게 "나무 목자를 성씨로 가진 사람을 알고 있느냐?"라고 물었다. 큰 아들은 제대로 답변을 못 했다. 옆에서 지켜보던 윤씨 부인은 "원나라 태조의 공신에 목화녀가 있다."고 했다. 이에 삼촌이 말하기를, "이 세상에 독서하는 남자라 할지라도 목화녀가 있는 줄을 아는 사람이 드문데 하물며 능히 그 성이며 이름을 이렇게 분별하다니." 하고 감탄했다고 한다.

윤씨 부인은 독서를 하면서 접한 송나라 문장가 구양수의 모친처럼 예절을 지키면서 아들을 가르치고, 시로 유명한 소동파 형제처럼 키우려고 했다. 어머니는 두 아들이 성장하자 자신이 모두 가르칠 수 없다고 판단하고, 큰아버지인 김익희에게 가르침을 받게 했다. 그다음에는 당대의 대학자인 우암 송시열에게 가르침을 받게 했다. 윤씨 부인은 두 아들을 주먹구구식이 아니라 철저하게 단계별로 그 수준에 맞춰 교육받게 이끌어주었다. 이러한 윤씨 부인의 교육열에 힘입어 두 아들이 모두 대제학이 되었고, 손자 김진규와 증손자 김양택까지 3대에 걸쳐 네 명의 대제학을 배출시키게 되었던 것이다. 요즘으로 보면 이들 네 명은 '엄친아'로 회자되는 바로 그들이었다.

공부 잘한다고 귀한 대접 하지 마라

요즘 학교에서는 성적 순서대로 반을 가르고 야간자율학습반을 편성한다. 그리고 아이가 공부만 잘하면 가정에서나 학교에서나 '귀한 대접'을 한다. 결국 우리나라 공교육에서는 덕성을 중시하는 '덕승재'가 아니라 재능을 중시하는 '재승덕'을 강조하고, 그런 인재를 키워내고 있는 것이다. 그러나 살아가다 보면 결국 올바른 덕성을 지닌 사람이 재능 있는 사람을 이기는 경우를 무수히 본다. 학식 높고 재능 있는 고위공직자가 장관 후보에서 낙마하는 경우가 바로 대표적인 경우일 것이다.

윤씨 부인의 친가나 시댁 모두 세도가 집안이었다. 부인의 할머니가 선조의 딸인 정혜옹주였고, 남편의 조부가 조선 최고의 예학 권위자인 사계 김장생이다. 예학은 예(禮)의 본질과 의의, 내용의 옳고 그름을 탐구하는 유학의 한 분야로 본래 중국 고대의 종교적 제사의식에서 비롯되었으며 공자가 최고의 전문가였다. 16세기 예절을 연구하는 학문으로 중국의 주희가 쓴 《주자가례》를 중심으로 성리학적 가정 윤리를 세우는 데 영향을 주었다. 이러한 집안 배경을 지닌 윤씨 부인이었지만 청빈하고 검소하기 이를데 없었으며, 당시 사대부들로부터 칭찬을 받을 만큼 학식이 깊었고 글솜씨도 뛰어났다. 또 청나라에 항복한 것을 부끄러이 여겨 순절한 남편처럼 자녀들이 늘 자신의 이익보다 사회와 국가의 이익을 위해 헌신하도록 가르쳤다. 말하자면 '재승덕'이 아니라 '덕승재'형 인간이 되라고 가르친 것이다. 김만중이 《사씨남정기》라는 소설을 써서 당시 왕으로서 위신과 체통을 구긴 숙종에게 따끔한 일침을 가한 것도, 자기 안위보다 사회와 나라의 안위를 위해 분연히 떨쳐 일어나라는 어머니의 가르침이 컸던 것이다.

윤씨 부인은 자녀들에게 언제나 절의 있는 행동을 할 것을 강조했다. 이러한 가르침 덕분에 훗날 부인의 손녀, 즉 큰아들 김만기의 딸이 왕비(숙종의 첫 번째 정비인 인경왕후)의 자리에 오르게 되는 것이다. 다시 말하자면 어머니의 자리는 자식에게 지식만을 배우게 하는 것이 아니라 덕을 가르치고 배우게 해야 한다. 그래야 훗날 자녀가 덕을 지닌 인재로 세상에 나가 제몫을 할 수 있는 것이다.

지금도 세상에는 권력이나 높은 지위, 돈이면 전부라고 생각하는 이들도 있다. 얼마 동안은 권력이나 지위, 돈으로 사람들의 주목을 받고 칭송을 받을 수도 있겠지만 그것들을 상실하고 나면 아무도 거들떠보지 않고 칭송도 사라질 것이다. F. 스콧 피츠제럴드의 소설 《위대한 개츠비》는 1925년도에 출간된 작품인데, 당시 미국은 1929년 시작된 대공황기를 앞두고 흥청망청한 상태였다. 말하자면 우리나라가 외환 위기를 겪기 직전인 1990년대 초중반의 상황에 비유할 수 있을 것이다. 이 소설에서 주인공 개츠비는 옛 연인 데이지에 대한 낭만적이고 헌신적인 사랑을 간직한 인물이지만, 꿈과 야망을 실현하기 위해 불법을 저지르고 거의 매일 대저택에서 광란에 가까운 파티를 연다. 수많은 이들이 이 파티에 참석하지만 개츠비의 장례식에는 아무도 참석하지 않는다. 이것이 어쩌면 세상의 인심일 것이다.

그러나 권력이나 지위, 재력에 의지하지 않고 자신을 덕으로 가꾸고 다른 사람에게 덕을 실천한다면, 당장에는 칭송이 따르지 않더라도 장기적으로는 심덕이 쌓여 덕망 있는 사람으로 존중받게 된다. 윤씨 부인은 자녀들에게 바로 덕이 있는 사람, 덕승재하는 인간이 되라고 가르친 것이다.

어머니가 아이의 멘토 역할을 하다

김만중을 창작의 길로 이끈 이는 어머니였다. 김만중은 예학 가문의 후손답게 특출한 효심을 실현했던 인물로 평가된다. 당시는 당쟁이 치열해 한 사람에 대한 인물 평가도 정반대일 정도였다. 그런데 김만중에 대해서는 효행만큼은 어느 쪽에서도 부인하지 않을 정도로 일치되고 있다. 그의 어머니에 대한 효심은 사회에서 널리 인정할 정도였다. 《숙종실록》에는 이런 글이 나온다.

"김만중은 청렴하게 행동하고 마음이 온화했으며 효성과 우애가 매우 돈독했다. 벼슬을 하면서도 언론이 강직하여 선이 위축되고 악이 신장하게 될 때마다 더욱 정직이 드러나 청렴함이 다른 사람들보다 뛰어났다. 벼슬이 높은 품계에 이르렀지만 가난하고 검소함이 유생과 같았다. 왕비의 근친이었기 때문에 더욱 스스로 겸손하고 경계하여 권세 있는 요로를 피해 멀리했다."

위기에 처할 때 가장 큰 위력을 발휘하는 것은 평소 가정교육의 힘이다. 평소 자녀의 이기적인 행동을 묵인하고 내버려 두었다면, 위기 시에는 부모를 원망할 것이다. 반면에 평소 인성교육을 제대로 했다면 위기를 헤쳐 나가기 위해 힘을 보태며 부모의 근심을 덜어 줄 것이다.

윤씨 부인은 송강 정철의 애독자였다. 송강은 그 유명한 〈사미인곡〉과 〈속미인곡〉을 썼고, 또 《관동별곡》이라는 기행문을 남겼다. 정철은 김만중 집안과의 혼인으로 인척간이었다. 송강의 아들 정기명은 김만중의 조부 김반의 고모부였다. 그래서 윤씨 부인과 김만중은 정철의 가사에 대해 남다른 관심을 갖고 있었던 것으로 보인다. 어머니가 정철의 글에 매료되어 있자 효성이 지극한 김만중도 읽어 보지 않을 수 없었다. 이에 김만중은 송강의 가사를 굴원의 〈이소(離騷)〉에 비교하면서 극찬했다. 즉, "송강의 〈관동별곡〉과 〈사미인곡〉은 우리나라의 〈이소〉로서 예부터 우리나라의 참 문장은 이 세 편 뿐이다."라고 했다.

김만중은 굴원의 삶뿐만 아니라 충신과 절의의 주제를 담은 〈이소〉를 송강의 가사와 함께 즐겨 읽고 절로 외울 정도였다. 윤씨 부인은 김만중에게 〈사미인곡〉과 같은 글을 창작해 보라고 권유하면서 이렇게 말했다.

"〈사미인곡〉을 읽고 나니 그 뜻이 극진하여 읽는 사람으로 하여금 통분함을 금치 못하게 하니 이것이 글의 힘이 아니겠느냐? 너는 이런 글을 한번 써볼 의향이 없느냐?" 그리고 "만일 의향이 있다면 우리나라 글로 쓰되 이야기체로 써보아라."라고 아들에게 조언해 주었다고 한다. 김만중은 어머니의 조언대로 한글로《사씨남정기》를 썼다.

효자인 김만중이《구운몽》을 유배지에서 쓴 것도 소설을 즐겨 읽던 어머니를 위해서라고 한다.《구운몽》은 허균의《홍길동전》과 더불어 조선 시대의 본격적인 고전 소설 양식을 확립하고 완성한 작품으로 손꼽힌다. 더욱이 우리나라 최초의 판타지, 즉 환상 소설이라고 할 수 있다.《구운몽》은 1803년에 한문으로 출간되어 양반 독자들에게 크게 인기를 끌었고, 이어 부녀자들을 위해 한글로도 출간되었다. 즉, 양반 문학이면서 대중문학이기도 한 최초의 작품으로 꼽는다.《구운몽》은 어머니를 위해 창작되었지만, 국민문학으로 명성을 누리게 된 것이다.

"김만중은 유배지에 있으면서 어머님이 병석에 누웠다는 소식을 듣고 하룻밤에《구운몽》을 지어 보내어 어머니의 병을 위로하였다."

최초의 고전소설통인 김태준이 지은 《증보조선소설사》는 《구운몽》에 대해 이렇게 전한다. 이 글에서처럼 조선 시대 최고의 창작품 중 하나인 《구운몽》은 김만중의 어머니 사랑, 어머니의 자식 사랑이 어우러져 만들어진 것이다. 어머니는 김만중에게 자애로운 어머니이자 엄한 스승, 등대처럼 인생항로를 비춰 주고 이끌어 주는 멘토였던 것이다.

김만중 가의 독서비법 7

– 열성적 어머니가 역할 모델로 삼을 만한 독서법

1. 어머니가 책을 읽어 주는 구송으로 가르쳐라.

김만중의 어머니 윤씨 부인은 '아비 없는 자식'이라는 소리를 들을까봐 어린 형제에게 책을 얻어다 읽혔다. 그뿐만 아니라 두 아들이 책 읽기를 게을리할까 경계하여 부인 자신이 더 열심히 독서에 매진했다. 또한 아들이 젖먹이일 때부터 책을 읽어 주며 글의 뜻을 들려주는 '구송(口誦)' 방식으로 교육했다.

2. 좋은 책은 반드시 구해서 읽게 하라.

윤씨 부인은 가난한 살림에도 불구하고 곡식을 팔아 《맹자》와 《중용》 같은 책을 사서 자식들의 글공부를 시켰다. 또 한번은 이웃에 사는 홍문관, 즉 왕실 도서관에서 근무하는 관리에게 부탁해 《시경언해》를 빌려서 며칠 만에 모두 베꼈다. 그렇게 베낀 책으로 두 아들을 공부시켰다.

3. 자신만의 관점을 가진 아이로 키워라.

예학을 중시하는 김만중 집안의 전통에 어머니 윤씨 부인의 희생적 가르침은 김만중의 사상에 적지 않은 영향을 끼친 것으로 보인다. 그가 《서포만필》에서 자신만의 관점으로 비평을 가하고, 또 《사씨남정기》에서 애첩 장희빈의 품안에서 놀아나는 숙종을 비판한 것도 인간의 행실을 중시한 《소학》의 가르침에서 영향을 받은 것이다.

4. 누구도 가지 않는 길을 가라.

김만중은 당시 양반들이 기피하던 소설가의 길을 걸으면서 《구운몽》과 《사씨남정기》를 썼다. 우리나라 최고의 명문가로 꼽히는 광산 김씨 집안사람, 그중에서 조선 최고의 예학 대가인 사계 김장생의 증손자인 김만중은 당시 천대받는 소설가의 길을 자청했다. 그것은 그가 소설의 힘에 눈을 떴기 때문이다.

5. 부모가 먼저 역할 모델을 가져라.

윤씨 부인은 두 자식에게 인자한 모친인 한편 엄하면서도 해박한 지식을 갖춘 스승이기도 했던 것이다. 윤씨 부인의 학문에 대한 지식은 이미 남자들보다 더 높은 수준에 올라 있었다. 윤씨 부인은 독서를 하면서 접한 송나라 문장가 구양수의 모친처럼 예절을 지키면서 아들을 가르치고, 시로 유명한 소동파 형제처럼 키우려고 했다.

6. 공부 잘한다고 귀한 대접 하지 마라.

권력이나 지위, 재력에 의지하지 않고 자신을 덕으로 가꾸고 다른 사람에게 덕을 실천한다면, 당장에는 칭송이 따르지 않더라도 장기적으로는 심덕이 쌓여 덕망 있는 사람으로 존중받게 된다. 윤씨 부인은 자녀들에게 바로 덕이 있는 사람, 덕승재하는 인간이 되라고 가르쳤다.

7. 어머니가 아이의 멘토 역할을 하라.

윤씨 부인은 송강 정철의 애독자였다. 윤씨 부인은 김만중에게 〈사미인곡〉과 같은 글을 창작해 보라고 권유했다. 어머니는 김만중에게 자애로운 어머니이자 엄한 스승, 등대처럼 인생항로를 비춰 주고 이끌어 주는 멘토였던 것이다.

◉ 김만중을 만든 독서 리스트

나관중의 《삼국지연의》

《삼국지》는 중국의 위촉오 3국의 역사를 기록한 역사서다. 진나라의 학자 진수(233~297)가 편찬한 것으로 《사기》, 《한서》, 《후한서》와 함께 중국 고대의 역사를 기록한 4대 역사서로 꼽힌다. 우리가 읽는 소설 《삼국지연의》는 바로 이 책을 바탕으로 역사적 상상력을 동원해 쓴 허구적인 역사 이야기다.

굴원의 〈이소〉

우가오페이의 《굴원》(이끌리오, 2009)은 전국 시대 초나라 충신 굴원의 일대기를 담은 전기소설이다. 〈이소〉, 〈어부사〉 등 《초사》에 실린 여러 편의 작품을 바탕으로 중국 고대문학, 특히 남방문학에 큰 축을 형성한 시인 굴원의 삶을 '난세의 충신'이라는 초점에 맞춰 소설로 쉽게 풀어냈다.

《시경》

리가원, 허경진(청아출판사) 번역이 읽을 만하다. 공자가 제자에게 "이제 너와 시를 논할 수 있겠구나."라고 말한 것은 바로 "이제야 너와 인생을 논할 수 있겠구나."라는 뜻이었다. 시를 모르면 인생을 이야기할 수 없다는 말이다.

《당시》

유병례의 《당시, 황금빛 서정》은 당시 40수와 함께 시에 얽힌 사연도 소개한다. 이 책과 더불어 이원섭의 《당시》(현암사)나 손수의 《당시삼백수》(동서문화사)를 보면 전체를 조망할 수 있다. 심덕잠의 《당시별재집》(소명)은 1950수가 소개되어 있다.

《소학》

김만중의 어머니 윤씨 부인이 아들과 손자들에게 가장 먼저 읽어야 할 책으로 삼고 공부하게 했다.

"태임은 주 문왕의 어머니이다. 지나라 임씨의 둘째 딸이었는데, 왕계가 장가들어 비를 삼았다. 태임의 성품은 단정하고 한결같으며 정성스럽고 장중하여 오직 덕을 행했다. 문왕을 임신해서는 사악한 빛을 보지 않고, 귀로 음란한 소리를 듣지 않고, 입에서는 오만한 말을 내지 않았다. 문왕을 낳으매 총명하고 사물의 이치에 통달해 태임이 하나를 가르치면 백을 알았다. 마침내 주나라의 으뜸 임금이 되었다. 군자가 말하기를, '태임이 능히 태교를 했다.' 하였다." 이는 《소학》에 나오는 구절이다. 아이를 낳아 총명하게 키우는 것은 예나 지금이나 모든 어머니들의 한결같은 바람일 것이다.

⊙ 김만중 관련 교양 필독서

《구운몽》

우리나라 소설 중에서 최초로 베스트셀러를 기록한 소설로 꼽는다. 한문과 한글로 모두 간행되었다. 여기서 한글의 힘을 알 수 있고 여성 독자가 조선 시대나 지금이나 베스트셀러를 만드는 주역임을 알 수 있다. 《구운몽》은 여성 독자들이 가세하면서 최초의 베스트셀러 소설이 되었다.

《사씨남정기》

장희빈의 애증에 얽힌 이야기가 담긴 정치소설이라고 할 수 있다. 《구운몽》과 함께 수험생의 필독서다.

《서포만필》

장차 자녀가 비평가나 수필가를 꿈꾼다면 몽테뉴의 《수상록》과 함께 이 책을 읽기를 권해 보자.

설성경의 《윤씨 부인의 삶과 그 정신》(지식과 교양, 2011)

윤씨 부인의 자녀교육열은 오늘날 대치동이나 목동 엄마들을 능가한다.

8장

실학파의 스승, 이익 가

– 독서하며 생각을 메모하다

새로운 세계를 만나도록
항상 새로운 책을 사주어라

이익(1681~1763) 서재가 있는 집에서 자란 아이는 독서광이 될 가능성이 높다. 동서고금 수많은 위인들은 서재가 있는 집에서 자랐다. 어린 시절 이익의 집에는 수천 권의 서적이 소장되어 있었다. 말하자면 아버지의 사랑방 겸 서재에는 방안 가득 책들이 빼곡했다. 이익의 아버지 이하진은 대사헌으로 재직하던 1678년(숙종)에 청나라 연경에 간 적이 있었다. 이때 연경에서 황제로부터 받은 사례금으로 몽땅 책을 사왔는데 수천 권에 달했다. 과거 시험을 단념하고 학문의 길을 가기로 결심한 이익은 아버지와 할아버지가 중국에서 사온 수천 권의 책을 탐독하면서 '마이웨이'를 할 수 있었다. 그가 쓴 《성호사설》은 바로 아버지가 사온 책들을 읽으면서 떠오른 생각들을 쓴 것으로 이를 '묘계질서'라고 한다. 이익은 이 책들로부터 나라를 부강하게 하는 실학 정신을 체계화할 수 있었는데 다산 정약용의 역할 모델이자 스승은 바로 이익이었다.

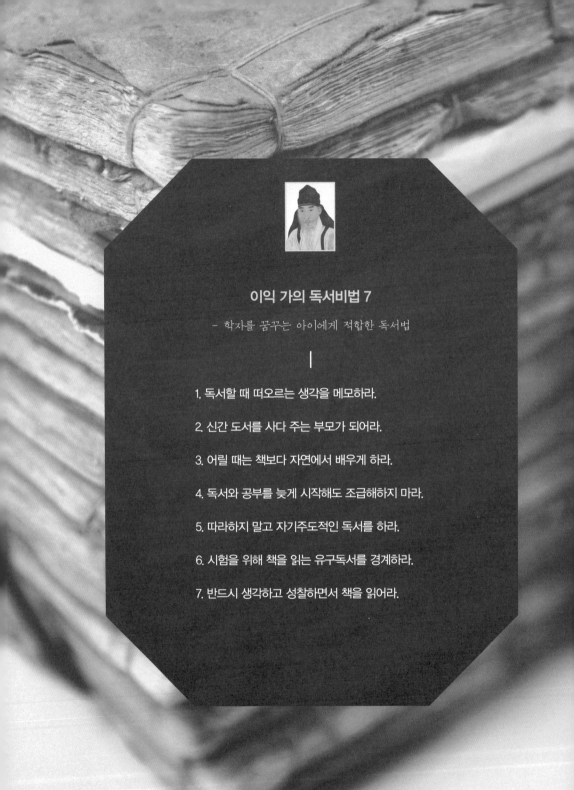

이익 가의 독서비법 7

– 학자를 꿈꾸는 아이에게 적합한 독서법

|

1. 독서할 때 떠오르는 생각을 메모하라.

2. 신간 도서를 사다 주는 부모가 되어라.

3. 어릴 때는 책보다 자연에서 배우게 하라.

4. 독서와 공부를 늦게 시작해도 조급해하지 마라.

5. 따라하지 말고 자기주도적인 독서를 하라.

6. 시험을 위해 책을 읽는 유구독서를 경계하라.

7. 반드시 생각하고 성찰하면서 책을 읽어라.

독서할 때 떠오르는 생각을 메모하라

조선 후기 실학자인 성호 이익은 평생 관직에 나아가지 않고 공부로 이름을 남긴 인물이다. 요즘말로 하면 '재야 지식인'이라고 하겠다. 이익은 평생 책을 읽고선 《성호사설》이라는 방대한 책을 남겼다. 이익 스스로가 《성호사설》은 책을 읽고 붓 가는 대로 쓴 것이라면서 서두에 이렇게 적고 있다. "독서를 하고 세상살이를 하면서 책에서 얻은 것으로 웃고 즐길 만하여 옆에 두고 열람한 내용을 붓 가는 대로 적어 두었는데 어느덧 많이 쌓이게 되었다."

여기에 이익이 어린 시절부터 평생 실천한 공부법이 들어 있다. 바로 '붓 가는 대로 적어 두는 것'이다. 책을 읽거나 평소에 떠오르는 생각을 붓으로 기록해 두면 어느덧 쌓이고 쌓여 책이 된다는 것이다. 책을 저술하는 게 어렵고 힘든 작업은 분명하지만 그 시작을 이익처럼 한다면 누구든 책을 쓸 수 있다는 것이다. 여기서 메모의 중요성을 알 수 있다. 이익은 "지푸라기일지라도 아궁이에 불을 대면 아름다운 반찬을 만들 수 있다."라면서 이 책을 잘 살펴보는 사람에게는 요긴하고 쓸 만할 것이라고 적고 있다. 그는 자신이 쓴 글들을 지푸라기에 비유하며 겸손해하고 있지만, 그의 지푸라기들이 쌓여 이루어진《성호사설》은 우리 역사에 그 이름을 찬란하게 빛내는 책이 되고 있다.

이익의 독서비법은 이른바 '묘계질서(妙契疾書)'라는 말로 요약된다. 그는 주자가《장횡거찬》에서 쓴 말인 묘계질서를 평생 공부하면서 실천했다. '묘계'는 번쩍 떠오른 깨달음이고, '질서'는 빨리 쓴다는 뜻인데, 중국 송나라의 유학자 장횡거가 공부하다가 마음에 떠오르는 것이 있으면 잠을 자다가도 일어나서 빨리 기록하였다는 데서 따온 말이다. 장횡거는《정몽》을 지을 적에 서재나 거실 등 생활하는 곳곳에 붓과 벼루를 놓아두고, 생각이 떠오르면 자다가도 곧장 촛불을 켜고 적었다고 한다.

"하루는 내가 잠자리에 들었는데 잠이 오지 않았다. 그래서 이것저것 생각하다가 우연히 깨달은 것이 있다."

이익이 쓴《성호사설》에는 이런 대목이 나온다. 이때 깨달은 내용을 얼른 붓으로 기록해 놓는 게 이익은 습관이 되었던 것이다. 단지 읽는 것만으로 끝나지 않고 자신의 생각을 기록해 놓으면 그게 그만의 생각이요, 또 그것이 바로 책이 되는 것이다. 책이란 대단한 게 아니고 자신의 생각을 덧붙이는 것이다. 가장 흔한 것이 바로 책을 읽고 자신의 생각을 담는 것이다.

이익은 유교의 경전을 읽으면서 자신의 생각을 펼치는 경학 연구에 전념했다. 먼저 33세 내부터《맹자》를 읽으면서 떠오르는 대로 생각을 적었다. 이게 그가 시리즈로 펴낸 첫 번째 질서 책인《맹자질서》로 질서를 한 지 5년 만의 결과물이었다. 이익은《맹자》를 읽으며《맹자질서》를 저술하기 시작한 그해에 아들이 태어났다고 해서 아들의 이름을 '맹휴'로 지었다. 맹휴는 30세에 과거 시험에서 장원으로 합격해 아버지가 지은 이름값을 했다.

이익은 이어 《대학》, 《소학》, 《논어》, 《중용》, 《근사록》, 《심경》, 《주역》, 《서경》, 《시경》을 차례로 읽고 각각 질서를 펴냈다. 어렵기로 유명한 《주역》과 시 300수가 담긴 《시경》은 말년까지 반복해서 읽고 또 읽으면서 다시 고쳐 적기를 계속했다. 이익은 적어 놓은 것을 수시로 다시 보고 고쳐 기록했다. 십수 년 동안 거듭 고친 것이 쌓이고 쌓여 책이 되었던 것이다. 이게 질서의 힘이다. 여기서 다시 한 번 기록의 중요성, 메모의 중요성을 알 수 있다. 이익의 기록과 메모를 통해 탄생한 《성호사설》은 그가 평생 실천한 '질서'의 습관에서 나온 것이다.

이익이 평생 실천한 '질서'의 습관은 그의 제자이자 《동사강목》을 쓴 안정복에게도 큰 영향을 미쳤다. 안정복의 《동사강목》은 스승인 이익의 지도로 탄생할 수 있었다. 그런데 안정복은 책을 베끼는 초서 습관이 있었다고 한다. 안정복은 50세에 자신의 서재인 '이택재'를 완공했는데 여기에는 그가 초서한 책들이 소장되어 있다. 안정복이 베끼고 구입해서 모은 장서는 모두 517종 2265책에 달했다. 그는 이렇게 해서 수천 권의 책을 소장할 수 있었고, 이 책으로 독서를 하고 저술을 하면서 《동사강목》을 탄생시켰다. 초서는 동서고금을 막론하고 수많은 사람들을 성공으로 이끌었다.

"나는 책을 읽을 때마다 매우 꼼꼼하게 요점 정리를 해두는데 아직까지도 여전히 이런 작업에는 많은 시간이 소요된다. 그 결과 지금은 엄청난 자료를 보유하게 되었다. 그중에서도 가장 중요하다고 생각되는 책에 대해서는 요점 정리뿐 아니라 비판적인 관점에서 나름대로의 분석도 해놓는다. 그렇기 때문에 나는 예비 원고를 미리 가지고 있는 셈이어서 출판이 필요할 경우에는 이를 바탕으로 매우 신속히 원고를 집필할 수 있다."

이는 다닐 알렉산드로비치 그라닌이 쓴 《시간을 정복한 남자 류비셰프》에 나오는 말이다. 러시아 과학자인 알렉산드로비치 류비셰프는 70여 권의 학술 서적과 1만 2천 5백여 장에 이르는 연구 논문, 수천 권의 소책자를 남겼다. 류비셰프는 곤충분류학, 과학사, 농학, 유전학, 식물학, 철학, 곤충학, 동물학, 진화론, 무신론 등 경계를 넘나들며 지적 작업을 했다. 말하자면 '러시아판 이익'이라고 할 수 있는 인물이다. 류비셰프가 이런 과학자의 업적을 남길 수 있었던 것은 바로 이익의 묘계질서와 같은 메모 비법 덕분이었다.

류비셰프의 독서는 주로 자투리 시간에 이루어졌다. 류비셰프는 자투리 시간을 효과적으로 사용하기 위해 매우 세세한 계획을 세웠다. 예를 들어 여행을 할 때에는 반드시 가벼운 책을 읽거나 외국어를 공부했다. 장기 출장을 갈 경우에는 미리 책을 우편으로 부칠 정도였다. 버스를 탈 때에는 여러 상황을 고려하여 두세 권을 가지고 탔다. 그는 단 한 번도 30분을 짧은 시간이라 생각한 적이 없었다고 한다. 물론 우리들 대부분은 그런 식으로 시간을 계산하며 생활하지 않는다. 그러는 사이에 소중한 시간은 흘러가고 마는 것이다.

책을 읽을 때 생산적인 독서를 하지 않는다면 단지 시간만 허비하는 꼴이 된다. 생산적인 독서를 위해서는 무엇보다 책을 읽을 때 메모를 하는 습관이 필수적이다. 책장에 표시를 해두었다가 책을 다 읽은 후에 노트북이나 노트에 중요한 인용문, 기억해야 할 문장이나 사실들을 메모해 둔다면 평생의 양식이 될 수 있다.

신간 도서를 사다 주고 부모가 되어라

이익의 집에는 수천 권의 서적이 소장되어 있었다. 아버지의 사랑방 겸 서재에는 방안 가득 책들이 빼곡했다. 이익의 아버지 이하진은 대사헌으로 재직하던 1678년(숙종)에 청나라 연경에 간 적이 있었다. 이때 황제로부터 받은 사례금으로 몽땅 책을 사왔는데 수천 권에 달했다. 이하진은 시에 뛰어난 재능이 있어 붓을 들면 몇 편의 시를 지었으며 명필이었다. 또 이익의 증조할아버지인 이상의는 1611년 광해군 가을에 《지봉유설》을 쓴 이수광과 함께 주청사로 명나라에 다녀왔다. 아버지가 사온 책들 가운데에는 《교우론》, 《태서수법》과 같은 서양에서 유입된 서적이 포함되어 있었다. 그런데 서양 학문에 대해 처음으로 주목한 이수광은 이익의 선조대에 딸이 시집간 집안사람이었다. 이익이 이수광의 영향 아래 《성호사설》을 쓴 셈이다.

이하진이 가져온 책들에는 천문과 수학, 세계지리, 안경과 서양화, 수레 등에 대한 책들도 포함되어 있었다. 이들 책들은 훗날 실학파들이 우리나라를 부강한 나라로 만드는 데 필요한 지식이라며 적극 활용할 것을 주장한 내용들을 담고 있다. 중국어로 번역된 서양 서적과 서양의 과학 문물들은 이익의 안목을 크게 넓혀 주었다.

아버지가 수천 권의 책을 사왔을 때는 아직 이익이 세상에 태어나지 않았었다. 이 책들은 훗날 이익이 대학자가 되는 든든한 자양분이 된다. 당시 도서관이 없었던 시절 집안에 수천 권의 책이 있다는 것은 그 어떤 것보다 값진 보물이라고 할 수 있다.

이익은 아버지가 청나라에서 사온 수많은 책들 속에서 당시 중국에 유입된 서양의 과학기술서나 천주교에 대해 소개한 책들을 처음으로 접할 수 있었다. 당시 공자나 주자만을 공부하던 시절에 새로운 학문을 접한 이익에게는 그야말로 눈이 번쩍 뜨이는 지적 경험이었다. 아버지의 서책을 보면서 이익의 학문적 관심은 새로운 분야로 확대되었다. 이익이 훗날 정약용 등 실학자들에게 큰 영향을 줄 수 있었던 것은 아버지가 청나라로부터 사온 새로운 분야의 신간 서적들을 먼저 공부한 덕분이었다. 새로운 지식은 사회를 살아가는 데 필수적이다. 마치 매일 밥을 먹어야 하는 것처럼 새로운 책을 읽고 새로운 지식들을 받아들여야 한다. 그렇지 않으면 사회에서 도태되고 만다.

조선 시대 학자들은 학문을 대하는 태도가 폐쇄적이어서 주희가 사서삼경을 해석한 것을 그대로 따랐다. 공자에 빗대 주자로 불린 주희의 학문 해석을 벗어나 해석하는 것은 허용하지 않았다. 이러한 경직된 분위기 속에서도 이익은 주사학에 대한 연구를 철저히 하는 한편, 근대 과학 지식도 폭넓게 연구했다. 이를테면 이익은 주희의 천체론에 따라 천체와 자연 현상을 이해하면서도 서양 근대 과학 지식을 근거로 적극적으로 해석했다. 이익은 일식과 월식은 길흉의 조짐이 아니고 단지 천체의 자연현상일뿐이라고 주장했다. 그가 천체와 자연현상에 대해 과학적으로 해석할 수 있었던 것은 바로 증조부와 아버지가 중국에서 사온 수천 권의 근대 과학 서적 덕분이었음은 더 말할 나위가 없다.

"그러나 옛사람은 요즘과 달랐습니다. 그들은 관직을 그만두고 나면 이제는 편안한 날을 보낼 수 있다고 생각했습니다. 그들의 관직생활 자체가 곧 독서와 연계되어 있었기 때문입니다. 지위가 높을수록 장서가 많았습니다. 조정에서 집으로 돌아오면 옷을 바꿔 입고 부인이나 아이들과 몇 마디 나누고는 곧 서재로 들어갑니다. 부인이나 아이들은 서재로 들어가지 않습니다. 마치 황제가 서재로 들어가면 황후라 하더라도 따라 들어갈 수 없는 것과 마찬가지입니다. 여성 또한 마찬가지입니다. 규방으로 들어가면 자신의 일이 있습니다. 옛사람들은 평생을 학문과 함께했습니다. 책을 읽고 글씨를 쓰고 시를 지었지요. 끝없이 바쁜 나날이었습니다. 현대인들은 퇴직만 하고 나면 매우 적막해진다고 하는데, 그것은 자신이 무엇 하나 변변히 하는 것이 없기 때문입니다."

이는 중국의 현자로 불린 남회근이 쓴 《주역계사 강의》라는 책에 나오는 글이다. 우리나라나 중국이나 예전 아버지들은 낮에는 일하고 밤에는 사랑방이나 서재에서 공부하는 습관이 있었다. 공부하는 선비들의 집에는 서책들이 있었다.

요즘 여느 가정에는 가장 중요한 자리에 텔레비전이 걸려 있고 책은 찾아볼 수 없는 집들이 많다. 그 집안의 품격은 텔레비전의 크기에서 나오지는 않을 것이다. 오히려 그 집안의 품격은 책의 향기가 나는가에 달려 있지 않을까. 책을 읽는 아버지와 어머니라면 새로운 호기심을 신간에서 찾는 것을 소홀히 하지 않는다. 정기적으로 서점에 들러 신간을 사오는 부모라면 그래서 거실의 벽을 서책으로 장식한다면, 그것만으로도 자녀에게 독서교육을 하는 셈이다. 자녀가 지금 당장은 책을 보지 않더라도 언젠가 그 책들에 눈길이 갈 것이다. 그보다 더 중요한 것은 아버지나 어머니가 항상 책을 가까이 한다는 것을 마음속으로 은근히 새겨 두게 될 것이다. 정녕 그보다 더 값진 교육이 있을까.

어린 애는 책보다 사람에서 배우게 하라

이익의 아버지 이하진은 39세에 문과에 합격해 관직 생활을 했는데 대사간 시절 올린 상소가 발단이 되어 진주목사로 좌천됐다. 이어 파직을 당하고 평북 운산으로 유배를 갔다. 이익은 아버지의 유배지인 운산에서 태어났다. 그리고 아버지는 8개월 후에 세상을 떠나고 말았다.

아버지 이하진의 파직과 유배는 어린 이익에게 크나큰 영향을 미쳤다. 이익의 어머니 권씨 부인은 자녀들을 데리고 천 리를 걸어서 남편의 고향인 광주 첨성리(지금의 안산시 일동 일대)로 와서 정착했다. 권씨 부인은 무더운 여름철에 출발해 기진맥진한 상태로 첨성리에 도착했다. 아버지의 유배지에서 태어나 몸이 허약했던 이익은 이후 잦은 병치레에 시달렸다.

권씨 부인은 아들의 건강이 염려되어 어려서부터 책을 가까이하지 못하게 했다. 대신 아들에게 자연에서 마음껏 뛰놀게 했다. 이때 이익은 자연 속에 뛰놀면서 다양한 생물들을 접할 수 있었다. 《성호사설》에는 당시 어린 시절 뛰놀던 모습을 이렇게 정리하고 있다. "갯가와 바다 연안에 게가 많은데 내가 본 것은 열 종류나 된다. 《본초》등 책을 살펴본 결과 물의 형태도 지대에 따라 다름을 알 수 있다."

어린 시절이나 청소년 시절에 자연 속에서 마음껏 뛰어놀 수 있는 방법으로 여행보다 좋은 것은 없다. 여행 중에 느낀 생각이나 기억들은 훗날 여러모로 자양분이 되기 때문이다. 중국의 역사책은 모두 사마천이 지은 《사기》의 영향을 받았다. 그런데 사마천이 《사기》라는 책을 남길 수 있었던 것은 바로 아버지의 권유로 19세 때 떠난 여행이 큰 밑천이 되었다고 한다. 사마천은 장기간에 걸쳐 한 제국의 세력권이 미치는 전 지역을 답사하듯 여행한다. 우선 남쪽 양자강과 회수 지역으로 가 우임금의 묘소를 참배하고, 구의산에 들러 순 임금의 묘소를 살폈다. 이 지역을 돌면서 사마천은 《사기》의 〈오제본기〉에 등장하는 제왕들의 옛 이야기를 떠올렸을 것이다. 이어서 배를 타고 원강, 상강 유역을 돌았다. 이 지역은 초나라 말기 정치가이자 문학가인 굴원의 포부와 좌절이 서린 곳이다. 근처의 장사는 한나라 초기 정론가였던 가의와 관계 깊은 곳으로 훗날 굴원과 가의를 묶어 《사기》에서 〈굴원가생열전〉을 썼다.

사마천은 북쪽으로 발길을 돌려 문수와 사수를 건너 산동성으로 들어가 춘추 전국 시대 학술계의 성지였던 제나라와 노나라 지역을 여행했다. 또한 설현 및 팽성 부근 등을 답사하고 하남성 개봉 일대를 지나 장안으로 돌아왔다. 이때의 경험들은 〈공자세가〉를 비롯해 〈중니제자열전〉, 〈유림열전〉, 〈노장신한열전〉, 〈맹자순경열전〉 등과 관련된 내용에 생생하게 기록되었다. 이 여행은 《사기》의 주요 인물들로 등장하는 진승, 항우, 유방, 소하, 진평, 장량, 한신은 물론이고 번쾌, 역이기, 수하 등 일대를 풍미했던 호걸들의 활약상을 떠올리는 계기로도 충분했다.

여행 기간은 최소한 1~2년, 길면 2~3년은 소요되었을 것으로 보인다. 이 여행은 훗날 사마천이 《사기》를 쓸 때 20대 초에 이미 답사했던 지역을 떠올리며 생생하고 경험적으로 쓸 수 있었던 비결이 되었다. 여행 비용은 아마도 아버지 사마담이 책임졌을 것이다. 당시 장거리 여행은 대부분 걷는 수밖에 없었기에 너무 힘들었을 것이다. 그러나 아버지 사마담은 아들에게 훗날 어떤 중차대한 임무를 부여하기 위해 미리 견문을 넓히도록 여행을 보냈다. 여기서도 여행의 중요성을 다시 한 번 알 수 있다. 10대나 20대 때 여행은 훗날 큰 의미를 지닐 수 있다. 이익의 경우처럼 어릴 때 몸이 병약하다면 자연 속에서 뛰어놀게 하는 것이 '큰 공부'가 될 수 있다. 또 그때까지 공부하지 않고 보내면 절로 '공부에 대한 욕구'가 생길 수 있다.

이익의 제자이자 친척이기도 한 이중환은 24세에 과거 시험에 합격해 관직에 나아가지만 당쟁에 휘말려 37세에 유배길에 오른다. 결국 이중환은 당쟁으로 인한 정치적 좌절 속에서 전국을 방랑했다. 30여 년 동안 전국을 방랑하는 불우한 신세였지만, 우리 산천의 모습을 기록에 담아 지금도 베스트셀러로 읽히고 있는 불후의 저서 《택리지》를 세상에 내놓았다. 이 또한 지독한 여행의 산물이다. 30여 년 동안 여행을 하며 《택리지》를 남긴 이중환의 삶을 보면 여행의 중요성을 새삼 깨닫게 된다. 물론 여행을 하면서도 아무런 생각 없이 그냥 보고 즐기고 노는 것으로 끝내는 이들도 있다. 여기서도 생산적인 독서 못지않게 생산적인 여행이 얼마나 중요한지 알 수 있다. 무슨 일을 하든 많이 생각하고 또 이를 기록하는 사람이 세상의 중심이 될 수 있는 것이다.

독서와 공부의 끈을 시작해로 조급해하지 마라

요즘은 초등학생 때부터 공부에 짓눌려 중학생이 되면 책을 보기조차 싫어하는 아이들이 너무 많다. 내가 《주간경향》에 〈우리 모두가 행복한 교육〉을 연재할 때 접한 아이들은 중1이나 고1이 되면 그때부터 공부와 담을 쌓고 피시방을 전전하며 지내는 경우가 많았다. 그들은 이구동성으로 초등학생 때나 중학생 때 엄마의 공부하라는 잔소리에 찌들어 이제는 책이 보기조차 싫다고 했다.

영화로도 나온 릴리 프랭키의 소설 《도쿄 타워》를 보면 몸이 근질근질할 때까지 노는 게 얼마나 중요한 건지 알 수 있다. 《도쿄 타워》는 '엄마와 나, 때때로 아버지…'라는 부제가 붙어 있듯이 온전하지 못한 가정에서 자라는 한 아이의 성장사를 그리고 있다. 타지로 간 아들은 엄마의 속을 무던히도 썩인다. 공부는 늘 뒷전이다. 결국 대학을 포기하려다 어머니의 강권에 마지못해 겨우 대학을 졸업하지만, 그때부터 또 백수로 지낸다. 그래도 엄마는 언제나 '못난 아들'을 믿고 응원한다. 때때로 아버지는 이따금씩 아들에게 멘토의 역할을 한다. 대학을 졸업하는 아들에게 아버지는 앞으로 무엇을 할 거냐고 묻는다. 아들은 "아르바이트는 하겠지만, 우선은 아무것도 하고 싶지 않다."라고 말한다. 아버지는 "네가 정한대로 하라."라고 아들에게 신뢰를 나타내면서 인상적인 코멘트를 한다.

"아무것도 안 할 거라면 최소 5년은 아무것도 안 하도록 해봐. 그것도 힘든 일이여. 도중에 역시 그때 취직했더라면 좋았다느니 어쩌느니 했다가는 너는 백수건달로서의 재능도 없는 거여."

이런 말을 하는 아버지가 참 철없다고 생각할 수도 있지만 꼭 그렇지만은 않다. 백수를 5년 동안 하다 보면 일을 하고 싶어 근질근질한 상태가 되기 마련이다. 세상의 밑바닥까지 경험하고 약이 잔뜩 오르면 비로소 일을 해야겠다는 자세가 나올 수 있다. 아들은 백수로 지내다 결국 프리랜서로 성공한다. 몸이 근질근질할 때까지 놀자 그제야 정신이 번쩍 든 것이다.

어린 시절 이익은 냇가와 바닷가에서 뛰놀다가 10세가 되었다. 이익의 어머니 권씨 부인은 요즘 어머니들과는 달리 아이가 병약하자 공부는 신경 쓰지 않고 몸이 근질근질할 때까지 마냥 놀게 했던 것이다. 그러다 이익은 10세 때 함께 놀며 자란 친구(김리만)가 글을 읽고 시를 짓는 것을 보고 큰 충격을 받았다고 한다.

"김리만은 어려서부터 재주가 있어 이미 8세에 시를 지을 수 있었는데, 나는 나이가 그보다 두 살이나 많은데도 글 읽는 것도 모르니 매양 그를 볼 때마다 부끄러웠다." 이때부터 이익은 어머니를 졸라 둘째 형 이잠을 스승으로 삼아 글을 배우기 시작했는데, 스스로 분발해 하루 종일 책을 손에서 놓지 않았다고 한다. 이익은 10세까지 아무 생각 없이 실컷 놀다 정신이 번쩍 든 것이다. 요즘도 그렇지만 예전에도 10세가 되도록 책을 읽지 않으면 부모로서는 여간 고민이 아니었을 게다. 그런데 이익은 친구를 보고 정신이 번쩍 들어 분발해서 책을 읽기 시작했다.

이익은 요즘말로 하면 '폭풍 성적'을 낼 정도로 공부에 열심이었다. 공부에 뒤진 것을 느낀 이익은 남들보다 더욱 열심히 공부해 진척이 매우 빨랐다. 다른 아이들이 떠들고 놀 때에도 이익은 혼자 묵묵히 책을 펴고 공부했다. 어머니는 이를 몰래 보고 속으로 기뻐했다. "이 아이는 감독이 필요 없구나. 학문을 이처럼 좋아하니 이제 어미는 걱정할 필요조차 없게 되었다."

이익 어머니의 양육법을 서둘지 않는 '기다림의 양육법'이라고 할 수 있다. 공부는 서두른다고 되는 게 결코 아니다. 공부는 아이가 마음에서 하고자 하는 의욕이 생겨야 성과를 낼 수 있다. 자기 스스로 공부하겠다는 마음이 일 때까지 기다리는 것이 바로 부모의 자세임을 이미 300여 년 전 이익의 어머니 권씨 부인이 증명해 주고 있다.

이익의 생애를 보면 꼭 명문대나 고시에 합격해야만 큰 인물이 되는 것은 아님을 알 수 있다. 이익 가문의 인물들은 대대로 고위직에 있었다. 그의 증조할아버지 이상의는 이조판서와 대사헌(오늘날의 감사원장에 해당)을 역임했다. 이상의는 실학자인 반계 유형원의 외증조할아버지이기도 하다. 이익의 아버지 이하진도 대사헌과 대사간을 지낸 것을 보면 이익의 선조들은 대대로 고위 관직에 있었다. 이쯤 되면 이익 또한 관직에 나가 아버지의 뒤를 잇고 싶었을 것이다.

10세부터 공부를 시작한 이익은 급진전을 이루어 나날이 향상되었다. 과부가 된 어머니는 억척스럽게 자식들의 공부를 뒷바라지했다. 가난한 생활은 이미 몸에 배었다. 이익은 가난한 탓에 스승에게 가르침을 받을 수 없었다. 이익은 큰형이 일찍 세상을 떠나고 세 명의 형들이 있었는데 둘째 형 이잠과 셋째 형 이서, 그리고 종형(사촌 형) 이진 등에게 여러 가르침을 받았다. 특히 둘째 형 이잠은 이익을 비롯해 집안의 여러 형제들을 가르쳤다. 2세 때 아버지를 여읜 이익에게 이잠은 아버지와 같은 역할을 해주었고 큰 가르침을 주었다. 그리고 이서는 서법에 뛰어나 동국진체를 창시한 유명한 인물이다. 이서 또한 아버지가 남긴 수천 권의 서책을 탐독해 이익에 필적할 징도로 경서에 두루 통달했다.

이서는 주자학보다 사서오경으로 학문에 정진했다. 조선 후기에는 사서오경을 해석할 때에도 주희가 분석하고 해석한 대로 공부해야 했다. 그런데 이서는 주희의 해석에 그대로 얽매이지 않고 경서의 본래 의미를 탐구하는 학문 정신을 견지했다. 이는 제자인 이익에게도 큰 영향을 미쳤다. 이익이 사서오경의 각 경전에 자신의 생각을 더해 여러 질서 책을 저술한 것은 주자학에 얽매이지 않고 제자를 가르친 이서의 가르침 덕분이었다. 그는 주희와 같은 선현이 경전을 해석한 것일지라도 그것을 무비판적으로 그대로 받아들이지 않았다. 다만 그는 주희와 같은 대학자들이 《논어》등을 해석한 것은 공부가 무르익지 않은 초학자들에게 일종의 등대와 같아 이를 활용해 목적지에 도달할 수 있다고 여겼다. 즉, 경전을 공부할 때에는 주희가 쓴 책을 참고 도서로 활용하면 된다는 말이다. 기본적인 지식이 없을 때에는 참고 도서를 보며 공부를 하면 이해하기 쉽고 더 높은 단계의 공부로 나아갈 수 있다.

그래서 이익이 쓴《질서》는 이런 평가를 받고 있다. "이익의 《대학》 해석은, 한원진처럼 주자의 《대학장구》를 절대 존신하여 해석한 것과 신후담과 이병휴, 정약용처럼 주자의 주석에서 벗어나 새롭게 해석한 것의 중간쯤에 위치한다." 달리 말하자면 훗날 정약용이 《대학》을 주자의 해석에서 벗어나 새롭게 해석했는데, 자기주도적인 공부를 할 수 있도록 '학문의 징검다리'를 놓아준 이가 바로 이익이었다.

여기서 공부할 때에 자신의 주견을 세우고 자기주도적으로 하는 것이 얼마나 중요한지 알 수 있다. 자기주도적인 공부를 하지 않는다면 결국 다른 사람들이 모두 앵무새처럼 암기하고 읊조리고 있는 것을 똑같이 하는 것에 불과하다. 이익이 훗날 박지원과 정약용 등 실학파들에게 큰 영향을 끼칠 수 있었던 것은 이러한 자기주도적인 공부를 했기 때문이다.

이익은 25세 때 과거 시험을 치렀다. 그런데 엉뚱하게도 답안지에 아버지 등 선조의 관직을 기록한 격식이 틀렸다는 이유로 그만 과거 시험을 볼 수 없게 되었다. 이익은 억울하고 허탈했지만 하는 수 없었다. 이어 그에게 스승 역할을 해주었던 형 이잠은 상소를 올린 것이 화근이 되어 고문 끝에 죽고 말았다. 이익은 형의 죽음에 큰 충격을 받았다. 그렇잖아도 아버지가 명쾌한 이유도 없이 억울하게 대사간에서 진주목사로 좌천되었다가 유배를 당했고, 결국 유배지에서 세상을 떠났는데 형까지 죽다니 그 슬픔과 충격은 이루 말할 수 없었다.

이익은 결국 이런 부패한 사회, 상소를 올린 것을 빌미 삼아 목숨까지 빼앗는 조정에 실망한 나머지 더 이상 과거 시험을 보지 않기로 결심했다. 농사를 지을 땅도 많지 않았던 이익으로서는 험난한 인생의 선택이 아닐 수 없었다. 그러나 무고한 아버지와 형을 죽인 조정에 나가 벼슬할 생각은 추호도 없었다. 결국 그는 화려한 관직의 길을 포기하고 외롭고 힘든 선비의 길을 가려고 작정한 것이다.

이때 그에게 큰 위안을 주고 힘을 준 게 바로 대대로 손때가 묻은 수천 권의 서책이었다. 이익은 과거 시험을 포기한 26세부터 새로운 도전과 모험에 나선 것이다. 선비가 책을 읽어 학문이 깊지 않으면 그 누구에게도 부러움의 대상이 되지 못한다. 그저 시골에 사는 이름 없는 처사일 뿐이다. 이익은 이를 잘 알기에 학문으로 승부하기로 했다. 그런데 당시 조선에서는 주자학만이 유일한 학문으로 대접받았다. 이익은 이때 집안의 서책들에 눈길을 돌렸다. 그는 명나라와 청나라에서 선조들이 가져온 책들을 읽으면서 중요한 사실을 발견했다. 바로 서양 학문과 서양의 문물들을 소개하는 책들에서 주자학만으로는 조선을 부강하게 만들 수 없다는 것을 알았다. 이익이 훗날 정약용 등 실학자들의 스승이 될 수 있었던 것은, 바로 실용적인 학문의 필요성을 언급했기 때문이다. 그의 실용 학문을 중시하는 이런 태도는 후손과 제자들에게 큰 영향을 주었다.

이익의 집안에서는 인재들이 많이 배출되었다. 아들 이맹휴는 《예론설경》 등을 썼고, 재종손(사촌의 손자, 6촌)인 이중환은 《택리지》로 이름을 남겼다. 이가환(이잠의 손자)은 정조의 총애를 받아 벼슬이 공조판서에 이르렀으나, 천주교를 신봉해 신유사옥 때에 옥사했다. 이가환은 천재로 소문이 났던 인물이다. 서얼의 신분을 극복하고 정조의 총애를 받아 규장각 검서관이 된 이덕무는 서치(書癡), 즉 '글에 미친 바보'라고 평가받는 당대 최고의 책벌레였으며 도무지 모르는 것이 없었다. 하지만 이덕무조차 도저히 알 수 없었던 것을 알고 있던 이가 바로 이가환이었다고 한다. 이러한 사실이 알려지면서 이가환은 조선 최고의 천재 문사로 존경을 받을 정도였다.

이가환과 정약용, 그리고 또 한 명의 학자인 체제공 등은 정조가 특히 총애했던 인물이다. 이들 세 명은 바로 성호 이익의 학문 전수자들이었다. 이익은 정조가 총애하는 신하들을 모두 자신을 추종하는 제자들로 채울 만큼 큰 영향을 발휘한 학자였다. 과거 시험을 포기한 이익은 그가 꿈꾸었던 이상의 인물로 그를 만들 수 있었다.

요즘으로 치면 명문대와 대기업이 전부가 아님을 성호 이익의 삶을 통해 알 수 있다. 모두가 가는 길은 결코 영광스러운 길이 아닐 수도 있는 것이다. 이익처럼 남과 다른 길을 선택한다면 그보다 더 훌륭한 인재로 거듭날 수도 있다.

시험을 위해 책을 읽는 유구독서를 경계하라

유구독서(有求讀書), 곧 구함이 있는 독서를 경계한다는 말이다. 유구독서란 달리 말하면 출세를 하기 위하여 독서하는 것을 말한다. 예전에는 과거 시험을 준비하기 위해 하는 독서이고, 요즘에는 고시나 공무원 시험에 대비하는 독서일 것이다. 시험용으로 한 독서는 줄줄 외더라도 시험 후엔 잊게된다. 심성에 남아 있지 않고 행동으로 드러나지도 않으며 내 삶에 변화도주지 않는다.

이익은 《성호사설》에서 이렇게 유구독서에 대해 말한다.

"과거 공부를 하는 자가 입술이 썩고 이빨이 문드러질 정도로 책을 읽더라도, 독서를 중지하면 소경처럼 눈앞이 깜깜하여, 입으로는 흑백을 말하면서도 실제로는 검은 것과 흰 것을 분별하지 못하는 것과 같다. 그들이 말하는 것은, 귀로 듣고 입으로 말하는 것에 불과하다. 마치 포식을 하고 나서토하는 깃과 같으니, 그러면 몸에 이로움이 없을 뿐만 아니라 의지도 상하게 된다."

그런데 오늘날 학교에서 배우는 대부분의 공부는 진학을 위해 공부하는 시험 준비용 공부이다. 이익의 주장대로라면 아무 의미가 없고 돌아서면 잊어버리고 마는 공부다.

나는 고등학교 1학년 때 레오 니콜라예비치 톨스토이의 소설인 《부활》을 읽은 적이 있다. 1학기 봄에 시작해 무려 1학기 동안에 걸쳐 《부활》을 읽었다. 그런데 그때 대학 진학을 위해 공부한 내용은 까마득하게 잊어버리고 생각이 나지 않지만, 힘겹게 시간을 내서 읽은 《부활》은 마음속에 영원히 새겨져 있다. 네흘류도프와 카튜사의 시베리아 유배지에서의 사랑 이야기가 아직도 시리도록 내 마음을 전율시키고 있다.

이익이 유구독서를 경계하라던 것은 바로 마음의 양식을 살찌우기 위해 스스로 하는 독서와 시험을 보기 위해 마지못해서 하는 독서의 차이를 말하기 위해서이다. 이익이 과거 시험을 포기하고 공부하기 시작한 이래, 머리와 마음에는 책이 한 권 두 권 쌓이고 쌓여 마침내 1000권이 넘는 책이 저장되었다고 한다. 과거 시험을 위해 책을 읽었다면 아마도 과거 시험에 합격한 후에는 아무것도 기억나지 않았을 것이다. 이익처럼 출세를 위해 책을 읽지 않고 자신의 마음을 살찌우기 위해 책을 읽는다면 능히 1000권도 머릿속에 저장할 수 있을 것이다.

이익이 남긴 《성호사설》은 그 양이 방대하다. 이 책에는 성호가 평소 제자들과 문답을 나누었던 천문지리역사제도군사풍속문학 등의 분야에 걸친 넓고 깊은 학식이 집대성되어 있다. 이익은 독서하면서 생각이 떠오르면 수시로 기록했다. 그게 쌓여 책이 되었는데, 이익은 소소한 이야기라는 뜻의 '사설(僿說)'이라 이름 붙였는데 그 유명한 《성호사설》이다.

이익은 책을 읽고 사색을 통해 얻은 것이나 제자들과 질문하고 답변한 내용을 기록해 두었다. 이 기록들이 쌓이자 이익은 80세 때 조카들에게 정리를 당부해《성호사설》로 탄생하게 된 것이다. 여기에 이익의 제자인 안정복이 내용에 따라 분류해서 책의 절반쯤 되는 분량으로 편찬했다. 이런 책을 흔히 백과전서라고 한다. 이수광의《지봉유설》이 대표적이었고《성호사설》을 거쳐 안정복은《잡동산이(雜同散異)》를 썼다. 우리가 요즘 말하는《잡동사니》란 말은 여기서 유래했다. 잡동사니와 같은 잡다한 지식과 정보를 모아 놓았다고 해서《잡동산이》라고 이름 붙였다고 한다.

독서는 하루아침에 습관으로 굳어지지 않는다. 특히 독서는 생산적으로 하지 않으면 아무리 많이 읽어도 소용없다. 중요한 것은 읽은 책을 어떻게 자신의 지식으로 활용하느냐이다. 자녀에게 독서교육을 할 때 가장 중요한 점은 책을 읽으면서 자신에게 필요한 내용을 잘 파악하고 자신의 생각을 덧붙여 기록해 놓는 것임을 이익의《성호사설》을 통해 알 수 있다.

반드시 생각하고 상상하면서 책을 읽어라

"생각하고 생각하며 또 거듭 생각하라. 생각하여도 통하지 못하면 귀신이 통히게 해줄 것이나." 이익은 어릴 때부터 책을 읽으면서 단지 외우는 데 만족하지 않고 늘 생각하는 습관을 키웠다. 또한 이익은 읽기만 반복해서는 안 되고, 반드시 생각하고 사색하고 성찰할 것을 주문한다. 그는 어릴 때부터 반복해서 읽고 또 사색하고 여기에 더해 늘 붓으로 쓰기를 습관으로 만들었다. 한번은 스승에게 가르침을 받고서 "저는 오래되면 쉽게 잊어버리니 써가지고 집으로 돌아가겠습니다." 하고는 종이와 붓을 달라고 요청하여 쓰면서 의심나는 곳이 있으면 거듭해서 질문을 해 스승이 매우 놀랍고 신기하게 여겼다. 그때 스승은 "내가 배우는 사람을 많이 겪어 봤지만 너처럼 성실하고 부지런한 사람은 일찍이 보지 못했다. 뒷날 반드시 큰 그릇을 이룰 것이다."라고 말했다.

그는 "독서는 많이 읽기를 탐하는 데 있지 않고 또 외워서 익히는 것도 잘하는 일이 아니다."라면서 의문을 갖고 독서할 것을 강조했다. 이익은 의심을 갖고 공부하는 것이 공부의 핵심이라고 생각했다.

"주자는 작게 의심하면 작게 진보하고 크게 의심하면 크게 진보할 것이니, 많은 의심을 내는 것은 해되지 않을 것이다. 그러므로 의심이 없는 곳도 의심을 두어 의심스럽게 보는 것이다."

이익은 학문에 정답이 없다면서 시대가 변하면 새로운 시대 변화에 맞춰 학문도 변해야 한다고 강조한다. 이익은 당시 조선 시대를 휩쓴 주희의 주자학에 대한 맹목적인 신봉을 경계하며 학문의 폐쇄성을 우려했다.

"산길에 초목이 무성하고 들길에 물이 터졌는데도 옛길만을 고수하여 길을 가다가 넘어지거나 빠지는 것을 면치 못하는 것과 같다." 이익은 변화하는 세계에 대해 신속하게 적응할 것을 강조한다. 이를 위해 그는 《논어》와 《맹자》 같은 경전을 연구하는 목적도 새로운 변화에 대응하기 위한 쓸모 있는 지식을 얻는 데 있다고 강조했다. 즉, 경전을 연구하는 것은 장차 그 지식을 빌려 쓰기 위해서이고, 거기서 얻은 지식이 현실에서 쓰이지 못한다면 한갓 독서로 소일하는 것에 불과하다고 비판했다. 그래서 이익은 어려서부터 배우는 것은 단순한 지식을 습득하기 위한 것이 아니라 장차 실제 일에 직접 활용하기 위한 것이라고 말했다. 이것이 바로 '실학'이라고 이익은 강조했다.

이익은 조카 이병휴에게 비실제적인 공허한 학문에 몰두하지 말고 실제적인 학문, 즉 실제적으로 대처지식을 습득하는 학문을 할 것을 권했다. 그래서 이익은 당시 유행했던 패관소설과 같은 책 읽기는 아무런 도움도 되지 않는다고 했다. 이익은《수호전》과 같은 소설류는 눈길도 주지 않았다. 반면 어릴 때부터 사서오경 등 경학과 제자백가, 문인들의 시와 수필 등을 좋아했다. 그는 퇴계 이황을 사모해 퇴계의 좋은 말씀과 훌륭한 교훈을 수집해 엮고 기록해《도동록》이라는 책을 만들었다. 이게 이익의 독서 취향이고 수많은 '질서', 그리고《성호사설》과《도동록》은 그 취향이 만들어낸 결과물인 것이다.

독서는 모든 사람이 공통적으로 해야 할 일이지만 각자가 읽는 독서의 분야는 결코 공통적일 필요가 없다. 오히려 독서는 그 사람이 지닌 품성과 취향에 따라 다를 수밖에 없다. 이때 스승이나 부모는 자녀의 독서 취향을 파악하고, 어떤 분야의 책을 읽는 게 좋을지 세심하게 이끌어 주는 것이 무엇보다 중요하다. 다만 누구든지 크게 의심을 하면서 책을 읽어야 한다. 의심이란 신기한 것만을 쫓아갈 위험성이 있지만 안일하게 탐구하는 태도보다는 낫기 때문이다.

이익은 독서는 시간이 여유 있을 때 하는 일이 아니라 시간이 없는 때일수록 더 힘써야 한다고 자녀에게 당부했다. "몸이 한가하고 일이 없는 때를 기다려 독서하려고 하면 목숨이 다할 때까지 독서할 여가가 없다." 아버지들은 직장일로 바쁘다고 늘 책 읽을 시간이 없다고 하고, 어머니들은 또 집안일로 바빠 늘 책 읽을 시간이 없다고 한다. 그 자녀들 또한 학교 공부하고 시험 준비하기 바빠 늘 책 읽을 시간이 없다고 한다. 이런저런 변명을 하다 보면 책 읽을 시간은 없다. 그러나 독서를 하지 못할 이유는 없다는 것이 이익의 생각이다. "일을 만들어내면 일이 생기고 일을 줄이면 일이 줄어드는 법이니, 제자들아, 늘 이를 생각할지어다." 이는 하지 않아도 되는 일을 한두 가지만 줄이면 매일 책 읽을 시간을 만들 수 있다는 말이다.

이익 가의 독서비법 7
– 학자를 꿈꾸는 아이에게 적합한 독서법

1. 독서할 때 떠오르는 생각을 메모하라.

이익이 어린 시절부터 평생 실천한 공부법이 들어 있다. 바로 '붓 가는 대로 적어 두는 것'이다. 이처럼 생산적인 독서를 위해서는 무엇보다 책을 읽을 때 메모를 하는 습관이 필수적이다. 책장에 표시를 해두었다가 책을 다 읽은 후에 노트북이나 노트에 중요한 인용문, 기억해야 할 문장이나 사실들을 메모해 둔다면 평생의 양식이 될 수 있다.

2. 신간 도서를 사다 주는 부모가 되어라.

아버지가 수천 권의 책을 사왔을 때는 아직 이익이 세상에 태어나지 않았었다. 이 책들은 훗날 이익이 대학자가 되는 든든한 자양분이 된다. 당시 도서관이 없었던 시절 집안에 수천 권의 책이 있다는 것은 그 어떤 것보다 값진 보물이었다.

3. 어릴 때는 책보다 자연에서 배우게 하라.

어린 시절이나 청소년 시절에 자연 속에서 마음껏 뛰어놀 수 있는 방법으로 여행보다 좋은 것은 없다. 여행 중에 느낀 생각이나 기억들은 훗날 여러모로 자양분이 되기 때문이다. 생산적인 독서 못지않게 생산적인 여행이 얼마나 중요한지 알 수 있다. 무슨 일을 하든 많이 생각하고 또 이를 기록하는 사람이 세상의 중심이 될 수 있는 것이다.

4. 독서와 공부를 늦게 시작해도 조급해하지 마라.

이익 어머니의 양육법을 서둘지 않는 '기다림의 양육법'이라고 할 수 있다. 공부는 서두른다고 되는 게 결코 아니다. 공부는 아이가 마음에서 하고자 하는 의욕이 생겨야 성과를 낼 수 있다. 자기 스스로 공부하겠다는 마음이 일 때까지 기다리는 것이 바로 부모의 자세임을 이익의 어머니가 증명해 주고 있다.

5. 따라하지 말고 자기주도적인 독서를 하라.

이익의 생애를 보면 꼭 명문대나 고시에 합격해야만 큰 인물이 되는 것은 아님을 알 수 있다. 이익이 사서오경의 각 경전에 자신의 생각을 더해 여러 질서 책을 저술한 것은 주자학에 얽매이지 않고 제자를 가르친 이서의 가르침 덕분이었다. 그는 주희와 같은 선현이 경전을 해석한 것일지라도 그것을 무비판적으로 그대로 받아들이지 않았다.

6. 시험을 위해 책을 읽는 유구독서를 경계하라.

이익이 유구독서를 경계하라던 것은 바로 마음의 양식을 살찌우기 위해 스스로 하는 독서와 시험을 보기 위해 마지못해서 하는 독서의 차이를 말하기 위해서이다. 이익이 과거 시험을 포기하고 공부하기 시작한 이래, 머리와 마음에는 책이 한 권 두 권 쌓이고 쌓여 마침내 1000권이 넘는 책이 저장되었다고 한다.

7. 반드시 생각하고 성찰하면서 책을 읽어라.

"생각하고 생각하며 또 거듭 생각하라. 생각하여도 통하지 못하면 귀신이 통하게 해줄 것이다." 이익은 어릴 때부터 책을 읽으면서 단지 외우는 데 만족하지 않고 늘 생각하는 습관을 키웠다. 또한 이익은 읽기만 반복해서는 안 되고, 반드시 생각하고 사색하고 성찰할 것을 주문한다.

◉ 이익을 만든 독서 리스트

이익의 독서비법은 이른바 '묘계질서(妙契疾書)'라는 말로 요약된다. 그는 묘계질서를 평생 공부하면서 실천했는데 책을 읽다 스쳐 간 생각들을 메모로 필사해 두었다고 한다. '묘계'는 번쩍 떠오른 깨달음이고, '질서'는 빨리 쓴다는 뜻. 먼저 이익은 《맹자》를 읽으면서 떠오르는 대로 그의 생각을 적었는데 이게 그가 시리즈로 펴낸 첫 번째 질서 책인 《맹자질서》로 질서를 시작한 지 5년만에 펴낼 수 있었다.

이익은 이어 《대학》, 《소학》, 《논어》, 《중용》, 《근사록》, 《심경》, 《주역》, 《서경》, 《시경》 등을 차례로 읽고 각각 '질서'를 펴냈다. 어렵기로 유명한 《주역》과 시 300수가 담긴 《시경》은 반복해서 읽고 또 읽으면서 다시 고쳐 적기를 계속했다. 이익은 책을 읽으면서 느낌과 깨달음을 모두 메모했고 그 메모가 쌓이고 쌓여 한 권의 책이 되어 수십 권의 책을 펴낼 수 있었던 것이다. 《성호사설》도 묘계질서에 의해 탄생한 역작이다. 독서를 하면서 메모를 병행하는 것이야말로 가장 생산적인 독서법으로 이보다 더 좋은 평생 습관은 없을 것이다. 요즘 대학 논술 시험 등에 대비하기 위해서는 이익의 '묘계질서 독서 메모법'을 실천해 보자.

◉ 이익 관련 교양 필독서

《성호사설》

1000여 종의 방대한 책에 대한 자신의 주견을 담은 일종의 비평서다. 자녀가 장차 교수가 되거나 학문을 연구하는 일을 원한다면 이익의 독서법을 들려줄 만하다. 아이가 초등학생 시절부터 책을 읽으면서 내용이나 생각, 의견을 적어 놓으면 그게 자신만의 관점을 가진 글이 되는 것이다. 훗날 대학 교수나 작가가 되는 길은 자신의 글을 기록하는 데서 시작한다는 것을 이익의 《성호사설》을 통해 알 수 있다.

독도와 관련해 안용복에 대한 평가는 지금 우리 시대에도 많은 것을 생각하게 한다.

"내가 살펴보건대, 안용복은 따질 것 없이 영웅과 짝이 될 만한 사람이다. 미천한 일개 군졸로서 만 번 죽을 계책을 내어 국가를 위해 강한 적과 대항하였다. 그래서 그들의 간사한 마음을 꺾어 버리고, 여러 대를 끌어온 분쟁을 그치게 했으며, 한 고을의 땅을 회복했다.

그런데 조정에서는 그에게 상을 주지 않았을 뿐만 아니라, 사형에 처하려다 뒤에 귀양을 보냈다. 그의 기상을 꺾어 버리기에 겨를이 없었으니, 애통한 일이다. 울릉도는 척박한 땅이라고들 한다. 하지만 대마도의 경우를 생각해 보아야 한다. 대마도 또한 한 조각의 농토가 없는 곳이지만, 왜인의 소굴이 되어 역대로 골칫거리가 되고 있다. 울릉도를 한번 빼앗기게 되면 또 하나의 대마도가 늘어나는 것이니, 앞으로 닥칠 화란을 어찌 이루 다 말할 수 있겠는가?"

– 《성호이익시선》(예문서원, 2004) 중에서

주니어 김영사에서 출간한 《이익 성호사설》은 학습만화로 돼 있어 어린이들이 읽기에 안성맞춤이다.

9장

조선의 독서왕, 김득신 자

— 둔재를 이겨낸 반복 읽기의 힘

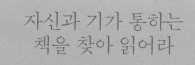

자신과 기가 통하는
책을 찾아 읽어라

백곡 김득신(1604~1684) "나는 천성이 노둔하여 《사기》, 《한서》 및 한유, 유종원의 글을 베껴서 만 번이나 읽었는데 그 가운데 〈백이전〉은 1억 1만 3천 번을 읽고 드디어 서재 이름을 억만재라 하였다." 이는 조선 중기의 시인 백곡 김득신이 한 말이다. 〈백이전〉은 사마천의 《사기열전》에 나온다. 백곡은 1만 번 이상 읽은 글이 36편이나 된다며 이른바 《독수기》를 적은 인물이다. 김득신은 소년 시절부터 시를 잘 지었고 수많은 시를 남겼다. 그런데 김득신이 과거 시험에 합격한 나이가 상상을 초월한다. 자그마치 59세 때에 비로소 과거 시험에 합격했다. 백곡의 생애가 지금 우리에게 교훈적인 것은 무엇보다 끈기를 배울 수 있기 때문이다. 요즘 아이들에게 가장 부족한 점이 어쩌면 끈기일 것이다. 물론 요즘은 5급 공채, 즉 고시 공부를 하다 인생을 망치는 고시폐인들이 사회문제가 되고 있지만, 김득신의 끈기가 주는 교훈만큼은 아무리 강조해도 지나치지 않을 것이다.

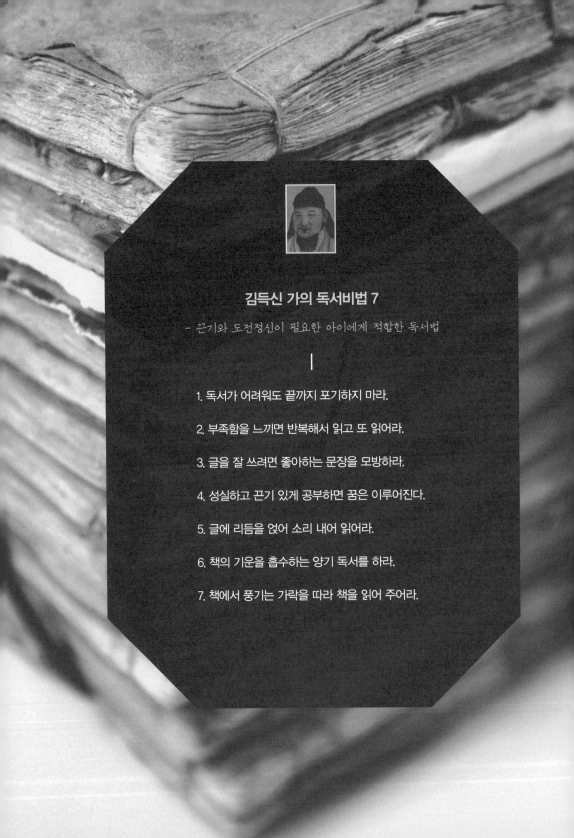

김득신 가의 독서비법 7

– 끈기와 도전정신이 필요한 아이에게 적합한 독서법

|

1. 독서가 어려워도 끝까지 포기하지 마라.

2. 부족함을 느끼면 반복해서 읽고 또 읽어라.

3. 글을 잘 쓰려면 좋아하는 문장을 모방하라.

4. 성실하고 끈기 있게 공부하면 꿈은 이루어진다.

5. 글에 리듬을 얹어 소리 내어 읽어라.

6. 책의 기운을 흡수하는 양기 독서를 하라.

7. 책에서 풍기는 가락을 따라 책을 읽어 주어라.

독서가 어리워도 끝까지 포기하지 마라

"행운은 매우 중요한 요소다. 하지만 행운을 차지할 수 있는 사람은 대부분 제대로 준비돼 있고 끈기 있는 쪽이며, 그런 사람이 훗날 전기의 주인공이 되는 것이다."

20세기를 수놓은 400명의 성공 요인을 분석한 빅터 고어츨의 《세계적 인물은 어떻게 키워지는가》에 나오는 말이다. 400명의 저명인사들에게 발견되는 공통된 특성은 자신의 이상과 목표를 추구하는 과정에서의 '끈기'라고 한다. 이를 공식화하면 '큰 인물=준비+행운+끈기'라는 공식으로 요약된다는 것이다. 세계적 인물들은 바로 철저하게 준비를 거듭했고 준비가 무르익을 때 비로소 기회가 찾아와 누구나 부러워하는 행운을 거머쥘 수 있었다. "끈기가 나의 유일한 힘이다."라는 말처럼 그 준비 기간은 끈기가 있어야만 이겨낼 수 있다.

살아가다 보면 '성실'과 '끈기'를 이기는 무기는 없다는 것을 깨닫곤 한다. 하지만 학창 시절에는 성실이나 끈기와 같은 덕목을 들먹이면 잔소리처럼 여겨져 귀담아듣지 않는다. 오히려 머리가 뛰어나게 태어나지 못한 것을 탓하기 일쑤다. 자신은 노력하지 않고 남 탓을 한다. 하지만 아무리 머리가 뛰어나도 끈기 있게 반복해서 공부하는 학생을 이기지 못한다. 어떤 학생은 시험을 앞두고 집에서 잠만 잤다고 말하지만 그것은 경쟁자를 안심시키기 위한 뻔한 거짓말이다. 그런 학생일수록 누구보다 더 열심히 책과 씨름하기를 반복한다.

책이나 글을 백 번 읽으면 그 뜻이 저절로 이해된다는 말로 '독서백편의자현(讀書百遍義自見)'이 있다. 흔히 '노력하는 사람을 당할 수 없다.'는 말이 있는데 이 말이 바로 그런 경우를 의미한다. 또 책을 많이 읽는다는 표현으로는 '오거서'가 있다. 다섯 수레에 가득 실을 만큼 많은 책을 뜻하는데, 원래 장자가 장서가인 친구 혜시의 학식이 많아 '오거지서(五車之書)', 즉 책이 다섯 수레나 된다고 말한 데서 유래했다.

이 말은 당나라 때 두보(712~770)가 쓴 시에서 인용해 더 유명해졌다.

부귀는 반드시 애써 노력함에서 얻어지나니 / 남아는 모름지기 오거의 책을 읽어야 하리.(부귀필종근고득 남아수독오거서 富貴必從勤苦得 男兒須讀五車書)

두보의 〈백학사모옥(柏學士茅屋)〉이라는 시에 나오는 글귀다. 두보는 중국 최고의 시인으로 흔히 '시성'이라고 불린다. 시성은 세상에서 시를 가장 잘 짓는다는 말이나. 두보는 소년 시절부터 시를 잘 지어 명성을 얻었는데, 하늘의 시샘인지 과거 시험에는 합격하지 못했다. 과거 시험은 지금의 공무원 시험과 같다. 옛날에는 과거 시험에 합격해 공무원이 되는 것이 최고의 영예였다. 과거 시험에 낙방을 한 두보는 평생 이곳저곳을 방랑하다 결국 59세에 세상을 떠나고 말았다. 하지만 그의 시는 지금까지 중국뿐만 아니라 우리나라 사람들의 입에도 오르내리고 있다. 두보가 만약 과거 시험에 붙었다면 시인으로서는 크게 이름을 떨치지 못했을지도 모른다.

조선 시대 중기를 살다간 백곡 김득신(1604-1684)은 두보처럼 소년 시절부터 시를 참 잘 지었다. 두보가 과거 시험에 합격하지 못한 반면, 김득신은 과거 시험에 합격했다. 그런데 김득신이 과거 시험에 합격한 나이가 상상을 초월한다. 자그마치 59세 때에 비로소 과거 시험에 합격했다. 두보는 59세에 삶을 마쳤는데, 김득신은 바로 그 나이에 과거 시험에 합격했다. 참 우연의 일치라기에는 너무 우연이다.

조선 시대에는 과거 시험이 요즘 사법시험이나 행정고시 공부하는 것보다 더 경쟁이 치열했다. 3년에 한 번씩 보는데 단 33명 정도밖에 뽑지 않았다. 대부분 30대까지 과거 시험에 응시하다 계속 떨어지면 포기를 하는데 김득신은 그렇지 않았다. 그는 과거 시험에 떨어질 때마다 그만 때려치우라는 비아냥과 조롱을 들어야 했다. "김서방, 이제 그만두지. 지긋지긋하지도 않아. 그냥 시나 쓰면서 살아. 왜 그렇게 과거 시험에 목숨을 걸어. 인생은 아주 짧은 거야!" 이렇게 되면 대부분 사람들은 자포자기하기가 십상이다. 사람의 평균 수명이 예전에는 60세도 넘기기 어려웠으므로 죽는 날이 다가오는 데도 과거 시험에만 매달린다면 세상의 웃음거리가 될 수밖에 없다.

김득신이 끝까지 과거 시험을 포기하지 않고 합격할 수 있었던 배경에는 아버지가 있었다. 아버지는 아들이 평소 총명하지 못한 것을 알았다. 책을 읽혀도 이해를 잘 하지 못하기 일쑤였기 때문이다. 아버지는 아들이 10세 때 《사략》을 직접 가르쳤는데 3일이 지나도 제대로 읽지 못했다. 아버지는 참 속이 상했을 테지만 그럼에도 아들을 믿고 격려하면서 더욱 분발하도록 독려했다. 14세 때 서울로 유학 보내 공부를 하게 했다.

김득신은 시를 잘 지었지만 여느 신동처럼 어린 시절부터 시를 잘 지은 게 아니었다. 그는 무려 19세가 되어서야 시를 지었다. 이때 아버지는 박장원이라는 학생에게 당시를 가르치고 있었다. 박장원은 김득신보다 8세 정도 어렸는데 아버지와 함께 당시를 같이 배우게 되면서 평생 친구처럼 또는 형제처럼 지내게 된다.

21세 때 김득신은 부산으로 내려가 동래부사로 근무하던 아버지에게 자신이 지은 시를 보여 주었다. 아버지는 시를 잘 지었다며 크게 칭찬을 했다. 김득신은 어버지에게 처음 칭찬을 들었던 터라 뛸 듯이 기뻤다고 한다.

개인심리학의 권위자인 알프레드 아들러 또한 아버지의 인정으로 세계적인 심리학자가 될 수 있었다. 아들러가 학교에서 수학 성적이 형편없어 낙제까지 하자 어느 날 교사가 부모를 불렀다. 교사는 아버지에게 "아들러는 공부를 시켜봐야 별 수 없을 것 같으니 차라리 양화점 견습공으로나 보내는 것이 좋겠다."라고 권고했다. 아버지는 이에 아랑곳하지 않고 아들을 수학 공부에 전념케 했다. 아버지는 아들러를 격려하며 학업을 계속 할 수 있도록 했고, 그 결과 아들러는 세계석인 정신분석학자로서 명성을 떨쳤다. 이에 대한 내용이 그가 쓴 《심리학이란 무엇인가》에 소개되어 있다.

"나는 몇 년 동안 학급에서 수학의 열등생이었기 때문에 재능 따위는 전혀 갖고 있지 못하다고 확신하고 있었다. 어느 날 나는 나 자신도 놀랄 일이었지만 다행스럽게도 선생님조차도 전혀 손을 대지 못했던 문제를 풀게 되었다. 이 성공이 수학에 대한 나의 태도 전체를 완전히 뒤바꿔 놓았다. 이전까지 수학에 관심이 없었던 나는 그 일을 계기로 수학에 흥미를 갖게 되었으며 내 능력을 높이기 위해 모든 기회를 이용했다. 그 결과 나는 학급에서 수학을 가장 잘하는 사람이 되었다."

인생의 동기는 '생물학적 본능'이 아닌 '사회적 관심'이라는 주장은 아들러가 정립한 것이다. 김득신의 아버지 또한 노둔한 아들이 부정적으로 세상을 보지 않고 긍정적으로 보게 이끌었다. 김득신은 22세 때 주위에서 '그 아버지에 그 아들'이라는 말을 들을 정도로 시에 재능을 보이기 시작했다.

그러나 김득신은 과거 시험에는 번번이 낙방했다. "아, 나는 왜 이리 머리가 나쁠까. 외워도 외워도 돌아서면 까먹다니……." 때로는 자신을 낳아 준 부모가 원망스럽기도 했다. 하지만 이내 마음을 고쳐먹고 다시 책을 펼쳤다. 아버지는 보다 못해 아들에게 하나의 지침을 내렸다. "60세까지는 과거 시험에 응해 보라!"는 지침이 바로 그것이었다.

이 말을 들은 김득신은 한편으로는 자신을 과소평가하는 것 같아 아버지가 야속하고 미웠을 것이다. 그는 어릴 때 천연두를 앓은 탓인지 머리가 둔했다. 10세 무렵에 글을 익히기 시작했으나 돌아서면 잊어버렸다. 이런 그에게 사람들은 글공부를 포기하라고 권고했다. 다만 아버지는 포기하지 않았다. 그가 처음 시를 짓자 아버지는 감격해서 춤을 출 정도였다. 그러면서 "대기만성하라."라고 격려했다.

김득신은 아버지의 지침을 늘 마음속에 되새기며 결코 포기하지 않고 과거 시험 공부에 전념했다. 계속되는 낙방에 포기하고 싶은 마음이 들어도 그때마다 아버지의 지침을 떠올리며 책과 씨름했다.

김득신은 점점 끈기 있는 사람이 되어갔다. 아무리 주변에서 비아냥거리고 멸시를 해도 끄덕하지 않았다. 그럴수록 더 책을 읽고 또 읽었다. 하루에도 수십 번을 반복하며 읽었다. 김득신은 책을 읽으면서 몇 번을 반복해서 읽었는지를 표시하기 시작했다.

그런데 과거 시험에는 번번이 낙방을 했다. 요즘 말로 하면 김득신은 '시험울렁증'이 있었던 것이다. 과거 시험장에서 시험관이 문제지를 거는 순간 김득신은 너무나 긴장한 탓에 외우고 있던 내용조차 깡그리 잊어버렸다. 그럴수록 김득신은 책을 읽고 또 읽어 내용을 전부 다 외웠다.

책을 얼마나 반복해서 읽었는지 그가 쓴 《독수기(讀數記)》에 나와 있다. 《독수기》란 책을 몇 번 읽었는지에 대한 기록이라는 뜻이다. 김득신은 《독수기》에 "만약 훗날 나의 자손들이 나의 《독수기》를 보면, 내가 책 읽기를 게을리하지 않았음을 알 것이다."라고 적고 있다. 자신이 얼마나 독서에 열중하고 또 과거 시험에 합격하기 위해 노력했는지를 후손들이나마 알아주기를 바랐던 것이다. 정말이지 59세에 과거 시험에 합격했기 망정이지 계속 불합격을 했다면 김득신은 얼마나 책을 더 많이 읽었을까.《독수기》를 보면 그가 책을 얼마나 반복해서 읽었는지 알 수 있다.

-〈백이전〉은 1억 1만 3천 번.
-〈노자전〉,〈분왕〉,〈벽력금〉,〈주책〉,〈능허대기〉,〈의금장〉,〈보망장〉은 각각 2만 번.
-〈제책〉,〈귀신장〉,〈목가산기〉,〈제구양문〉,〈중용서〉는 1만 8천 번.
-〈송설존의서〉,〈송원수재서〉,〈백리해장〉은 1만 5천 번.
-〈제약어문〉은 1만 4천 번.

김득신이 남긴 문집인《종남총지》를 보면〈백이전〉의 경우 무려 1억 1만 3천 번을 읽었다고 한다. 김득신의 서재 이름이 '억만재(億萬齋)'인데〈백이전〉을 1억여 번을 읽었다며 그렇게 지었다. 김득신은 1만 번 이상 읽은 책이 36권에 달한다. 그는 31세 때인 1634년부터 67세인 1670년에 이르기까지 36년 동안 고문을 읽으며, 읽은 책의 이름과 횟수를《독수기》에 기록했다. 그 사이에《장자》와《대학》등과 같은 고전도 읽었는데 다만 1만 번 이상 읽지 않아《독수기》에 실지 않았다고 한다. 이 정도면 정말 못 말리는 사람이 아닐 수 없다. 그의 독서 열정만은 전 세계적으로도 독보적인 것만은 틀림없을 것 같다. 오늘날로 보면《기네스북》에 오를 수 있는 인물이다.

김득신의 책 읽기는 조선 시대에 수많은 이들이 이름을 거론할 정도로 명성이 자자했다. 김득신의 독서 열정에 다산 정약용도 찬사를 아끼지 않았다. "글자가 생겨난 이후로 상하 수천 년과 종횡 3만 리를 통틀어 독서에 부지런하고 뛰어난 이로는 당연히 백곡(김득신의 호)을 제일로 삼아야 할 것."이라고 칭찬을 했다.

김득신은 노둔한 자신을 알고 스스로 애써서 공부를 한 것이다. 과거 시험을 볼 때에도 자신의 문장력이 모자람을 알고, 이를 극복하기 위해 집요하게 다독을 했다.

글을 잘 쓰려면 좋아하는 문장을 모방하라

당송팔대가의 한 사람인 한유가 쓴 고문을 바탕으로 한 자유로운 산문 문체는 우리나라에도 큰 영향을 끼쳤다. 말하자면 고전을 소재로 하면서도 개성적인 글을 썼다. 한유가 쓴 〈맹동야를 보내는 글(送孟東野序)〉은 특히 압권으로 꼽히며 지금도 회자되고 있다.

"만물은 평정을 얻지 못하면 소리 내 운다. 초목은 본디 소리가 없으나 바람이 흔들면 소리 내 울고, 물은 본디 소리가 없으나 바람이 치면 소리 내 운다. 솟구치는 것은 무언가가 그것을 쳤기 때문이고, 내달리는 것은 무언가가 그것을 막았기 때문이며, 끓어오르는 것은 무언가가 그것에 불질을 했기 때문이다. 금석은 본디 소리가 없지만 두들기면 소리 내 운다. 사람이 말을 하는 것도 마찬가지다. 도무지 어쩔 수가 없어서 말을 하는 것이니, 노래를 하는 것은 생각이 있어서고, 우는 것은 가슴에 품은 바가 있어서다. 입에서 나와 소리가 되는 것들은 모두 평정치 못한 바가 있기 때문이다!" -《한유문집》 1권 중에서

이 글은 "만물은 평정을 얻지 못하면 소리 내 운다."로 시작하는데 '울다(鳴)'라는 한 글자를 가지고 문장을 이룬 것으로 그야말로 독창적인 틀이요, 불세출의 필력이라고 평가받고 있다. 이 글은 제자백가들을 '명', 즉 울음에 비유하고 있다. '백가쟁명(百家爭鳴)'이라는 표현에서 한유가 절묘하게 빌어와 이런 명문장을 내놓은 것이다.

한유의 문장은 문인들에게 모방의 대상이 되었고 김득신 등 수많은 문인들의 문체에 영향을 주었다. 김득신이 가장 좋아한 작가는 한유(768~824)였다. 김득신은 한유의 문장도 좋아했지만 그의 포기하지 않고 도전하는 삶 또한 본받고 싶었을 것이다. 김득신은 과거 시험에 낙방할 때마다 34세에 과거 시험에 최종 합격한 한유를 떠올렸을 것이다. 그러다 그는 59세에 합격했지만 말이다.

한유는《산문집》을 남겼는데 파격적이고 과감한 문장과 실용적인 글들을 썼다. 신범식의《백곡 김득신의 문학론과 문학 세계》에 따르면 김득신이 1만 번 이상 읽었다는 36편 가운데 한유의 책이 20편으로 가장 많았다. 다음으로는 사마천, 유종원, 소식, 유향, 소순 등의 순이었다. 당송팔대가의 한 사람인 유종원은 20대에 정치 혁신을 꾀하다 몰락해 10년 동안 벽지인 영주에서 글을 쓰며 지냈다. 유종원은 한유와 함께 자유로운 형식의 개성 있

는 글쓰기로 산문의 새로운 경지를 개척한 인물이다. 연암 박지원도 한유와 유종원의 글들을 읽고 모방해서 그 유명한 《열하일기》를 쓸 수 있었다. 소순은 소식과 부자 관계인데 소순과 소철과 소식 등 '3소'로 글 잘 쓰는 3부자로 유명하다. 소순이 아버지이고 소철은 소식의 동생이다. 소식은 호가 동파로 우리에게는 소동파로 더 알려져 있는데 가장 유명한 시가 바로 〈적벽부〉다.

김득신이 읽은 한유의 글 가운데 〈획린해(獲麟解)〉라는 글은 자신의 뜻과 영특함을 알아주는 성인이 없는 것을 안타까이 여겨 쓴 글이다. 김득신이 이 글을 1만 3천 번 읽었다면 아마도 줄줄 외우고도 남았을 게다. 그가 읽은 문장은 요즘으로 보면 책 한 권에 해당하는 분량이 아니다. 〈획린해〉와 같이 짧은 문장도 있고 좀 긴 문장도 있다. 그러니 1만 번 읽었다는 게 이상하지 않을 법하다.

김득신은 이들 36편의 글들을 1만 번 이상 읽으면서 글솜씨를 다듬을 수 있었다. 그가 과거 시험에는 59세에 합격했지만 그보다 시를 잘 쓰는 사람으로 이름을 얻을 수 있었던 것은 바로 문장에 능한 한유와 소식 등의 글을 반복해서 읽은 덕분이라고 한다. 글을 잘 쓰려면 글을 잘 쓰는 사람의 글을 교과서로 삼아 모방을 하는 것으로 시작해야 한다. '모방이 창조를 낳는다'는 말은 이런 경우를 두고 하는 말이다.

《데미안》의 작가 헤르만 헤세는 고전에 내해 언급하면서 "진정한 대문호들은 제대로 알아야만 하는데 그 선두는 셰익스피어와 괴테"라고 강조한다. 셰익스피어는 서구 문학을 상징하는 '문화 영웅'이다. 그런데 셰익스피어 작품을 읽다 보면 충격적인 사실을 접할 수 있는데, 그것은 그의 작품들이 대부분 차용과 모방에서 나왔다는 점이다.

셰익스피어는 그래머스쿨(중등학교)이 학력의 전부다. 셰익스피어는 11세에 입학한 그래머스쿨에서 문법, 논리학, 수사학, 문학 등을 배웠다. 그는 여기서 라틴어, 그리스어 기초를 배우고, 그리스 로마 신화가 담긴 오비디우스의 《변신 이야기》와 《플루타르코스 영웅전》, 영국 역사에 대해서 배울 수 있었다. 특히 《성서》와 더불어 오비디우스의 《변신 이야기》에 매료되었는데 이 텍스트들이 셰익스피어에게 무한한 상상력의 원천이 되었다.

《로미오와 줄리엣》은 바로 오비디우스의 《변신 이야기》에 나오는 시리아 전설 '퓌라모스와 티스베'의 이야기를 모방한 것이다. 이렇게 보면 세상에 온전히 창조적인 것은 없다. 셰익스피어는 오비디우스를 모방하고 또 그 이후의 수많은 작가들은 또 셰익스피어를 흉내 내 새로운 비극을 만들었던 것이다.

그런데 왜 김득신은 유독 1만 번 이상 읽기를 고집했을까? 《동사강목》이라는 책을 쓴 안정복은 "글을 읽으려면 반드시 1만 번을 읽어야 신명한 경지에 통할 수 있다."라고 했는데 1만 번 정도는 읽어야 모방을 넘어 창조적인 글쓰기로 나아갈 수 있다는 말일 것이다. 김득신처럼 자신이 닮고 싶은 작가가 있다면 그가 쓴 책을 100번 정도 읽어 보기를 권한다. 훌륭한 사람을 역할 모델로 삼아 본받기를 하는 것은 독서에서나 글쓰기에서나 마찬가지로 적용할 수 있을 것이다. 독서를 하다 마음에 쏙 드는 책을 발견하면 반복해서 읽고 또 읽어 보자. 역할 모델이 되는 사람이 있듯이, 역할 모델이 되는 책이 있다면 공부하는 데 있어 마치 자동차의 네비게이션과 같은 역할을 할 수 있을 것이다.

성실하고 끈기 있게 공부하면 꿈은 이루어진다

김득신의 할아버지는 임진왜란 때 진주성을 방어하는 데 공을 세운 김시민이다. 그의 아버지 김치는 선조 때 과거 시험에 합격해 대사성, 대사간, 경상도 관찰사를 지내다 세상을 떠났다. 김치는 택당 이식에게 '당대 최고의 시인'이라는 평가를 받기도 했다.

김득신은 과거 시험에는 연거푸 떨어져 27세부터는 절에 들어가 과거 공부에 매진했다. 31세 때부터 사마천의 《사기》에 나오는 〈백이전〉을 반복해서 읽기 시작하면서 한 번씩 읽을 때마다 횟수를 적었다. 이는 67세까지 무려 36년 동안 지속되었다. 그렇게 해서 《독수기》라는 책이 탄생했다. 하지만 책을 반복해서 읽고 또 읽어도 과거 시험에는 운이 따르지 않았다. 그러다 다른 사람들이 과거 시험에 합격해 한창 벼슬을 할 나이인 39세 때 겨우 진사시(1차 시험인 소과)에 합격했지만, 대과에는 계속 떨어지고 말았다. 39세라면 다른 이들은 이미 과거 시험에 합격해 관직에 있을 나이였지만, 그제야 진사시에 합격한 것이다. 더군다나 3등 51위라는 초라한 성적이었다. 진사는 명예직이고 벼슬을 할 수 없다. 그렇게 그는 무려 20년 동안 과거 시험에 떨어지고 또 떨어졌다. 이때의 감회를 읊은 시가 있다.

온갖 귀신들이 장난을 많이 쳐서인지 / 시운과 명도가 어찌 이리도 어긋난 담 / 한유의 글과 사마천의 《사기》 천 번이나 읽었거늘 / 이제야 겨우 진사과 에 붙었네.

54세에 과거 시험에 떨어지고 고향으로 돌아가면서는 다음과 같은 시를 지었다.

금년에 낙백(시험에 떨어지니)하니 나그네 마음 놀라워 / 외로운 객관에서 밤새 잠을 이루지 못하네 / 계룡산 짙은 구름은 푸른색 묻어 버리고 / 금강의 높은 물결은 차가운 소리 으르릉(…) / 저무는 하늘 비바람에 돌아갈 길 캄캄 하구나.

과거 시험에 낙방하고 목천에 있는 집으로 돌아가는 길에 공주에서 지은 〈공주 길 도중에〉라는 시인데 한탄과 고통이 묻어 있다. 김득신은 과거 시 험에는 낙방했지만 시를 잘 지어 효종임금으로부터 "《당음(唐音)》이라도 이 보다 나을 수 없다."라며 칭찬을 받았다고 한다. 《당음》은 당나라 때의 잘 지은 시를 뽑아 엮은 책이다. 《당음》이라는 책에 있는 시도 김득신의 시보 다 못하다고 효종이 칭찬을 해준 것이다.

김득신의 시는 이미 세상에 널리 알려지고 애송되었다. 하지만 그는 과 거 시험에 합격하지 못해 애를 끓고 있었다. 그러다 마침내 59세의 나이인 1662년 3월, 김득신은 과거 시험에 합격해 평생의 소원을 이루게 된다. 60

세까지는 과거 시험에 도전해 보라는 아버지의 말을 가슴에 새기며 도전한 끝에 결국 60세를 앞두고 과거 시험에 합격한 것이다. 그야말로 인간 승리가 아닐 수 없다. 그러나 늦게 나간 벼슬길은 순탄하지 못했다. 성균관 학유(요즘 9급 공무원)에 임명된 것을 시작으로 여러 벼슬을 했지만 나이가 많다는 이유로 동료들로부터 '왕따'를 당하기 일쑤였다. 홍천현감과 정선군수에 뽑혔지만 신하들이 그를 적임자가 아니라고 저지하는 바람에 결국 부임하지 못했다. 천신만고 끝에 합격했는데 얼마나 마음이 아팠을까. 결국 김득신은 7년 동안 벼슬을 하며 서울에 머물다 68세에 고향으로 돌아가야 했다. 충북 괴산에 가면 '취묵당'이라는 정자가 있는데 김득신이 지은 곳이다. 그는 이곳에서 책을 반복해서 읽으면서 시를 짓는 생활을 하다 81세에 세상을 떠났다. 뒤늦게 과거 시험에 합격하고도 높은 벼슬은 하지 못했지만, 시를 416수나 남겼다. 읽고 또 읽으면서 문장을 다듬은 노력의 결과다.

김득신은 죽기 1년 전 자신의 인생에 대해 이렇게 회고했다 "나는 애써서 터득한 사람이다. 결국에는 성공하는 데에까지 이르렀으니 뜻과 소원을 다 이루었다." 김득신은 조선 시대의 8대 문장가로 불리고 있다. 그의 성공 스토리는 '노력하면 반드시 꿈은 이루어진다.'는 교훈을 주기에 충분하다. 김득신은 속된 말로 '머리가 나쁘다'고 일찍 포기하지 않고 성실과 노력하는 자세로 늘 독서를 하면서 자신을 일으켜 세운 인물이라고 할 수 있겠다.

"나는 사람을 뽑을 때 성실, 에너지, 지능의 세 가지 품성을 갖추고 있는지 살펴본다. 그중 첫째가 없다면 나머지 두 가지는 무용지물이 된다. 성실은 산소와 같다." 이는 부자의 대명사 워런 버핏의 말이다. 버핏은 80세가 넘은 지금도 하루도 거르지 않고 책을 읽는다고 한다.

"나는 언제나 멋들어진 사람보다 성실한 사람을 우선시한다. 멋은 짧고 성실함은 길다. 멋은 관심을 끌기 위해 겉으로만 노력하는 것이지만 성실함은 마음 밑바닥에서 온다. 겉멋에 찬 사람들은 모방하기를 좋아한다. 그러나 그들에게서 시대를 초월하는 패러디를 찾기는 어렵다. 나는 세대를 거쳐도 길이 남을 수 있는 일을 하는, 그래서 겉멋에 찬 사람들이 패러디하고 싶은 욕망을 느끼게 하는, 성실한 사람을 더 존경한다." 이는 암으로 투병하다《마지막 강의》라는 책을 남기고 세상을 떠난 랜디 포시의 말이다.

인생을 성공으로 이끈 사람들이 한결같이 꼽는 덕목이 있다면 그것은 바로 '성실'이다. 그런데 성공한 사람들이 일생 동안 가장 성실하게 해온 습관이 있다면 그것은 단연 독서다. 김득신처럼 비록 큰 벼슬을 하지 못하더라도 성실한 독서 습관은 인생을 성공으로 이끄는 중요한 열쇠이다.

작가의 생명은 문체에 있다고 한다. 문체란 사람으로 치면 고유의 인품이라고 할 수 있다. 그런데 어떤 책을 읽을 때 에너지를 느낀다면 그게 바로 그 작가의 문체와 궁합이 맞는다는 것을 뜻한다. 김득신은 이를 '책의 기운'이라고 표현한다. 김득신은 "한유는 '몸통이 갖추어지지 않으면 성인(成人)이 될 수가 없듯이, 기가 충족되지 않으면 성문(成文)이 될 수 없다.'라고 하였으니, 문장이 잘 지어지고 잘 지어지지 못하는 것은 '기가 온전하냐, 온전하지 못하냐.'의 여하에 있는 것이다."라고 강조한다. 그는 "요컨대 양기는 학문과 자기 수양의 바탕 위에서 길러진다."라고 주장한다. 학문과 자기 수양에서 양기, 즉 활발한 기운을 얻을 수 있다는 것이다. 흔히 젊은이들과 함께 있으면 기운이 충만해진다고 한다. 젊은이들이 많은 거리에 가면 역동적인 에너지를 느낄 수 있는데, 그게 바로 젊은이들에게서 나오는 활발한 기운이다. 김득신은 책을 읽을 때에도 이러한 활발한 기운을 느낄 수 있다는 것이다.

김득신은 독서를 통해 활발한 기운을 느끼기 위해서는 무엇보다 자신과 궁합이 맞는 책을 읽어야 한다며 이를 '성기(聲氣)'라고 주장한다. 성기는 책을 읽을 때 나오는 소리의 기세를 말한다. 책을 많이 읽으면 흔히 조숙해진다고 한다. 어릴 때 책을 늘 끼고 있는 아이는 중고등학교에 다닐 때쯤이면 의젓해지고 점잖은 태도가 몸에 배어 난다. 반면, 책을 읽지 않는 아이는 중고등학생이 되어도 천방지축이고 경망스러운 태도를 보인다. 한마디로 수양이 덜 되어 있는 것이다. 그래서 수양의 바탕을 이룬 사람은 겉으로 표현하는 말이 온화한 모습을 띠는데, 이게 바로 책을 읽으면서 얻는 성기에서 생긴다는 것이다.

김득신은 〈획린해〉와 같은 한유의 문장이 자신의 성격이나 취향에 가장 잘 맞았고, 그의 문장을 수만 번씩 반복해서 읽어 문장 속에 담긴 기운을 자신의 몸속으로 가져온 것이다. 예전에 흔히 《천자문》을 소리 내어 읽을 때 리듬을 타고 읽는 장면을 볼 수 있었다. 리듬을 타면서 읽을 때 그 문장에 포함되어 있는 기운을 느낄 수 있기 때문이다. 반복해서 책을 읽으면 그 책의 문장에서 느껴지는 기운을 받아들일 수 있다.

"우리나라 사람 가운데 글을 많이 읽은 사람으로, 김일손은 한유의 글을 천 번, 윤결은 《맹자》를 천 번, 노소재는 《논어》와 《두시》를 이천 번, 임백호는 《중용》을 팔백 번, 최간이는 《한서》를 오천 번, 특히 《항적전》은 일만 번, 차창주는 《주역》을 오백 번, 이동악은 《두시》를 수천 번, 유어우는 《장자》와 유종원의 글을 팔천 번, 정군평은 사마천의 《사기》를 수천 번이나 읽었다."

김득신은 이렇게 말하고는 "나는 천성이 노둔해 다른 사람보다 배나 많이 읽었으니, 《사기》, 《한서》, 한유와 유종원의 글을 베껴서 만 번이나 읽었다."라고 적고서는 다음과 같은 시를 지었다.

한, 송, 당, 진의 글들을 골고루 들쳐가며 / 침이 마르도록, 일만 번씩 읽어제꼈다 / 〈백이전〉이 제일로 좋고야. 기괴한 문체여 / 펄펄 나는 기상, 구름을 능지르려 하네.

김득신이 〈백이전〉을 1억 1만 3천 번을 읽은 것은 그 글을 읽을 때면 펄펄 나는 기상을 느낄 수 있었기 때문이다. 달리 말하면 백이전이 김득신 자신의 성정과 취향에 가장 잘 맞은 글이었던 것이다.

김득신은 독서를 할 때 단순히 눈으로 읽으며 뒤적이는 간서(看書)가 아니라, 리듬을 얹어 소리 내어 읽는 성독(聲讀)을 해야 한다고 말한다. 인류의 고전이 된 책에서는 소리의 기세가 물 흐르듯이 자연스럽고 절제가 있어,

배우는 사람이 소리 내어 읽는 중에 저절로 그 책에 담긴 성인의 뜻과 정신을 체득하게 된다는 것이다.

책을 읽을 때뿐만 아니라 노래를 들을 때도 이런 느낌을 받을 수 있다. 리듬감 있는 노래를 들으면 기운이 활기차게 되는 반면 차분한 노래나 우울한 풍의 노래를 들으면 때로 기분이 꺼지는 느낌을 받게 된다. 리듬감 있는 노래를 반복해서 들으면 에너지가 충만해지지만 우울한 노래를 들으면 기분이 울적해지고 덩달아 기운도 처지게 된다. 또 같은 음악이라도 연주하는 사람이나 또는 지휘자에 따라, 노래하는 사람에 따라 그 느낌은 전혀 달라지게 된다. 같은 노래를 다른 가수가 부를 때 확연하게 느낄 수 있다.

김득신은 《독수기》 말미에 이렇게 적고 있다.

"사마천이 지은 《사기》에 나오는 〈백이전〉과 〈분왕(항우본기)〉을 읽은 것은 글이 드넓고 변화가 많아서였고, 유종원의 문장을 읽은 까닭은 정밀하기 때문이었다. 소동파의 《능허대기》와 《제구양공문》을 읽은 것은 뜻이 깊어서였다. 〈귀신장〉《논어》), 〈의금장〉《중용》), 〈보망장〉《대학》)을 읽은 것은 이치가 분명하기 때문이고, 소순(소동파의 아버지)이 쓴 《목가산기》를 읽은 것은 웅혼해서였다. 〈백리해장〉《맹자》)을 읽은 것은 말이 간략한데 뜻이 깊어서이고, 한유의 글을 읽은 것은 규모가 크면서도 농욱하기 때문이다."

김득신은 "무릇 이들 편의 각기 다른 문체 읽기를 어찌 그만둘 수 있겠는가."라고 각기 다른 사람들이 쓴 글과 문장을 만 번 이상씩 읽는 이유를 각기 다른 느낌과 기운을 얻을 수 있기 때문이라고 했다.

위나라 조비(187~226)는 일찍이 《문선(文選)》이라는 책에서 '양기 공부'의 중요성을 이렇게 말한 바 있다. "문은 기를 위주로 한다. 음악에 비유하자면 곡조가 균등하고 절주가 같다 해도 연주자의 운기함이 같지 아니 함에 정교하거나 투박해지는 근본적인 차이가 있는 것이다." 조비가 말하는 기의 개념은 타고난 작가적 기질에 따른 문학의 개성적 표현력으로 이해할 수 있다. 이는 곧 작가의 개성과 연결된다.

중국 최초의 문학비평서인 유협(465~521)의 《문심조룡》에는 "대체로 감정이 발동하면 언어로 드러나고, 이치가 발동하면 문장으로 표현된다."라고 했다. 이 또한 작가의 개성이 언어와 문장으로 반영된다는 것을 말한다. 남자라도 여성처럼 느껴지는 섬세한 언어와 문장을 구사하는 사람이 있는 반면 여성이라도 남자처럼 개성이 강한 언어와 문장을 짓는 사람도 있다.

나는 《토지》나 《김약국의 딸들》과 같은 박경리의 작품은 가슴속에 푹 젖어드는 데 반해, 《휘청거리는 오후》와 같은 박완서의 작품은 도무지 잘 읽히지 않는다. 이것은 바로 문체가 개인의 성정과 맞지 않아서가 아닐까 하는 생각을 해본다. 말하자면 두 작가가 쓴 표현들이 읽는 사람의 취향이 아니면 읽기가 불편하다. 개인의 성정이 작가의 문체와 잘 어울려야 양기를 얻을 수 있다는 말이다. 또 책을 읽다 보면 더러 느낌표를 남발하는 작가들이 있다. 그런 책을 읽을 때면 그 느낌표 때문에 책 읽기가 산만해지곤 한다. 느낌표는 절제돼야 하는데 느낌표가 들어가지 않아도 될 문장에 들어가면 문장의 절제미가 떨어지고 만다.

책에서 풍기는 가락을 따라 책을 읽어 주어라

어머니나 아버지가 아이에게 책을 읽어 줄 때에도 감정을 실어야 한다. 어머니가 이른바 베드사이드 스토리텔링을 할 때에는 느낌과 감정을 실어 리듬감 있게 읽을 필요가 있다는 것이다. 그게 바로 김득신이 책에 따라 다른 기운을 받기 때문이라고 한 이유와 같다.

흔히 《논어》는 논어의 가락이 있고 《사기》는 사기의 가락이 있다. 《맹자》는 맹자의 가락이 있듯이 한유나 유종원, 소순과 아들 소동파도 각기 자신의 가락이 있다는 말이다. 이러한 문장을 계속 반복해서 읽다 보면, 마치 음식을 먹을 때 그 영양분이 몸속에 흡수되듯이 문장의 가락이 몸속에 체화된다는 것이다. 한유의 문장을 반복해서 읽으면, 그 가락이 읽는 사람에게 그대로 체화되어 지식을 얻을 수 있을 뿐만 아니라 정신의 수양으로 이어지고 그가 글을 쓸 때 다시 문장으로 나타난다는 것이다.

소리 내어 읽으면 그 문장의 가락이 글을 읽는 사람 안으로 들어오게 된다. 또한 그 리듬이 책을 읽는 사람에게 배어 들면 나중에 글을 쓸 때도 그 리듬이 절로 반영된다는 것이다. 글을 읽을 때 문장이 체화된다는 말이나 리듬 또는 가락을 탄다는 말이 이 경우라고 하겠다. 예전에 《천자문》이나

《논어》,《맹자》를 읽을 때 그 뜻을 모른 채 무작정 읽는 게 아니었다. 이미 뜻과 의미를 이해하고 있지만 그 문장에 내포된 기운을 읽는 것이다. 말하자면《천자문》은 고유의 가락이 있는데 그 가락대로 반복해서 읽는 것이다. 그 가락을 소리 내어 만 번을 읽으면 완전히 몸속에 녹아들어 에너지가 되면서 자기 수양에 이르는 것이다.

신범식의《백곡 김득신의 문학과 문학이론》이란 책에서는 이렇게 말한다.

"글에 따라서 에너지 종류가 다르고, 여러 유형의 에너지 조합이 나에게 갖추어질 때 이상적인 글을 쓸 수 있는 에너지를 갖추게 되리라는 생각을 갖게 될 것이다. 그것은 결국 소리를 통해서 기운을 구하고, 그래서 얻은 기운을 기른다는 것이니, 이것이 곧 양기이다."

즉, 음식으로 몸을 보양한다는 뜻의 양기는 독서를 통해서도 얻어질 수 있다는 말이다. 음식이 건강한 생활을 위해 필수적이듯이 독서는 건강한 정신 생활을 위해서 필수적이다. 호연지기를 키우기 위해서는 먼저 몸을 튼튼히 하기 위해 운동을 해야 하고, 아울러 정신 운동도 해야 한다는 말이다. 정신 운동은 바로 웅대한 기상을 느끼게 해주는《논어》나《맹자》,《사기》와 같은 고전과 역사서를 보는 것이다.

달리 말하면, 음탕한 삼류 소설이나 무협지 같은 책을 읽으면 음탕한 마음이나 사기를 치고 남을 위협하고 싶은 마음이 깃들게 된다. 이런 책들은 자기 수양에는 전혀 도움이 되지 않는다. 책을 덮고 남자는 여자를, 여자는 남자를 유혹하고 싶은 마음이 들게 하는 것이다. 그래서 10대에는 인류의 마음을 움직여온 고전을 읽어야 하는 이유가 여기에 있다.

김득신 가의 독서비법 7
– 끈기와 도전정신이 필요한 아이에게 적합한 독서법

1. 독서가 어려워도 끝까지 포기하지 마라.

김득신의 아버지는 "대기만성하라."라고 아들을 격려했다. 김득신은 아버지의 지침을 늘 마음속에 되새기며 결코 포기하지 않고 과거 시험 공부에 전념했다. 계속되는 낙방에 포기하고 싶은 마음이 들어도 그때마다 아버지의 지침을 떠올리며 책과 씨름했다.

2. 부족함을 느끼면 반복해서 읽고 또 읽어라.

김득신의 책 읽기는 조선 시대에 수많은 이들이 이름을 거론할 정도로 명성이 자자했다. 김득신의 독서 열정에 다산 정약용도 찬사를 아끼지 않았다. 김득신은 노둔한 자신을 알고 스스로 애써서 공부를 한 것이다. 과거 시험을 볼 때에도 자신의 문장력이 모자람을 알고, 이를 극복하기 위해 집요하게 다독을 했다.

3. 글을 잘 쓰려면 좋아하는 문장을 모방하라.

김득신은 이들 36편의 글들을 1만 번 이상 읽으면서 글솜씨를 다듬을 수 있었다. 그가 과거 시험에는 59세에 합격했지만 그보다 시를 잘 쓰는 사람으로 이름을 일을 수 있었던 것은 바로 문장에 능한 한유와 소식 등의 글을 반복해서 읽은 덕분이다. 글을 잘 쓰려면 글을 잘 쓰는 사람의 글을 교과서로 삼아 모방을 하는 것으로 시작해야 한다.

4. 성실하고 끈기 있게 공부하면 꿈은 이루어진다.

인생을 성공으로 이끈 사람들이 한결같이 꼽는 덕목이 있다면 그것은 바로 '성실'이다. 그런데 성공한 사람들이 일생 동안 가장 성실하게 해온 습관이 있다면 그것은 단연 독서다. 김득신처럼 비록 큰 벼슬을 하지 못하더라도 성실한 독서 습관은 인생을 성공으로 이끄는 중요한 열쇠이다.

5. 글에 리듬을 얹어 소리 내어 읽어라.

김득신은 독서를 할 때 단순히 눈으로 읽으며 뒤적이는 간서(看書)가 아니라, 리듬을 얹어 소리 내어 읽는 성독(聲讀)을 해야 한다고 말한다. 인류의 고전이 된 책에서는 소리의 기세가 물 흐르듯이 자연스럽고 절제가 있어, 배우는 사람이 소리 내어 읽는 중에 저절로 그 책에 담긴 성인의 뜻과 정신을 체득하게 된다는 것이다.

6. 책의 기운을 흡수하는 양기 독서를 하라.

김득신은 "무릇 이들 편의 각기 다른 문체 읽기를 어찌 그만둘 수 있겠는가."라고 각기 다른 사람들이 쓴 글과 문장을 만 번 이상씩 읽는 이유를 각기 다른 느낌과 기운을 얻을 수 있기 때문이라고 했다.

7. 책에서 풍기는 가락을 따라 책을 읽어 주어라.

어머니나 아버지가 아이에게 책을 읽어 줄 때에도 감정을 실어야 한다. 어머니가 이른바 베드사이드 스토리텔링을 할 때에는 느낌과 감정을 실어 리듬감 있게 읽을 필요가 있다는 것이다. 그게 바로 김득신이 책에 따라 다른 기운을 받기 때문이라고 한 이유와 같다.

⊙ 김득신을 만든 독서 리스트

한유의 《한유문집 1, 2》(문학과지성사, 2009)

김득신이 만 번 이상 읽었다는 36편의 글 가운데 한유의 글이 20편으로 가장 많았고, 이어 사마천, 유종원, 소식, 유향 등의 순이었다.

유종원의 《유종원집》(소명출판, 2009)

절친한 친구이자 시인인 유우석에 의해 처음 정리되어 전해지고 있다. 그는 당송팔대가의 한 사람으로 중국의 대표적인 문장가이자 시인이다. 21세에 진사시에 급제하여 관리가 되었으나, 그가 참여한 혁신적 정치 집단이 몰락함에 따라 벽지인 영주로 쫓겨나 10년을 지내고, 다시 유주에서 4년을 지내다 결국 47세의 한창 나이로 임지에서 세상을 떠났다. 그러나 벽지로 쫓겨난 생활 속에서도 학문과 창작에 힘써 불후의 이름을 남겼다.

《소동파 시선》(지만지, 2009)

김득신 역시 조선 시대 대부분의 학생들처럼 소동파의 시를 좋아했다.

유향의 《전국책》과 《열녀전》

《전국책》은 전국시대에 활약한 책사와 모사들의 문장을 모은 책. 공자의 《춘추》가 엄밀하고 정확한 역사서인 데 반해 《전국책》은 그 시대 인물의 말과 행동을 적은 일종의 일화집에 해당한다. 주나라부터 진시황제까지 240여 년 간의 역사가 실려 있으며, 전국시대를 주름잡은 세객들의 활약상을 함께 만나 볼 수 있다.
《열녀전》은 기원전 마지막 세기에 나온 책으로 이후에 나온 열녀전의 효시가 된 작품이다. 《열녀전》은 《소학》이나 행실과 관련한 교훈서에서 원형으로 인용되었고, 역사서로도 문학서로도 널리 읽혀 왔다.

⦿ 김득신 관련 교양 필독서

사마천의 《사기열전》에서 〈백이전〉

김득신이 1억여 번을 읽었다고 했는데 그만큼 많이 읽었다는 것일 게다. 또 실제로 〈백이전〉은 문장이 길지 않다. 백이와 숙제는 은나라와 주나라 시대에 고죽국의 왕자였으나 서로 왕위를 사양하고 나라를 떠났다. 무왕이 주왕을 토벌해 죽이자, 무왕의 행위가 인의를 배반한 것이라며 주나라에서 나는 곡식을 먹지 않고 수양산에 숨어들어가 고사리를 캐어 먹었다. 굶어 죽기에 이르자, 노래를 지었는데, "저 서산에 올라 / 고사리를 캐네. / 포악함으로 포악함을 바꾸니 / 그 누구의 잘못인지 알지 못하겠네."라고 했다.

《국역 백곡집》(파미르, 2006)

1500여 수로 구성된 〈백곡집〉 중에서 선별한 시문 177편이 수록되어 있다.

10장

조선 최고의 책벌레,
이덕무가

— 베끼기와 독서 일기의 저력

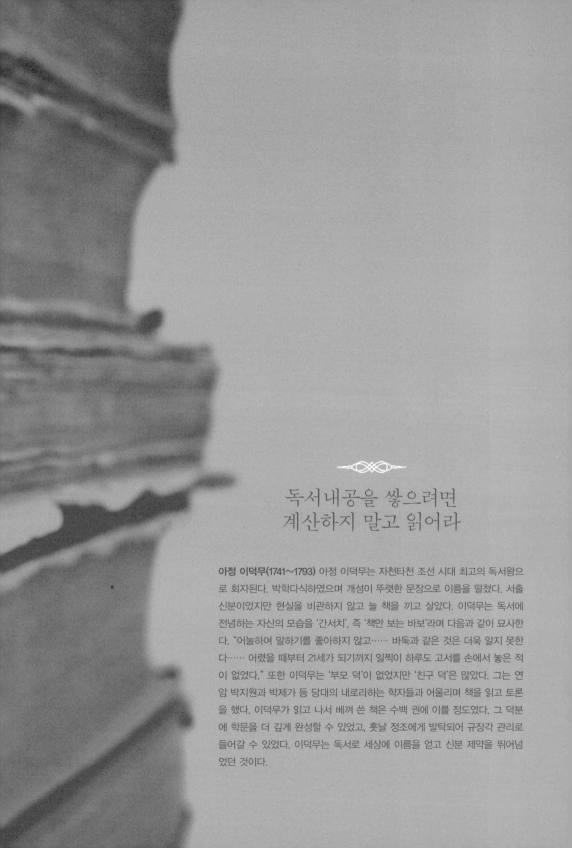

독서내공을 쌓으려면
계산하지 말고 읽어라

아정 이덕무(1741~1793) 아정 이덕무는 자천타천 조선 시대 최고의 독서왕으로 회자된다. 박학다식하였으며 개성이 뚜렷한 문장으로 이름을 떨쳤다. 서출 신분이었지만 현실을 비관하지 않고 늘 책을 끼고 살았다. 이덕무는 독서에 전념하는 자신의 모습을 '간서치', 즉 '책만 보는 바보'라며 다음과 같이 묘사한다. "어눌하여 말하기를 좋아하지 않고…… 바둑과 같은 것은 더욱 알지 못한다…… 어렸을 때부터 21세가 되기까지 일찍이 하루도 고서를 손에서 놓은 적이 없었다." 또한 이덕무는 '부모 덕'이 없었지만 '친구 덕'은 많았다. 그는 연암 박지원과 박제가 등 당대의 내로라하는 학자들과 어울리며 책을 읽고 토론을 했다. 이덕무가 읽고 나서 베껴 쓴 책은 수백 권에 이를 정도였다. 그 덕분에 학문을 더 깊게 완성할 수 있었고, 훗날 정조에게 발탁되어 규장각 관리로 들어갈 수 있었다. 이덕무는 독서로 세상에 이름을 얻고 신분 제약을 뛰어넘었던 것이다.

이덕무 가의 독서비법 7

    - 현실을 이겨내고 꿈을 향해 나아가게 하는 독서법

|

1. 하루도 빼놓지 않고 책을 읽어라.

2. 독서 동아리를 만들어 함께 읽고 써라.

3. 책을 읽으면서 토론과 논쟁을 즐겨라.

4. 독서 시간을 미리 정하고, 그 시간에는 반드시 읽어라.

5. 여러 분야에 걸쳐 통섭형 독서를 하라.

6. 메모를 독서의 보조기억장치로 만들어라.

7. 외국여행을 하면 반드시 서점에 들러라.

"어렸을 때부터 21세가 되기까지 일찍이 하루도 고서를 손에서 놓은 적이 없었다. 그의 방은 매우 작았다. 그러나 동창, 남창, 서창이 있어 동쪽, 서쪽으로 해를 따라 밝은 데에서 책을 보았다. 보지 못한 책을 보면 기뻐서 웃으니, 집안사람들은 그의 웃음을 보면 기이한 책을 구한 것을 알았다."

아정 이덕무(1741~1793)는 조선 시대 최고의 책벌레답게 자신의 자전적 글인 〈간서치〉, 즉 '책만 보는 바보'에서 자신을 이렇게 소개한다. 책벌레로 소문이 나자 정조 임금은 그를 왕실 도서관인 규장각의 검서관에 파격적으로 임명했다. 그의 나이 39세 때였다. 과거 시험을 볼 수 없었던 서얼 출신인 그가 검서관이 된 것은 광범위한 독서 덕분이었다.

그런데 이덕무가 존경했던 연암 박지원이 이덕무에 대해 쓴 글에는 재미있는 표현이 나온다. "이덕무는 어른에게 글을 배울 때에는 반드시 자획과 글자의 뜻을 자세하고 분명하게 익혔는데, 혹시라도 이해되지 않는 부분이 있으면 갑자기 울곤 했다." 어린 시절 이덕무의 모습이 문득 눈에 선하게 그려진다. 또 이덕무는 늘 남에게 책을 빌려 보았는데, 그를 좋아하는 사람들은 이덕무가 말하기 전에 먼저 빌려주기까지 했다고 한다. 책을 빌리러 다니는 이덕무의 모습 또한 눈에 선하게 그려진다.

그렇다면 이덕무는 어떻게 해서 '책만 보는 바보'라고 스스로 말할 정도로 책벌레가 되었을까? 그것은 어쩌면 가난과 결핍 때문이라는 생각이 든다. 우리 주위에서도 가난한 집 아이 중에서 유독 책을 좋아하고 그래서 조숙한 아이들을 볼 수 있는 것처럼 말이다. 이덕무는 가난해서 특별히 스승을 두고 글공부를 할 수 없었지만 6세 때 아버지 이성호로부터 중국의 역사를 정리한 《십구사략》이라는 책을 배웠다. 하지만 그것도 잠시 뿐이었고 아버지가 생계를 위해 집을 떠나면서 배움을 이어갈 수 없었다. 그런 이덕무에게 아버지는 항상 그리움의 대상이었다. 어린 시절 이덕무는 항상 집을 비우는 아버지가 안타까워 아버지의 옷깃을 잡고 이리저리 따라다니곤 했다.

이덕무의 아버지는 남해에서 돈벌이를 했으나 집안은 늘 가난을 면하지 못했고 끼니를 거르기가 예사였다. 배가 고플 때면 이덕무는 책을 읽었다. 이덕무는 18세에 이미 독서열이 왕성해 자신이 살던 곳을 '구서재(九書齋)'라고 이름 지었다.

구서는 독서, 간서, 장서, 초서, 교서, 평서, 저서, 차서, 폭서를 말한다. 독서는 다 알다시피 책을 읽는 것이다. 간서는 책을 소리 내어 읽지 아니하고 눈으로 읽는다는 뜻이다. 장서는 책을 간직하여 둔다는 뜻이고, 초서는 책의 내용 가운데 중요한 부분만을 뽑아서 쓰는 것이다. 교서는 교정을 보는 건데, 맞춤법이 맞는지 문법이 맞는지를 살펴보는 것이다. 저서는 글을 써서 한 권의 책으로 내는 것이고, 차서는 책을 빌리는 것이다. 끝으로 폭서는 책을 볕에 쬐고 바람에 쐬는 것이다. 바람이 잘 통하지 않는 곳에 오래 두면 습기가 많아 책이 눅눅해져 손상될 수 있어 햇볕에 말려야 하기 때문이다. 교보문고가 2010년 8월 27일 광화문점을 새로 열면서 '구서재' 코너를 만들었는데, 이덕무의 서재 이름을 딴 것이다. '구서'란 바로 책과 관련된 모든 것을 포함하고 있는데, 독서광들이 얼마나 책을 아끼는지를 알 수 있는 말이다.

이덕무는 천성적으로 책을 좋아하는 아이였다. 대여섯 살 때에 집안사람들이 이덕무를 잃어버려 저녁때에야 관아 뒤의 풀더미 속에서 찾았는데, 그때 꼬마 덕무는 벽에 적힌 옛글을 보는데 몰두하여 날이 저무는 줄도 몰랐다고 한다. 그 정도로 책을 좋아했다. 이덕무는 독서에 전념하는 자신의 모습을 '간서치', 즉 '책만 보는 바보'라며 다음과 같이 묘사한다. "어눌하여 말하기를 좋아하지 않고…… 바둑과 같은 것은 더욱 알지 못한다. 어렸을 때부터 21세가 되기까지 일찍이 하루도 고서를 손에서 놓은 적이 없었다."

이덕무가 살던 곳이 남산 아래였다. 지금도 '남산골 샌님'이라는 말이 있는데 바로 이덕무와 같이 책만 보는 선비들을 말한다. 세상 물정 모르고 오직 책만 본다는 뜻을 담고 있다. 이덕무는 팔방미인은 아니었지만 유독 잘하는 게 하나 있었다. 그게 바로 책을 읽고 글을 쓰는 것이었다. 그는 한 권의 책을 보게 되면 글자를 옮겨 적으며 그 뜻을 다시 한 번 깊이 생각하면서 손에서 책을 놓지 않았다. 그가 평생 동안 읽은 책이 무려 2만 권이 넘었다고 한다. 그래서 이덕무는 스스로 자신을 '간서치'라고 비유한 것이다. 너무 책을 많이 읽는 스스로를 '책만 보는 바보'로 생각한 것이다.

또 이덕무는 책을 읽은 다음, 베껴 쓴 책이 수백 권에 이를 정도였다. 예전에는 책을 구하기가 쉽지 않았다. 책을 읽고 싶으면 다른 사람에게 빌려 베껴서 한 권의 책을 만들었다. 조선 시대에는 책이 흔하지 않아 공부하기 위해서는 베끼는 수밖에 없었다. 그래서 이덕무는 수백 권의 책을 베꼈다.

이덕무는 하루 종일 책을 읽었는데 해가 지는 방향으로 햇빛을 따라 방안을 옮겨다니며 책을 읽었다고 한다. 햇빛이 드는 쪽이 밝기 때문에 책을 잘 읽을 수가 있어 조금씩 조금씩 옮겨다닌 것이다. 그 정도로 이덕무는 '책벌레'라는 소문이 자자했다. 덕분에 이덕무는 과거 시험을 보지 않고도 왕실 도서관인 규장각에 취직할 수 있었다. 그는 방대한 독서량 덕분에 1779년 39세에 규장각의 초대 검서관으로 임명될 수 있었던 것이다.

독서 놀이터를 만들어 함께 읽고 써라

집에 온 사람들 모두가 좋은 분들로 / 기이한 향내가 온방에 가득하구나 / 계절이 바뀌고 또 바뀌는 사이에 / …… 시원하고 한가하게 연구한 책을 펼치기도 하며 / 이른 새벽이나 늦은 저녁 시간에도 / 소리 내어 글읽기를 일삼으세 / …… 힘써 보세나 어려운 시절의 우리 사귐을 / 서로가 참됨을 한결같이 지키면서.

책을 함께 읽고 이야기를 나누는 모임이라면 이덕무가 쓴 이 시의 느낌을 그대로 느낄 수 있을 것이다. 요즘은 인터넷 카페나 오프라인에서 독서 모임을 흔하게 볼 수 있다. 평생 글을 함께 읽는 벗이 있다면 그 어떤 보물보다 소중한 보물을 가지고 있다고 할 수 있을 것이다. 이덕무에게는 평생 책으로 인연을 맺은 친구와 스승이 있었다. 바로 한양 대사동(지금의 인사동)에 살던 시절에 만난 유득공과 박제가, 이서구로 지금도 그 이름이 전해지는 이들이다. 여기에 서상수, 이만중, 이재성, 윤병현 이응정 등이 더 있었다. 박지원과 홍대용은 이덕무의 스승과 같은 존재였다.

이덕무는 대사동에서 태어나 마포, 남산 장흥동(지금의 회현동)에 살다 다시 대사동으로 이사를 갔다. 이덕무가 남산에서 살 때 만난 이들로는 이광석, 이규승, 서사화, 변일휴, 백동수, 백동좌, 윤하기, 김홍운 등의 벗들이 있었다. 남산에서 사귄 친구들은 주로 자신과 신분이 비슷한 서얼 출신이 많았다. 그런데 대사동으로 이사 와서는 훗날 역사에 등장하는 유명한 인물들을 만나 벗이 되었다. 남산에서 만난 친구들과는 요즘 하는 말로 '클래스'가 달랐다. 이들은 바로 홍대용, 박지원, 박제가, 이서구, 성대중, 서상수, 이만중, 이재성, 윤병현, 이응정 등이다. 이들 중에는 지금도 이름만 들어도 알 만한 조선 후기 실학 사상을 대표하는 학자들이 다수다.

이덕무는 이들을 친구로, 스승으로 만나면서 더 넓은 세상에 눈을 뜰 수 있었다. 또한 늘 '책만 보는 바보'는 드디어 그보다 더 똑똑한 당대의 명사들을 만날 수 있었던 것이다. 이덕무는 집에 작은 서재를 마련했는데 이때 부족했던 비용을 이들이 메워 주었다.

이덕무는 친구들과 함께 산에 올라 눈앞에 펼쳐진 경치를 구경하면서 시를 짓기도 했다. 몸이 허약했던 이덕무는 학문에 정진하면서도 호매한 기상을 구가하며 문학적인 풍취를 즐기기도 했던 것이다. 이덕무는 박지원 등과 평양을 두 번 다녀오고 해인사 팔만대장경도 구경했다.

강산과 영재와 초정은 정미한 시 경지에 들었으니 / 하늘 위라면 몰라도 땅 위에선 드문 문인들일세. / 나이 많은 이 몸도 가다금 시모임에 참여하니 / 자석이 쇠를 이끌듯이 같은 길로 돌아가네.

이 시에서 강산은 이서구, 영재는 유득공, 초정은 박제가의 호(號)이다. 이덕무는 같이 독서하고 시를 짓는 모임을 하고 있지만 이들이 빼어난 글솜씨를 지녔다고 적고 있다.

인디언의 격언 중에 '멀리 가려면 혼자서 가지 마라.'는 말이 있다. 성공은 결코 혼자서는 이룰 수 없다. 그러기에 무엇보다 좋은 인간관계가 필요하다는 것이다. 학창시절에는 좋은 친구들을 많이 사귀는 게 중요하다. 그 친구들이 나중에 사회에 나가 가장 큰 힘이 될 수 있기 때문이다.

책을 읽으면서 토론과 논쟁을 즐기다

이덕무는 공부하는 방법을 이렇게 강조한다.

"첫째는 경문을 충분히 외워야 하고, 둘째는 여러 사람의 학설을 다 참고

하여 같은 점과 다른 점을 구별해서 장점과 단점을 비교해야 하며, 셋째는 깊게 생각해서는 의심나는 것을 풀이하며 자만심을 갖지 말고, 넷째는 밝게 분별해서 그릇된 것을 버리되 감히 스스로만 옳다고 여기지 말아야 한다."

이덕무는 자신에게 평생 고치기 어려운 나쁜 버릇이 있다며 이렇게 말한다.

"세상 물정에 어둡고 처세에 졸렬한 나 같은 사람을 이해해 주는 이를 만나면, 산수(山水)를 논하고 문장을 이야기하며 민속과 가요에 이르기까지 하나하나 되풀이하며 말하는 것이다. 싫증을 내지 않고 해학과 웃음을 섞어가면서 밤새도록 이런저런 이야기를 털어놓으면, 그들은 내가 말을 잘 못하는 사람이라 생각하지 않는다."

책이란 남들이 본다고 꼭 봐야 하는 것은 아니다. 또 남들이 보지 않는다고 덩달아 그 책을 보지 않아도 되는 것도 아니다. 책은 그 자신에게 살이 되고 또 도끼로 작용한다면 주도적으로 읽을 필요가 있다는 것이 이덕무의 주장이다.

이덕무와 그의 벗들은 18세기에 함께 공부하고 토론하고 나아가 글을 짓는 '독서 세미나'를 열었다. 독서 세미나, 즉 독서를 통한 토론은 일찍이 시카고 대학교에서 '그레이트 북스(Great Books)' 과정으로 그 중요성이 크게 부각되었다. 하워드 가드너가 쓴《통찰과 포용》이라는 책에서는 1929년 30세로 시카고 대학교의 총장에 선임돼 1945년까지 재직한 로버트 허친스가 고전 독서 프로그램인 그레이트 북스를 도입하게 된 과정을 소개한다.

로버트 허친스는 미국 시카고대학교 총장을 지낸 교육사상가이다. 예일

대를 졸업한 후 변호사로 일했고, 예일 대학교 법대 교수를 지내다 시카고 대학교 총장이 되었다. 그가 총장이 된 후에 의욕적으로 한 일은 그레이트 북스 프로그램 만들기였다. 그것은 바로 고전 연구와 철학적 주제의 토론에 바탕을 둔 전통적 고등교육 프로그램이었다. 그레이트 북스의 고전 공부는 서구 인문교육의 전통을 되살리고자 허친스를 비롯한 여러 교육학자들이 협의하여 내놓은 도서 목록과 교육 과정을 말한다.

허친스는 그레이트 북스의 교육 과정에 기초하여 읽기와 쓰기, 사고훈련, 말하기, 수학 등의 자질을 키워줄 교과를 가르쳐야 한다고 강조했다. 허친스는 이러한 교과가 아이디어의 공통된 축적과 아이디어를 응용하는 공통된 방법을 가르쳐 줄 것이라고 생각했다.

이때 허친스의 그레이트 북스 프로그램을 완성하는 데 결정적인 기여를 한 사람은 개인심리학의 창시자인 알프레드 아들러이다. 오늘날 시카고 대학교가 80명에 이르는 노벨상 수상자를 낸 노벨상의 산실이 된 것은 그레이트 북스에 그 비결이 있다. 아들러는 "혼자 독서를 하는 것은 외롭게 술을 마시는 것만큼이나 끔찍한 일"이라며 독서에서 대화와 토론의 필요성을 역설한다.

아이팟과 아이폰, 아이패드 등으로 전 세계를 놀라게 한 스티브 잡스의 창조적 상상력의 비밀 또한 독서를 통한 사유의 깊이에서 찾을 수 있다. 잡스가 다닌 리드 칼리지는 2007년 미국의 유명 입시기관지인 《프린스턴 리뷰》가 실시한 미국 내 366개 상위권 대학 12만 명을 대상으로 설문 조사 결과 '방과 후 가장 독서를 많이 하는 대학' 1위에 뽑혔다. 이 대학에는 플라

톤, 호메로스로부터 시작해 카프카에 이르는 고전 독서 프로그램이 있었다. 잡스는 "고전 독서 프로그램을 통해 고전의 바다에 빠질 수 있었던 게 애플 컴퓨터의 오늘을 만든 힘"이라고 말하면서 모교에 거액을 기부했다.

미국은 다양한 인문 교양 위주의 그레이트 북스와 같은 독서 프로그램을 운영하며 학생들에게 토론식 수업을 제공하면서 풍부한 독서와 글쓰기를 경험하게 한다. 그렇게 자란 인재들이 창조적 상상력으로 무장하면서 세계의 글로벌 인재가 되는 것이다. 우리나라 교육도 풍부한 고전 읽기와 쓰기를 통해 어휘력과 사고력, 세상에 대한 관점을 넓히는 방식으로 달라져야 하지 않을까.

독서 저 삶을 더러 청치고, 그 시간에를 밑느지 말이라

이덕무는 책을 읽으면서 네 가지 유익한 점을 깨달았다는 글을 남겼다.

"먼저, 조금 배가 고플 때 책을 읽으면 소리가 두 배로 낭랑해져서 책 속에 담긴 이치와 취지를 잘 맛보게 되니 배고픔을 깨닫지 못하게 된다. 둘째, 조금 추울 때 책을 읽으면 기운이 소리를 따라 몸 안으로 흘러들어와 편안해져 추위도 잊을 수 있게 된다. 셋째, 근심과 걱정으로 마음이 괴로울 때 책을 읽으면 몸은 글자와 함께 하나가 되고 마음은 이치와 더불어 모이게 되니, 천만 가지 생각이 일시에 사라져 버린다. 넷째, 기침이 심할 때 책을 읽으면 기운이 통하여 막히는 것이 없게 되니 기침 소리가 순식간에 그쳐 버린다."

여기서 인상적인 내용이자 요즘 누구에게나 실천할 수 있는 것이라면 셋째 항목일 것이다. 근심 걱정은 인생을 살아가는 누구에게나 생기게 마련이다. "근심 걱정이 생기면 책을 벗으로 삼아라."라는 이 문장은 누구에게나 적용되고 누구나 실천할 수 있을 것이다. 이덕무는 책을 읽는 이유는 "정신을 기쁘게 하는 것이 으뜸이고 그다음은 받아들이는 것이며, 그다음은 식견을 넓히는 것"이라고 말한다. 책을 읽으면서 근심 걱정을 덜어내는 것이야말로 정신을 기쁘게 하는 지름길이 될 것이다.

이덕무는 책을 보는 방법에 대해서도 글을 남겼다. 그는 우선 책을 볼 때는 무엇보다 시간을 정해 읽어야 한다고 조언한다. 이때 정해진 시간을 넘기면서 책을 더 읽어도 안 되고, 그 시간을 남기면서 덜 읽어도 안 된다고 한다. 또 의심나는 글자가 있으면 즉시 참고서를 참고해서 그 뜻의 내용을 아는 게 중요하다고 조언한다. 그때마다 이덕무는 선배인 장학성과 친척인 이광석을 만나 물어보곤 했다고 한다. 책을 읽다가 뜻이 심오하거나 이해할 수 없을 때에 그냥 지나치게 되면 책 읽기를 포기하고 아무 생각도 하지 않게 된다는 것이다. 또 책을 읽을 때에는 자정을 넘기지 않았다고 한다. 반복해서 많이 읽기만을 탐하는 것은 아무 도움이 되지 않는다고 경계한다.

이덕무는 어릴 때 하루에 배우는 분량이 50줄에 불과했다. 그것은 조심성 있는 성질일뿐더러 외는 데 둔했기 때문이었다. 그는 《논어》와 함께 《맹자》를 좋아했다. 그러니 너무 가난해 《맹자》를 팔아 쌀을 사기도 했다.

"내 집에 좋은 물건이라곤 단지 《맹자》 일곱 편뿐인데, 오랜 굶주림을 견딜 수 없어 2백 전에 팔아 밥을 지어 배불리 먹었네. 그리고 희희낙락하여

유득공에게 달려가 크게 뽐내었네. 영재의 굶주림도 또한 하마 오래였던지라, 내 말을 듣더니 그 자리에서 《좌씨전》을 팔아서는 남은 돈으로 술을 받아 나를 마시게 하였지 뭔가."

이 글은 친구 이서구에게 보낸 것이다. 하지만 이덕무는 자신에 대해 쓴 책인 《이목구심서》에서 '책만은 버릴 수 없다'는 시를 지어 조선 최고의 독서광다운 면모를 나타내기도 했다. 독서광 이덕무의 면모에서 오늘날 우리에게 버릴 수 없는 것은 과연 무엇인지 생각해 보게 된다.

"우리가 읽는 책이 우리 머리를 주먹으로 한 대 쳐서 잠에서 깨우지 않는다면, 도대체 왜 우리가 그 책을 읽는 거지? 책이란 무릇, 우리 안에 있는 꽁꽁 얼어버린 바다를 깨뜨려 버리는 도끼가 아니면 안 되는 거야."

이는 카프카가 그의 소설 《변신》에서 저자의 말에 쓴 내용이다. '책은 도끼다'라는 이 말은 광고인 박웅현이 낸 책 제목으로도 잘 알려졌다. 그런데 명나라 말기의 문학가인 원굉도가 이미 〈독서〉라는 시에서 이런 말을 먼저 했다.

"책에 쓰인 건 모두 피와 땀이라/알고 나니 정신을 돕네/도끼를 들어 주옥을 캐고/그물을 쳐 고운 물고기를 잡는 듯/나도 한 자루 비를 들고/온 땅의 가시를 쓸리라."

이 시에서처럼 책은 도끼로 그 진수를 캐낼 수 있을 때 제대로 독서를 한 것이다. 책을 읽어도 정신을 번쩍 들게 하는 문장을 만나지 못했다면 제대로 읽은 게 아닌 셈이다. 아니, 제대로 된 책을 읽은 게 아닌 셈이다.

이덕무는 2만 권의 책을 읽는 것에 그치지 않고 《사소절》, 《이목구심서》

등 16권의 책을 썼다. 그가 책을 읽으면서 도끼로 내리치듯 채록한 문장들이 이런 책들에 담겨 있다. 이 중에서 《사소절》은 부녀자와 선비, 어린이의 예절을 담은 책으로 주희가 만든 《소학》을 모방해서 만들었다고 한다.《사소절》에는 자녀교육과 관련해 귀중한 가르침이 들어 있다.

"어린아이를 가르칠 때 엄하게 단속해서는 안 된다. 엄하게 단속하면 기백이 약한 아이는 겁을 먹고 기질이 강한 아이는 울분하여 원망하는 마음을 갖는다. 너그럽게 놓아두어서는 안 된다. 너그럽게 놓아두면 의지가 약한 아이는 게을러지고 기질이 강한 아이는 방종해지며 능멸하는 마음이 생긴다. 모름지기 말을 몰고 매를 부릴 적에는 채찍과 끈이 항상 손에 있어 알맞게 조정하는 것처럼 하는 것이 옳다."

이 말에서 자녀교육의 어려움을 느낄 수 있다. 아이는 상처받기 쉬운 존재이기에 주의해서 신중하게 가르쳐야 하는 것이다. 이덕무는 경전과 역사, 제자백가 사상, 문집 등은 물론이고 기문이서, 즉 기이하고 이단적인 책들까지 두루 통하지 않는 바가 없을 정도로 방대한 독서로 다방면에 박식했다. 그가 16종에 이르는 다양한 책을 펴낼 수 있었던 힘은 여기에 있다. "고관대작 이름을 나는 모르네/내 아는 건 오로지 책 읽는 일뿐." 그는 〈나무의 마음처럼〉이란 시에서 이렇게 썼다. 그가 못 말리는 책벌레라는 점은 시에서도 여실히 읽을 수 있다.

정조는 이덕무의 업적을 기념해 장례비와 《아정유고》의 간행비를 내어주고, 그 아들 이광규를 검서관에 임명해 아버지의 저술인 《아정유고》를 간행하게 했다. 한글로 번역된 《청장관전서》는 우리 시대에도 '도끼'로 작용하며 읽히고 있다.

여러 분야에 걸쳐 통섭형 독서를 하다

이덕무의 독서 취향은 특정 분야에 한정되지 않았다.《논어》등 경서를 깊이 연구했고 제자백가 사상과 고금의 역사와 문물 제도, 음운학, 문집, 의서와 농서, 문자학 등 다방면에 걸쳐 책을 섭렵했다. 오늘날 표현으로 하자면 '통섭형' 독서라고 할 수 있을 것이다. 달리 말하자면 백과전서식 독서라고도 한다. 마치 백과사전처럼 다양한 지식을 구하는 독서를 한다는 것이다. 그런데 서구 사회에서 백과전서파가 활동한 시기가 이덕무가 백과전서식 독서를 하던 시기와 우연하게도 일치한다. 체임버스의《백과전서(Cyclopaedia)》를 번역하고 개정·보완하는 일을 맡은 드니 디드로는 이것을 바탕으로 하여 프랑스의 전통적 제도와 편견에 대한 투쟁의 무기로 새로운 백과전서를 계획했다고 한다. 말하자면 계몽운동의 일환으로 계몽적인 지식을 담은 백과전서를 프랑스어로 펴낸 것이다.《백과전서》는 1790년에 발생한 프랑스 혁명에 큰 영향을 주었다. 많은 집필진이 있었는데 유명인으로는 볼테르, 몽테스키외, 루소 등이 있다. 과학기술학술 등 당시의 학문과 기술을 집대성한 대규모 출판 사업이었는데, 이성(理性)을 주장하고 신학(神學)과 교회에 대한 강한 비판을 보였기 때문에 발행 금지 등 당국의 탄압을 받기도 하였다.

디드로가 주도한 백과전서파의 계몽운동은 마치 이덕무와 그의 스승인 박지원 등이 주도한 실학파와 사뭇 활동 내용이 닮아 있다. 실학파들도 당시 부패한 사회를 개혁하고 과학 기술을 이용해 새로운 사회를 건설하고자 했고, 이에 대한 수많은 책들이 쏟아져 나왔던 것이다. 이익의《성호사설》은 바로 실학파들에게 이론적 지침서와 같았다.

또한 이덕무는 두보의 시를 좋아했다. 그는 두보의 시를 읽다 골똘히 생각에 빠지고 마치 환자가 앓는 소리를 내듯이 읊조리기도 했다. 그러다 시에 내포된 심오한 의미를 깨닫기라도 하면 이리저리 왔다 갔다 하며 기쁜 표정을 지었다. 그는 자기 자신에게 쓴〈간서치〉라는 글에서 "어릴 때부터 21세가 될 때까지 하루도 선인들 책을 손에서 놓은 적이 없었다."고 적고 있다. 그는 "앉아서도 당시(唐詩) 보고 누워서도 당시 보네"라는 시를 쓰기도 했다.

이덕무는 태조 이성계의 차남인 정종의 아들 무림군의 후예지만 아버지가 서자여서 그 자신도 서자로 살아야 했다. 이때 오직 독서만이 그의 유일한 즐거움이요, 탈출구였다. 그래서 39세에 정조 임금이 규장각 검서관에 임명할 때까지 오직 책만 보는 바보로 살아야 했다. 그에게는 그 이외의 다른 선택지는 없었다.

이덕무는 분야를 가리지 않고 다방면에 걸쳐 독서를 했지만 소설은 좋아하지 않았다고 한다. 특히《삼국지연의》와《수호전》처럼 자신이 이기기 위해서 남을 속이는 글들이 난무하는 소설을 좋아하지 않았다. 특히 당대에도 인기가 있던《삼국지연의》에 대해서는 혹평을 한다. 다음은 이덕무가 부여군수로 있던 박제가에게 쓴 편지다.

"무릇 세상 사람들이 말하는 소설은 《삼국지연의》와 같은 부류인데, 이것은 음탕함과 도둑질을 가르치고, 인륜과 교화를 해치는 매체이니 조정에서 엄격히 금지되어야 하네. 그런 고로 우리가 매우 싫어하고 배척하는 것이니, 그대에게도 그렇게 하는 것이 피해가 되는 건 아닐걸세. 그러나 나는 그대의 됨됨이와 성격이 남다른 것을 늘 유감스럽게 생각하였다네. 더구나 그대는 우리와는 다른 천 리 먼 중원의 풍속을 사모하고 있으니. 마음 쓰는 것이 어찌 그리 크고 넓은가?"

이덕무가 소설을 싫어한 것처럼 누구나 취향이 있고 거기에 따라 읽고 싶은 책들도 다른 것이다. 영국의 윈스턴 처칠이나 미국의 존 F. 케네디 등과 같이 정치가를 지망하는 아이는 역사책과 모험담을 좋아하겠지만 그런 책을 싫어하는 이들도 있다. 김만중이나 허균처럼 소설을 좋아하고 또 직접 소설을 쓴 위인들도 있지만 이덕무처럼 소설을 극도로 혐오한 이들도 있다. 이는 각자의 기질이 다른 데서 오는 독서 취향이다.

이덕무는 《삼국지연의》에 대해 혹평을 하지만 시대가 바뀐 지금은 반드시 읽어야 할 고전 중의 고전이다. 사람마다 개성이 있듯이 책을 바라보는 관점도 차이 나게 마련이다.

메모를 독서의 보조기억 장치로 만들어라

이덕무는 친구 덕분에 중국도 여행할 수 있었다. 친구인 심념조가 서장관

(조선 시대에 외국에 보내는 사신 가운데 기록을 맡아보던 임시 벼슬)이 되었는데 사절단의 일행으로 4개월 동안에 걸쳐 연경에 다녀올 수 있었다. 그때가 38세 때인 1778년이었다. 이덕무는 청나라를 방문해서는 책벌레답게 책방을 즐겨 찾았다. 이때 우리나라에 없는 희귀한 서적 130종의 이름을 기록하기도 했다. 이처럼 이덕무는 어디를 가든 항상 책에 관심을 가질 만큼 책에 대한 사랑이 대단했다. 그는 청나라를 다녀와서《입연기(入燕記)》라는 책을 남겼다.《입연기》란 청나라 수도인 '연경을 여행하면서 쓴 기록'이라는 뜻이다.

이덕무가《입연기》를 쓸 수 있었던 데는 기록하는 습관도 한몫했다. 그가 여행을 갈 때면 반드시 휴대하는 것이 바로 문방사우였다. 이덕무가 문방사우를 휴대하며 기록하는 버릇은 나이가 들어서도 변하지 않았다.

"아버지는 여행을 할 때에도 반드시 책을 소매에 넣어가지고 다니셨고, 심지어 종이와 벼루, 그리고 필묵까지 싸 가지고 다니셨다. 그래서 주막에서나 배 안에서도 책을 덮은 적이 없었는데, 만일 기이한 말이나 이상한 소리를 들으면 즉시 기록해서 초목과 금수와 충어의 학문에 정통하셨다. 그리고 시골의 농부들이나 노인들을 만나면, 그 지방의 언어로 부르는 이름을 물은 뒤에 '목초'에서 고증하여 이를 우리말로 번역해 풀이하곤 하셨다."

이덕무의 아들 이광규가 아버지를 회상하면서 쓴 글이다. 이덕무는 우리 문화의 유산을 정리하고 생활 속에서 학문의 대상으로 삼고 이를 체계화하려고 했다. 그렇게 해서 탄생한 것 중의 하나로 〈열상방언〉이 있는데, 이덕무가 속담을 수집하여 한역한 글이다. 여기에는 '谷無虎(곡무호)에 先生兎(선생토)라', 즉 호랑이 없는 곳에 토끼가 선생이라. 잘난 이가 없는 곳에서는 그보다 못난이가 잘난 체 한다는 뜻이다. '養子息(양자식)이면 知親力(지친력)이라', 즉 자식을 길러 봐야 부모의 힘든 것을 안다는 뜻이다.

1768년 28세인 이덕무는 시아버지상을 당한 사촌누이를 서울로 데려오기 위해 황해도 장연의 조니진에 다녀오면서 20일 동안 왕복 천 리 길을 오간 적이 있었다.

"이불 한 채와 행낭 하나에 붓과 벼루, 먹을 각각 하나씩 챙기고, 거기에 종이 다섯 장과 돈 오백 냥을 챙겼다." 이덕무는 여행을 떠나며 가장 중요한 물품으로 이불과 붓과 벼루, 먹, 종이를 꼽고 있다. 그는 매일 여행하면서 느낀 일들을 기록해《서해여언(西海旅言)》이라는 책을 썼다. 서해여언은 '서해 지방을 다녀오면서 쓴 글'이라는 뜻이다. 우리나라 글은 한자를 알면 이 말이 무슨 의미인지 이내 알 수 있다. 이 글에서 그는 자신이 마주쳤던 풍경들의 특징과 각 고장의 풍속, 그리고 전설과 역사 등을 생생하게 적어 놓았다.

"10월 16일, 비가 내려 조니진에 머물다.

장산 풍속에는 산부가 분만을 하면 냉수를 큰 사발로 하나 들이키면 산병이 아주 없어진다고 한다. 평안도와 함경도 등지에서도 이러한 풍속이 있으며, 갓난애가 태어난 즉시 다리를 거꾸로 잡고 물동이에 김을 쐬면, 어른이 되고 늙을 때까지 병이 없다고 한다."

이덕무는 또 여행을 하면서 호연지기를 키울 수 있다며 그때의 감회를 적어 놓기도 했다.

"사봉의 꼭대기에 우뚝 서서 서쪽으로 큰 바다를 바라보니, 바다 뒤편은 아득하여 그 끝이 보이지 않았다. 용과 악어가 뿜어내는 것 같은 파도는 하늘과 맞닿아 경계를 알 수 없었다."

이덕무는 여행을 하는 도중에 보고 들은 내용을 빠짐없이 붓으로 기록해 두었다. 기록해 두면 그게 자신만의 콘텐츠가 되어 언젠가 한 권의 책으로 탄생할 수 있게 된다. 이게 메모, 즉 기록의 보이지 않는 힘일 것이다.

'하루키스트'라는 말이 나돌 정도로 전 세계적으로 팬들을 거느리고 있는 일본 작가 무라카미 하루키는 피아노 연주와 여행을 즐기고, 또 매일 달리기를 한다. 그의 대학 졸업 논문도 여행에 대한 것이었다. 그는 와세다 대학 문학부 연극과를 졸업했는데 논문 제목이 〈미국 영화에서의 여행의 사상〉이다. 그는 그동안 미국과 멕시코, 몽골 등을 여행했고 그리스에서 시작해 유럽 여행을 3년 동안 했다. 이때 탄생한 것이 소설 《상실의 시대》이고, 《먼 북소리》라는 여행기다. 《먼 북소리》는 하루키가 3년간(1986년 가을에서 1989년 가을까지) 유럽을 여행하는 동안 쓴 문학은 물론 자신의 인생에 대해 솔직하게 고백한 삶의 기록이다. 하루키는 이 여행 중에 두 편의 장편, 《상실의 시대》와 《댄스 댄스 댄스》를 발표했고, 이 여행에서 돌아왔을 때는 베스트셀러 작가를 넘어 세계적인 인기 작가가 되어 있었다. 여행이 하루키를 만들었고 하루키의 문학을 완성하게 했다고 해도 과언이 아니다.

여행을 하다 보면 낯선 세상을 접하며 자신이 생각하지 못한 일들을 보고 느낄 수 있다. 그래서 여행을 다녀오면 마음이 훌쩍 성장하기도 한다. 이덕무는 연경에 갔을 때 꼭 만나고 싶은 사람들이 있었다. 시 모임에서 언젠가 홍대용이 말했던 중국의 문인들을 만나고 싶었던 것이다. 홍대용은 1765년과 1766년에 걸쳐 북경에 다녀와서 《연기》(한글본 '을병연행록')와 《건정동필담》을 썼다. 박지원은 이 책을 읽고 자극을 받아 중국 여행에 올랐고 《열하일기》에 자주 홍대용의 책을 인용하고 있다. 홍대용은 《의산문답》으로도 유명하다. 이 책에는 〈눈을 떠, 조선〉에서 이런 글이 나온다.

"사람은 낮에 일하고 밤에 잠든 뒤 아침을 맞는다. 새로운 하루가 시작된다. 조선은 5백 년을 잠들지 않았고 그러니 아침도 맞지 못한다. 졸고 있을 따름이다. 그때 홍대용과 그의 친구들이 외친다. 눈을 떠, 조선. 해가 중천이야."

마치 급격하게 변동하고 있는 사회에서 자꾸만 뒤처져가고 있지만 이를 인식하지 못하고 있는 사람을 두고 하는 말 같다. 이는 당시 과학 기술의 발전을 애써 외면하고 있는 조선의 현실을 개탄하며 청나라의 문물을 받아들여 사회 개혁을 이루어야 한다는 주장을 담고 있는 사상서이다.

홍대용에 뒤이어 1778년에는 이덕무와 박제가가 중국을 다녀와 각각 《입연기》와 《북학의》를 썼다. 박지원의 《열하일기》는 그 후에 중국을 여행한 이들에게 필독서였다. 박지원의 제자인 유득공은 1790년 박지원이 갔던 연경과 열하를 다녀와서 《난양록》을 썼다. 1832년에 중국을 다녀온 김경선은 김창업의 《연행일기》, 홍대용의 《연기》, 박지원의 《열하일기》를 가장 탁월한 여행기로 들었으며, 그 내용을 발췌하고 그에 덧붙여 자신의 소견을 썼다.

이덕무는 홍대용과 필담으로 우정을 나눈 중국의 문사를 만나 우의를 돈독히 했다. 이때 만난 이들이 이정원과 이기원, 반정균, 당낙우 등이었는데, 귀국해 이들을 그리워하는 시를 한 수씩 짓기도 했다.

처음 보아도 옛날 친구와 다름 없었고 / 잠시 만난 일도 참된 인연이었는데 / …… 외로운 회포는 만리까지 이어지고 / 한 번 이별은 천 년이나 된 듯하네 / 참으로 값진 '청장관기'는 / 대대로 간직하여 보배로 삼으련다.

이덕무는 함께 간 박제가와 함께 연경의 반정균 집에서 이정원을 만난 일을 《입연기》에 기록하면서 이 시를 썼다. 이정원은 이덕무에게 그날 《청장관기》라는 시를 지어 주었다. 이덕무는 마치 오래 사귄 친구를 만난 듯이 절친한 정을 느끼며 그들과의 짧은 만남을 값진 인연으로 생각한다. 이덕무는 이들과의 만남을 통해 국경을 초월해 우의를 다지고 학문을 토론하며 자신의 안목을 넓혔던 소감을 적기도 했다.

조선 시대 관리들은 중국에 가면 서점이 즐비한 유리창과 같은 책방들을 반드시 찾곤 했다. 요즘도 해외로 여행하는 이들 중에 외국에 가면 반드시 서점을 찾아보는 이들이 있다. 책을 보면 그 나라의 문화 척도를 가늠할 수 있기 때문이다. 또 우리나라에서 보지 못하는 새로운 문화나 트렌드를 맨 먼저 접할 수 있는 곳이 서점이기도 하다. 그래서 자녀들과 해외여행을 할 경우에는 반드시 서점을 찾아보는 것도 아이에게 문화의 세례를 경험시키는 시간이 될 것이다.

여행을 뜻깊게 하고 의미있는 여행을 하려면 먼저 그곳을 다녀온 사람들이 쓴 여행기를 읽는 데서 출발해야 한다. 여행을 하는 데 그치지 않고 느낌을 기록하고 이를 공유하는 작업을 한다면 더 의미있는 여행이 될 것이다.

이덕무가 53세로 세상을 떠나자 정조는 그의 업적을 기려 장례비와《아정유고》의 간행비를 하사하고, 1795년 아들 이광규를 검서관에 임명하는 후의를 베풀었다. 왕이 직접 왕명으로 신하의 문집을 편찬하게 한 것은 극히 이례적인 일이었다. 그렇게 해서 이덕무가 죽은 후에 나온 책이《아정문고》(청장관전서)이다.

30년 친구인 박지원은 이덕무가 먼저 세상을 떠나자 이런 글을 남겼다. "그 친구가 저세상으로 떠난 뒤 나는 이리저리 방황하고 울먹이면서 혹시라도 이덕무 같은 사람을 만날 수 있을까 했지만 찾을 수 없었다."

자녀를 키우고 있다면 누구라도 이덕무와 같은 책벌레가 되어 역경을 이겨내고 이름을 빛내 주기를 바랄 것이다. 그런데 이덕무의 생애를 보노라면 누구나 이덕무처럼 될 수 있다는 생각을 해본다. 단, 부모가 자녀를 과잉보호하거나 과잉 교육을 하지 않는다면 말이다. 요즘은 지나친 관심이나 교육열이 자녀를 망가뜨리는 경우가 많기 때문이다.

이덕무 가의 독서비법 7

– 현실을 이겨내고 꿈을 향해 나아가게 하는 독서법

1. 하루도 빼놓지 않고 책을 읽어라.

이덕무는 하루 종일 책을 읽었는데 해가 지는 방향으로 햇빛을 따라 방안을 옮겨다니며 책을 읽었다고 한다. 햇빛이 드는 쪽이 밝기 때문에 책을 잘 읽을 수가 있어 조금씩 조금씩 옮겨다닌 것이다. 그 정도로 이덕무는 '책벌레'라는 소문이 자자했다. 덕분에 이덕무는 과거 시험을 보지 않고도 왕실 도서관인 규장각에 취직할 수 있었다.

2. 독서 동아리를 만들어 함께 읽고 써라.

인디언의 격언 중에 '멀리 가려면 혼자서 가지 마라.'는 말이 있다. 성공은 결코 혼자서는 이룰 수 없다. 그러기에 무엇보다 좋은 인간관계가 필요하다는 것이다. 학창시절에는 좋은 친구들을 많이 사귀는 게 중요하다. 그 친구들이 나중에 사회에 나가 가장 큰 힘이 될 수 있기 때문이다.

3. 책을 읽으면서 토론과 논쟁을 즐겨라.

이덕무와 그의 벗들은 18세기에 함께 공부하고 토론하고 나아가 글을 짓는 '독시 세미나'를 열었다. 독시 세미나, 즉 독시를 통한 도론은 학생들에게 풍부한 독서와 글쓰기를 경험하게 한다. 그렇게 자란 인재들이 창조적 상상력으로 무장하면서 세계의 글로벌 인재가 되는 것이다.

4. 독서 시간을 미리 정하고, 그 시간에는 반드시 읽어라.

이덕무는 우선 책을 볼 때는 무엇보다 시간을 정해 읽어야 한다고 조언한다. 이때 정해진 시간을 넘기면서 책을 더 읽어도 안 되고, 그 시간을 남기면서 덜 읽어도 안 된다고 한다. 또 의심나는 글자가 있으면 즉시 참고서를 참고해서 그 뜻의 내용을 아는 게 중요하다고 조언한다.

5. 여러 분야에 걸쳐 통섭형 독서를 하라.

이덕무의 독서 취향은 특정 분야에 한정되지 않았다. 《논어》 등 경서를 깊이 연구했고 제자백가 사상과 고금의 역사와 문물 제도, 음운학, 문집, 의서와 농서, 문자학 등 다방면에 걸쳐 책을 섭렵했다. 오늘날 표현으로 하자면 '통섭형' 독서라고 할 수 있을 것이다. 달리 말하자면 백과전서식 독서라고도 한다.

6. 메모를 독서의 보조기억장치로 만들어라.

이덕무는 여행을 하는 도중에 보고 들은 내용을 빠짐없이 붓으로 기록해 두었다. 기록해 두면 그게 자신만의 콘텐츠가 되어 언젠가 한 권의 책으로 탄생할 수 있게 된다. 이게 메모, 즉 기록의 보이지 않는 힘일 것이다.

7. 외국여행을 하면 반드시 서점에 들러라.

조선 시대 관리들은 중국에 가면 서점이 즐비한 유리창과 같은 책방들을 반드시 찾곤 했다. 요즘도 해외로 여행하는 이들 중에 외국에 가면 반드시 서점을 찾아보는 이들이 있다. 책을 보면 그 나라의 문화 척도를 가늠할 수 있기 때문이다. 또 우리나라에서 보지 못하는 새로운 문화나 트렌드를 맨 먼저 접할 수 있는 곳이 서점이기도 하다. 그래서 자녀들과 해외여행을 할 경우에는 반드시 서점을 찾아보는 것도 아이에게 문화의 세례를 경험시키는 시간이 될 것이다.

⊙ 이덕무를 만든 독서 리스트

공자의 《논어》와 맹자의 《맹자》

이 두 책은 요즘에도 반드시 읽어야 할 고전 중의 고전이다. 사실 《논어》와 《맹자》, 《중용》과 《대학》은 청소년 시기에 읽기에 벅찬 동양의 최고 고전이다. 하지만 청소년 시절에 먼저 읽되 모두 이해할 필요가 없다. 그저 어떤 책인지 보면서 슬금슬금 책장만 넘겨도 된다. 조금만 관심을 기울여 읽는다면 누구나 이해하지 못할 내용은 별로 없다.

자사의 《중용》과 증자의 《대학》

이덕무는 《중용》과 《대학》을 가장 훌륭한 책이라고 했다. "《중용》 첫 장을 다섯 번 읽었다. 이하도 이 횟수에 의하기로 하였다." 그는 독서 일기인 《관독일기》에 이렇게 적고 있다. 그는 독서 일기를 적는 한편, 책을 필사하면서 학문이 깊어질 수 있었다. 《관독일기》는 이덕무가 93일 동안 하루에 책 한 권씩을 읽고 쓴 것이다. 이런 독서법은 이후 수많은 이들에게 독서 일기를 쓰게 했다. 지금도 《관독일기》를 흉내 낸 독서 일기를 써 책으로 낸 이들도 있다.

당시(唐詩)

두보와 이백, 백거이의 시는 꼭 읽자. 두보의 시는 그의 신산한 삶만큼 깊이를 지니고 있다.

늙은 내 아내 딴 고을 살아/눈바람 가린 거기 얼 명의 가족/이찌 기만히만 둘 수 있으랴?/죽어도 같이 죽자 길을 서둘러/대문에 당도하니 낭자한 곡성/어린 아들 굶은 끝에 죽으니라고./난들 슬퍼할 줄 어찌 모르리?/이웃들도 오히려 흐느끼노니/부끄러워라 남의 아비가 되어/못 먹여서 그 어린 것 죽게 하다니!

《두보시선》에 나오는 '봉선현을 찾아가면서'라는 시다. 당시 '시성'이라 불린 두보였지만 가난에 굶다 죽은 아들 소식에 부끄러운 아비라고 탄식한다.

◉ 이덕무 관련 교양 필독서

《책만 보는 바보》

이덕무의 〈간서치〉를 한글로 옮긴 책. 이덕무 자신에 대한 자전적 글이 웃음을 절로 짓게 한다. 그가 추운 겨울날 골방에 비춰지는 햇볕을 따라 책을 읽는 모습이 눈에 선하다. 그러나 이 책은 신간으로 사 볼 수 없어 도서관에서 빌려봐야 한다. 비슷한 제목으로 《책만 보는 바보》(보림출판사, 안소영 지음)가 있는데 이는 이덕무의 〈간서치〉와 생애를 새롭게 구성한 책이다.

이덕무의 〈깨끗한 매미처럼 향기로운 귤처럼〉

돌베개(강국주 옮김)에서 펴낸 책으로 이덕무의 시와 산문을 싣고 있다.

이덕무의 〈사소절〉

전통문화연구회(이동희 옮김)에서 펴낸 책으로 《소학》의 취지에 따라 쓴 책이다. 자신부터 예절을 지키고 남을 배려하는 마음을 함양한 후에 다른 사람들에게 예절을 말해야 한다는 자기성찰이자 다짐을 담고 있다.

독서를 하는 데 늦었다는 말은 없다, 다만 지금 읽으면 된다!

– 카잔차키스는 대졸 백수 시절, 니체를 접하고 위대한 작가가 되었다

남의 책을 읽는데 시간을 보내라. 남이 고생한 것으로 자기를 쉽게 개선할 수 있다. - 소크라테스

1.

지금 독서를 하는 데 늦었다고 생각한다면 그리스의 대문호 니코스 카잔치키스를 떠올려 보자. 카잔차키스는 대학을 졸업하고 '백수'로 지내다가 파리의 생주느비에브 도서관에서 처음으로 철학자 니체의 책을 접했다고 한다. 그 순간의 이야기는 다음과 같다.

어느 날, 생주느비에브 도서관에서 독서에 몰두했던 나에게 한 소녀가 다가왔다. 그녀는 어떤 남자의 사진이 실린 책을 손에 들었는데 허리를 굽히

고 경이에 찬 눈으로 나를 물끄러미 쳐다보며 사진을 가리켰다.

"이 사람이 누군지 아세요?"

"그걸 어떻게 알아요?"

"하지만 이건 당신이에요. 아주 똑같아요! 이마와 짙은 눈썹, 푹 들어간 눈을 봐요. 이 사람은 큼직한 콧수염이 축 늘어졌는데 당신은 수염이 없다는 점만 달라요."

나는 깜짝 놀라서 사진을 보았다.

그는 바로 니체였다. 나는 그간 이야기는 들었지만 니체가 쓴 책을 한 권도 읽어 보지 못했다.

《비극의 탄생》이나《차라투스트라는 이렇게 말했다》도 안 읽어 봤어요? '영원 회귀'나 '초인'에 대해서도요?"

"하나도 못 읽었어요. 하나도." 나는 창피함을 느끼며 대답했다.

잠시 후에 그녀는《차라투스트라는 이렇게 말했다》를 가지고 왔다. "당신에게 두뇌가 있기나 한지. 그리고 그 두뇌가 굶주렸는지 어떤지는 모르겠지만, 이건 당신의 두뇌를 위한 견실하고 용맹한 양식이에요."

그것은 내 삶에서 가장 결정적인 순간들 가운데 하나였다. 미지의 대학생이 끼어들었던 덕택에 내 운명은 생주느비에브 도서관에서 기습을 당했다. 그곳에서 온통 피투성이의 모습으로, 위대하고 격렬한 투사인 그리스도의 적이 나를 기다렸다.

이 구절은 바로 카잔차키스의《영혼의 자서전》을 읽은 후에 내가 초서한 파일에서 발췌한 것이다. 카잔차키스는 20대 후반에서야 비로소 니체를 접하고 순례길에 나섰고,《그리스인 조르바》를 비롯해 수많은 여행기를 남기며 세계적인 작가로 우뚝 설 수 있었다.

2.

파리의 도서관에서 니체를 만난 것은 카잔차키스라는 위대한 작가를 만든 일대 사건이다. 그는 여행지에서 도서관에 갔고 그곳에서 영혼의 철학자 니체를 만난 것이다. 여기서 그는 니체의 그 유명한 잠언, "자신이라는 인간을 체험하는 것, 그것이 인생이다."라는 말을 접하고 전율한다.

"인생은 방랑과 같다. 살아간다는 것은 방랑하는 것이다. 평원을 지나 험준한 산줄기를 수없이 넘어야 한다. 칠흑 같은 어둠을 거치고, 계곡물에 발을 적시고, 차가운 별빛 아래를 걸어야 한다. 그러는 동안 우리는 수많은 사건을 마주할 것이며, 많은 것을 체험할 것이다. 그러나 결국, 언제나 자기 자신을 체험하는 것뿐이다. 자신이라는 인간을 체험하는 것, 그것이 인생이다."

결국 '영원 회귀의 철학자' 니체를 만난 카잔차키스는 그의 잠언에 따라 방랑에 나서 '영혼의 작가'가 될 수 있었고 훗날《영혼의 자서전》을 쓰기에 이른다. 카잔차키스가 자유로운 영혼의 작가로 불리게 된 것은 이때부터 죽을 때까지 지속된 여행 덕분이었다. 그전 10대 시절에도 그는 방학마다 여행을 다녀왔고 아테네에서의 대학생 시절에도 사막 여행을 다녀오기도 했다. 그가 20대를 회상하며 쓴《영혼의 자서전》을 보면 여행이 얼마나 그의 삶에 영향을 주었는지 알 수 있다.

카잔차키스는 대학에 다닐 때부터 여행을 시작했는데 그의 삶과 문학의 시작이자 완성은 다름 아닌 여행이라고 할 수 있다.

"몇 달 만에 나는 또다시 압박감을 느꼈다. 길들이 좁아졌고 집이 답답해졌으며 마당의 박하나무와 금잔화는 향기를 잃었다. 옛 친구들이 눌러앉아 살아가는 모습을 보고 나는 두려움에 사로잡혔다. 나는 사무실의 네 벽 안에 절대로 갇히지 않고 편안한 삶과 절대로 타협하지 않고, 필요성과 절대로 계약하지 않겠다고 결심했다."

그는 자주 항구로 내려가 바다를 보았다. 바다는 자유의 문 같았다. 그는 그 문을 열고 뛰쳐나가자고 다짐한다.

대학을 졸업하고서도 취직을 하지 않고 빈둥거리며 지내던 어느 날, 카잔차키스는 용기를 내어 아버지에게 "저는 더 훌륭한 무엇을 배우고 싶어요. 외국으로 나가고 싶어요."라고 한다. 아버지는 아들의 '지성 발전'을 위한 일이라면 그 무엇도 거절하지 않았다. 아버지는 항구까지 데려다주면서 아들의 손을 꼭 쥐면서 말했다.

"잘 가거라. 몸조심하고. 그리고 정신 똑바로 차려!"

이 말은 세상의 아버지라면 누구나 자식에게 해주고 싶은 말일 게다. 아주 상투적이지만 여기에는 거친 세상을 싸우며 살아가야 하는 자식에 대한 걱정과 부성애가 오롯이 담겨 있다. 세상으로 나아간 자식은 세파를 뚫고 홀로서기를 하면서 비로소 아버지의 삶을 느끼게 될 것이다.

카잔차키스는《영혼의 자서전》을 탈고하고, 일 년 뒤인 74세에 숨을 거두었다. 삶은 이렇듯 불시에 불시착한다. 그래서 그전에 여행을 떠나 세상을 마음껏 만나 볼 일이다. 이때 자녀와 함께라면 더욱 좋지 않을까. 또는 부모가 바빠 함께 여행할 수 없다면 자녀만이라도 더 큰 세상을 구경하게 여행을 보내 보자. 인생에서 어쩌면 가장 값지게 남는 것이 여행일지도 모른다.

3.

명문가의 독서교육에 대해 이야기하면서 여행을 떠나라니, 허튼 이야기처럼 들릴지도 모르겠다. 하지만 카잔차키스를 역할 모델로 삼는다면 그렇지 않다는 것을 알게 될 것이다. 카잔차키스뿐만 아니라 이 책에 등장하는 인물이나 그들과 관련해서 인용되는 수많은 인물들이 바로 여행을 통해 자신을 일으켜 세웠다. 여행에서 얻은 경험은 언젠가 인생의 자양분으로 작용한다. 책을 쓴다면 언젠가 그 책에 반영되어 훌륭한 책이 탄생되기도 한다. 마치 중국 최고의 역사서인《사기》를 쓴 사마천이나 '시성'으로 불릴 정도로 시를 잘 쓴 두보처럼 말이다.

그러니 아들과 딸들이 지금 책을 잘 읽지 않는다고 실망하거나 포기하지 않아도 될 성싶다. 카잔차키스는 세상을 뒤흔든 위대한 철학자 니체를 대졸 백수 시절, 파리 여행 중 도서관에서 우연히 알게 되지 않았는가. 결국 카잔차키스는 니체를 좋아하게 된 나머지, 니체가 '영원 회귀'를 깨딜은 엥가딘의 바위를 찾아 다시 여행길에 나서게 된다. 그것이 위대한 대문호가 되는 길의 시작이었다. 그러니 아들과 딸들이 지금 책을 읽지 않았다고 실망하거나 포기하지 마시기를. 물론 카잔차키스 정도라면 애초부터 대작가가 될 능력을 가지고 있지 않았을까 반박할지도 모르지만, 그의 자서전을 보면 그 어디에도 '위대한 능력'은 없었다.

4.

개인심리학의 최고 권위자인 알프레드 아들러는 《심리학이란 무엇인가》라는 책에서 "지적 능력의 발달에 기여하는 최대의 인자는 유전이 아닌 관심이다."라고 말한다. 고도의 능력 배후에 숨어 있는 것은 특별한 유전적 형질이 아니라, 오랫동안의 관심과 훈련이라는 것이다. 한 세대를 넘어 재능이 풍부한 사람들을 배출해냄으로써 사회에 많은 공헌을 한 집안의 경우라도 그들에게 무언가 유전적 영향이 작용하고 있었다고 단정 내릴 필요는 없다고 아들러는 조언한다. "오히려 우리는 한 사람의 성공이 다른 가족들에게 자극이 되고, 그 전통이 어린이들에게 흥미를 불러일으켜, 훈련과 연습에 의해 자신을 단련시키는 것을 가능하게 했다고 생각해야 할 것이다."

교육에서 '관심'이 얼마나 중요한 요소인지를 알려주는 것이 바로 '로젠탈 효과'이다. 이것은 1968년 하버드 대학교 사회심리학과 교수인 로버트 로젠탈과 20년 이상 교사 생활을 한 레노어 제이콥슨이 입증한 내용이다. 그들은 미국 샌프란시스코의 한 초등학교에서 지능검사를 실시한 후 결과와 상관없이 무작위로 한 반의 20% 정도 학생을 뽑아냈다. 그 학생들의 명단을 교사에게 주면서 지능검사 결과 '지적 능력이나 학업 성취의 향상 가능성이 높은 학생들'이라고 거짓 정보를 주었다. 그로부터 8개월 후 지능검사를 다시 실시하였는데, 거짓 명단에 속했던 학생들은 다른 학생들보다 평균 점수가 높게 나왔다. 이 연구 결과는 교사가 학생에게 거는 기대가 실제로 성적 향상에 효과를 미친다는 사실을 입증한 것이다.

영재 또는 천재의 조건은 유전적으로 물려받은 것보다 후천적 '관심'에 있다는 사실을 알 수 있다. 다만 자녀에 대한 관심에서 성적만큼은 관심을 덜 가져 보기를 바란다.

5.

수잔 모건스턴이 쓴 《아르키메데스-천재 되는 법》이란 책에는 천재가 되는 열두 가지 조건이 제시되어 있다.

"1) 태어난다. 2) 주위를 잘 관찰한다. 3) 배운다. 4) 새로운 생각을 떠올린다. 5) 끈기를 기른다. 6) 놀면서 공부한다. 7) 많이 물어보고 많이 생각한다. 8) 생활에 도움이 되는 생각을 한다. 9) 더 낫게 고친다. 10) 절대 포기하지 않는다. 11) 절대로 생각을 멈추지 않는다. 12) 자기만의 것을 찾아낸다."

여기에서도 성적이나 명문대와 같은 조건은 없다. 오히려 어린 시절부터 독서의 세계에 흠뻑 빠져들게 하면서 호기심 많은 아이로 키우는 편이 아이의 행복에 도움이 된다. 이 책에는 천재의 덕목이 12가지 제시되는데, '호기심, 상상력, 참을성, 끈기, 의지, 고집, 유연함, 엄격함, 용기, 정열, 자신감, 의심' 등이다.

독서를 통해 아이에게 키워 줘야 할 덕목도 바로 이 12가지이다. 책을 통해 이러한 12가지 덕목을 키우도록 이끌어 준다면 굳이 천재가 아니고 성공하지 못한들 어떤가. 아이가 그 누구보다 세상을 행복하고 자기주도적으로 살아갈 수 있다면 말이다.

6.

장 자크 루소는 그 유명한 교육서인《에밀》에서 어린 시절부터 고통을 경험하게 하라고 조언한다. "우선 잠자리가 불편한 곳에서 자는 습관을 들여라. 딱딱한 마루에서 자는 습관이 붙은 사람은 어떠한 곳에서도 잘 수 있다. 가장 좋은 잠자리란 잠을 가장 잘 잘 수 있는 곳이다." 자녀에게 과잉보호를 하는 부모들에게 경구가 될 만하다.

교육의 목적은 '판단'을 잘 하는 지혜를 배우는 것이라고 한다. 그는 인간이 사회 속에서 살아가며 의존해야 할 많은 새로운 관계 속에서 판단을 내려야 하므로 올바른 판단을 내리도록 가르쳐야 한다는 것이다. 인간사회에서는 악인이 번영하고 올바른 사람은 학대당하고 있다는 것이 일상의 사실이기에 판단력은 필수라는 것이다. 루소는 "모든 잘못은 판단에서 오는 것이므로 판단할 필요가 없다면 배울 필요가 없다."고 강조한다.

그 판단의 근거가 되는 지식과 지혜는 바로 책 속에 있다. 그런데 루소는 12세 이전까지는 아이들을 뛰놀게 하면서 좋은 습관을 키워 주고 12세 이후부터 본격적으로 책을 읽게 해도 늦지 않다고 강조한다.

주요 참고문헌

이황

금장태,《퇴계 평전》, 지식과교양, 2011.

정순목,《퇴계 평전》, 지식산업사, 1987.

이황,《자성록, 언행록, 성학십도》, 고산 역, 동서문화사, 2008.

권오봉,《퇴계선생 일대기》, 교육과학사, 2001.

정민정,《심경부주》, 최중석 역, 국학자료원, 1998.

이순신

이민웅,《이순신 평전》, 성안당, 2012.

제장명,《이순신 파워인맥》, 행복한 나무, 2008.

조성도,《충무공 이순신》, 연경문화사, 2004.

박선목,《천년을 빛낸 위인들의 생애와 업적》, 작가마을, 2005.

이순신,《난중일기》, 노승석 옮김, 동아일보사, 2005.

최치원

최영성,《고운사상의 맥》, 심산, 2008.

고운국제교류사업회 편,《고운 최치원의 종합적 조명》, 문사철, 2009.

당인평,《최치원 신연구》, 미증가 역, 한림대 출판부, 2004.

김수영 편역,《새벽에 홀로 깨어》, 2008, 돌베개.

김굉필

손인수,《한훤당율곡우계의 교육사상》, 배영사, 1989.
정성희,《조선도학의 분수령 김종직》, 성균관대출판부, 2009.
한훤당선생기념사업회,《한훤당의 생애와 사상》, 1980.

허균

김풍기,《독서광 허균》, 그물, 2013.
허경진,《허균평전》, 돌베개, 2002.

김만중

설성경,《윤씨부인의 삶과 그 정신》, 지식과 교양, 2011.
김병국,《서포 김만중의 생애와 문학》, 서울대출판부, 2001.
사재동,《서포문학의 새로운 탐구》, 중앙인문사, 2000.
김만중,《서포만필》, 이복규 역, 지만지, 2009.

이익

최석기 외,《성호이익연구》, 사람의 무늬, 2012.
이삼환,《성호선생언행록》, 허호구 역, 단국대학교출판부, 2013.
김용걸,《이익사상의 구조와 사회개혁론》, 서울대학교출판부, 2004.
강경원,《인간소외의 극복의 실학자 이익》, 성균관대출판부, 2002.
이익,《성호사설》, 최석기 역, 한길사, 1999.
김현영 외,《순암 안정복의 일상과 이택재 장서》, 성균관대출판부, 2013.

장흥효

정동주,《장계향 조선의 큰어머니》, 한길사, 2013.

장흥효,《경당일기》, 강정서 외 역, 한국국학진흥원, 2013.

국역 정부인안동장씨실기 간행소,《정부인 안동장씨 실기》, 이재호 역, 1999.

이휘일,《국역 존재 문집》, 국학진흥원, 2009.

이현일,《국역 갈암집》, 민족문화추진회 옮김, 국학진흥원, 2001.

김득신

한유, 고광민 역,《자를 테면 자르시오》, 태학사, 2005

신범식,《김득신의 문학론과 문학세계》, 박문사, 2010.

데일 카네기,《카네기 행복론》, 최염순 역, 씨앗을뿌리는사람, 2008.

하워드 가드너,《통찰과 포용》, 송기용 역, 북스넛, 2006.

알프레드 아들러,《인간이해》, 라영균 역, 일빛, 2009.

이덕무

류재일,《이덕무의 시문학 연구》, 태학사, 1998.

이덕무,《책에 미친 바보》, 권정원 역, 미다스북스, 2011.

이덕무,《깨끗한 매미처럼 향기로운 꿀처럼》, 강국주 역, 돌베개, 2008.

이덕무,《사소절》, 이동희 편역, 전통문화연구회, 2013.